TINTO 3

Handreichungen für den Unterricht

mit unterrichtspraktischen Vorschlägen zu jeder Schulbuchseite,
Hinweisen zum Fördern und Fordern,
sowie Hilfestellungen zu Diagnose, DaZ und Inklusion

von
Luise Peters

unter Mitarbeit von
Christiane Bruns
Eva Jochmann
Sybille Schaub
Julia Schröder
Martin Wörner

Cornelsen

3

Handreichungen für den Unterricht

mit unterrichtspraktischen Vorschlägen zu jeder Schulbuchseite, Hinweisen zum Fördern und Fordern, sowie Hilfestellungen zu Diagnose, DaZ und Inklusion

von
Luise Peters

unter Mitarbeit von
Christiane Bruns, Eva Jochmann, Sybille Schaub, Julia Schröder, Martin Wörner

Redaktion: Redaktionsbüro Luise Peters, Bonn
Layout und technische Umsetzung: krauß-verlagsservice, Ederheim/Hürnheim
Umschlagillustration: Eva Czerwenka
Illustration: Eva Czerwenka, Wiebke Petersen
STARK-Symbole Heike Börner, Berlin
Würfel-Symbole Corngreen GmbH, Leipzig
Symbole der Lernbereiche hawemannundmosch, Berlin
Umschlaggestaltung: tritopp, Berlin

www.cornelsen.de

© 2020 Cornelsen Verlag GmbH, Berlin

Druck: H. Heenemann, Berlin

ISBN 978-3-06-084494-4

PEFC zertifiziert
Dieses Produkt stammt aus nachhaltig bewirtschafteten Wäldern und kontrollierten Quellen.
PEFC
PEFC/04-31-1156
www.pefc.de

Inhaltsverzeichnis

Vorwort

Liebe Lehrerinnen und Lehrer,

die Heterogenität der Lernenden hat in den letzten Jahren merklich zugenommen. Kinder mit sehr guter außerschulischer Förderung sitzen neben Kindern mit erheblichen Entwicklungsrückständen; Mädchen und Jungen mit Deutsch als Zweitsprache (DAZ) bzw. sehr unterschiedlichen Herkunftssprachen müssen sich in der Bildungssprache und auch in ihrer Umgebung neu orientieren, verarbeiten oft schwere Traumata und bedürfen auch deshalb besonderer Zuwendung; Kinder mit den Förderschwerpunkten Lernen, Sprache sowie emotional-soziale, geistige bzw. körperlich-motorische Entwicklung finden sich zunehmend in den Klassen und fordern ebenfalls eine spezielle Aufmerksamkeit.

Somit sind auch die Lesefertigkeiten und -fähigkeiten, das Niveau beim Schreiben von Texten, die Kenntnis rechtschriftlicher Zusammenhänge sowie das Verständnis von Strukturen unserer Sprache sehr unterschiedlich.

Dies sind jedoch nicht die einzigen Herausforderungen für jede verantwortungsbewusste Lehrkraft. Konzepte wie jahrgangsübergreifendes Lernen oder flexible Schuleingangsphase wurden an den Schulen eingeführt und z. T. wieder rückgängig gemacht, Eltern fordern vehementer gute Lernergebnisse ein, Lernstandsanalysen führen dazu, dass Lernergebnisse der Klassen kritisch verglichen werden; die Übergänge zwischen Kindergarten und Klasse 1 sowie zwischen Klasse 4 und der weiterführenden Schulform gelingen nicht immer reibungslos; Gymnasien, Berufsausbildung, Hochschulen, die Wirtschaft insgesamt machen auf vermeintliche schulische Defizite aufmerksam. Durch die stetig größer werdende Komplexität unserer Welt werden ständig neue Probleme und Aufgaben an die Schulen herangetragen. Dies führt dazu, dass die Lehrkräfte mit zunehmend mehr Anforderungen konfrontiert sind.

Die KMK-Bildungsstandards beschreiben das so: „Aufgabe des Deutschunterrichts in der Grundschule ist es, den Schülerinnen und Schülern eine grundlegende sprachliche Bildung zu vermitteln, damit sie in gegenwärtigen und zukünftigen Lebenssituationen handlungsfähig sind. Deshalb fördert der Deutschunterricht in der Grundschule die sprachlichen Fähigkeiten jedes einzelnen Kindes so umfassend wie möglich und führt zum selbstständigen Lernen hin. (KMK-Bildungsstandards im Fach Deutsch für den Primarbereich, 2004, S. 6)

Die Lehrkräfte wollen all die Herausforderungen annehmen und suchen deshalb nach Materialien und Konzepten, die ihnen sicher helfen, die Inhalte der Kerncurricula umzusetzen und die gleichzeitig selbsterklärend, problemlos umsetzbar und erfolgversprechend sind.

All diese Entwicklungen hatten und haben Konsequenzen für die TINTO-Neubearbeitung und den neuen Materialzuschnitt, der sich (neben der weiterhin erhältlichen JÜL-Ausgabe TINTO 3 blau und TINTO 3 grün) eher an jahrgangshomogene Klassen richtet und dabei auf die Heterogenität der Kinder umfassend eingeht.

Eigentlich alle Kinder, aber vor allem jene, die mit Lernschwierigkeiten kämpfen oder auch der deutschen Sprache nicht ausreichend mächtig sind, profitieren besonders von einem strukturierten Unterricht mit vielfältigen Differenzierungsmöglichkeiten. Dieses Arbeiten ist mit dem **TINTO Basisbuch** oder wahlweise dem **TINTO Basisordner** als grundlegendem Material und der Differenzierung durch das **Arbeitsheft**, das **Arbeitsheft Fördern** und den **Forderblock** besonders gut möglich. Zusätzliche analoge und digitale Kranzprodukte fächern weitere Differenzierungsmöglichkeiten auf (s. 2: Die Materialien). Auf den nächsten Seiten werden wir Ihnen nähere Ausführungen zur didaktischen Konzeption (s. 1: Didaktische Konzeption), die einzelnen Materialien genauer beschreiben (s. 2: Die Materialien), praktische Unterrichtshinweise (s. 3) und schließlich umfangreiche Tipps zum Thema Lernentwicklung beobachten und fördern (s. 4) geben:

Viel Erfolg mit TINTO in Ihrem Unterricht wünscht

das TINTO-Team!

1 Didaktische Konzeption

TINTO 3 orientiert sich konsequent an den **Themen des Sachunterrichts**. Bei der Themenauswahl wurde viel Wert gelegt auf altersgemäße, an den Interessen von Mädchen und Jungen ausgerichtete Themen sowie auf eine ausgewogene Mischung zwischen „klassischen" Themen (z. B. Schule, Wetter, Jahreszeiten) und zeitgemäßen Impulsen (z. B. Phänomenales, Digitalisierung).

„Medienbildung gehört zum Bildungsauftrag der Schule, denn Medienkompetenz ist neben Lesen, Rechnen und Schreiben eine weitere wichtige Kulturtechnik geworden" (aus dem Beschluss der KMK vom 8. März 2012). Mit der Neubearbeitung von TINTO wurde auch eine Hilfe zur Entwicklung der Medienkompetenz über die Schuljahre hinweg implementiert.

Die Forderung der KMK „Die Kinder verfügen über grundlegende Rechtschreibstrategien" (KMK-Bildungsstandards im Fach Deutsch für den Primarbereich, 2004, S. 8) wurde in der Neubearbeitung von TINTO besonders gut sichtbar gemacht. Mit den **STARK-Strategien** (s. 1.2) wird den Kindern eine **st**rategie**a**ngeleitete **R**echtschreib**k**ompetenz vermittelt.

1.1 Das Differenzierungskonzept von TINTO 3 Sprache • Lesen

TINTO stellt unterschiedliche Basis- und Übungsmaterialien zur Gestaltung eines gelingenden Deutschunterrichts zur Verfügung (Beschreibung der einzelnen Materialien mit den dortigen Differenzierungsmöglichkeiten: s. 2). Die Lehrkraft kann daraus ein ihrer Klasse und ihrem didaktischen und pädagogischen Verständnis entsprechendes Lernangebot individuell zusammenstellen. Folgende Wahlmöglichkeiten bieten sich an:

Wählen Sie als **Basismaterial**

 oder  .

Diese Materialien decken den unverzichtbaren Kern aller Lernbereiche des Deutschunterrichts übersichtlich und gut strukturiert ab. Das Basisbuch oder der Basisordner bieten sich insbesondere für Einfüh-

rungen oder gemeinsame Unterrichtsphasen an. Übungs- und weiterführende Angebote finden sich im Arbeitsheft, Arbeitsheft Fördern, dem Forderblock und auf den differenzierten Kopiervorlagen.

Während das Basisbuch ein Leihmaterial ist, aus welchem heraus die Kinder in ihrem Heft arbeiten, kann in den inhaltlich gleichen Basisordner, der als Verbrauchsmaterial konzipiert ist, direkt hineingeschrieben werden. Er ist quasi das „Basisbuch zum Hineinschreiben".

Wählen Sie als **weiterführendes Übungsmaterial**

Alle drei **Materialien** sind **seitengleich** aufgebaut und können somit parallel im Unterricht eingesetzt werden: Alle Kinder arbeiten hier z. B. auf Seite 23.

Die Hefte sind perforiert und gelocht, sodass die Seiten auch gut in den Basisordner einzuheften sind. Wir empfehlen für jedes Kind das **Arbeitsheft** oder das **Arbeitsheft Fördern** anzuschaffen und den **Forderblock** als zusätzliches Angebot für leistungsstärkere Kinder in der Klasse bereitzulegen.

Ergänzend können weitere Materialien individuell auf die Kinder abgestimmt genutzt werden, z. B. die **interaktiven Übungen** (s. 2.6), die **Grundschultrainer-App** (s. 2.8), die **Wort-Bild-Karten mit Hörfunktion** (s. 2.9) und die **Kopiervorlagen mit CD-ROM**, die unter anderem individuell veränderbare Materialien für Inklusion, DaZ und differenziertes Arbeiten in den Bereichen **Sprache untersuchen** und **Richtig schreiben** beinhalten.

1.2 Entwicklung der Rechtschreibung mit den STARK-Strategien

Strategie**a**ngeleitete **R**echtschreib**k**ompetenz (= STARK)

In den Kapiteln 1, 2, 3, 5 und 6 werden die Rechtschreibstrategien zusammen mit ihren Zeichen sukzessive auf jeweils einer Doppelseite eingeführt. Auf der linken Seite werden tabellarisch schrittweise der Lernweg bildlich und in erklärenden Sätzen dargestellt und Übungen zu den Lernschritten angeboten. Auf der rechten Seite werden Übungen zu allen STARK-Strategien angeboten. Diese gelben Seiten sind im Buch durch das jeweilige Symbol der Rechtschreibstrategie als STARK-Seiten gekennzeichnet.

Übersicht über die fünf STARK-Rechtschreibstrategien (fett gedruckt sind die Kurzbezeichnungen, wie sie die Kinder im Unterricht benutzen), s. Grafik unten.

Die fünf zentralen Strategien bei TINTO stützen die Anwendung bestimmter Regeln für unsere Orthografie. Sie werden zusammen mit ihren Zeichen im Buch sukzessive eingeführt:

① Das **Abhören** der Wörter, das durch deutliches Sprechen und Klatschen/Schwingen der Silben unterstützt wird (alphabetische Strategie). Sie ist die Basis unseres Schreibens (s. BB S. 110/BO S. 121).

② Das **Ableiten** der Wörter, gleichbedeutend mit dem Finden von verwandten Wörtern: **Nächte** gehört zu **Nacht**, deswegen mit **ä**, **Mäuse** gehört zu **Maus**, deswegen mit **äu**. Das „Ableitenkönnen" ist für das Beherrschen der Orthografie besonders wichtig, da im Deutschen das Gesetz der Morphemkonstanz gilt. Alle Wörter mit **äu** oder **ä**, die verwandte Wörter mit **au** oder **a** haben, müssen abgeleitet werden (s. BB S. 20/BO S. 21).

③ Die **Großschreibung** der Nomen, ein Merkmal, das es nur in der deutschen Sprache gibt. Kinder in Deutschland müssen daher sehr früh ein Wissen um die Wortarten erwerben. Ebenso kann mit diesem Zeichen auf die international übliche Großschreibung am Satzanfang aufmerksam gemacht werden (s. BB S. 56/BO S. 61).

④ Das **Prüfen** der **Vokallänge** (**Beet – Bett, Saat – satt, Ofen – offen**), da im Deutschen die Vokallänge ein bedeutungsunterscheidendes Merkmal ist (s. BB S. 38/BO S. 41).

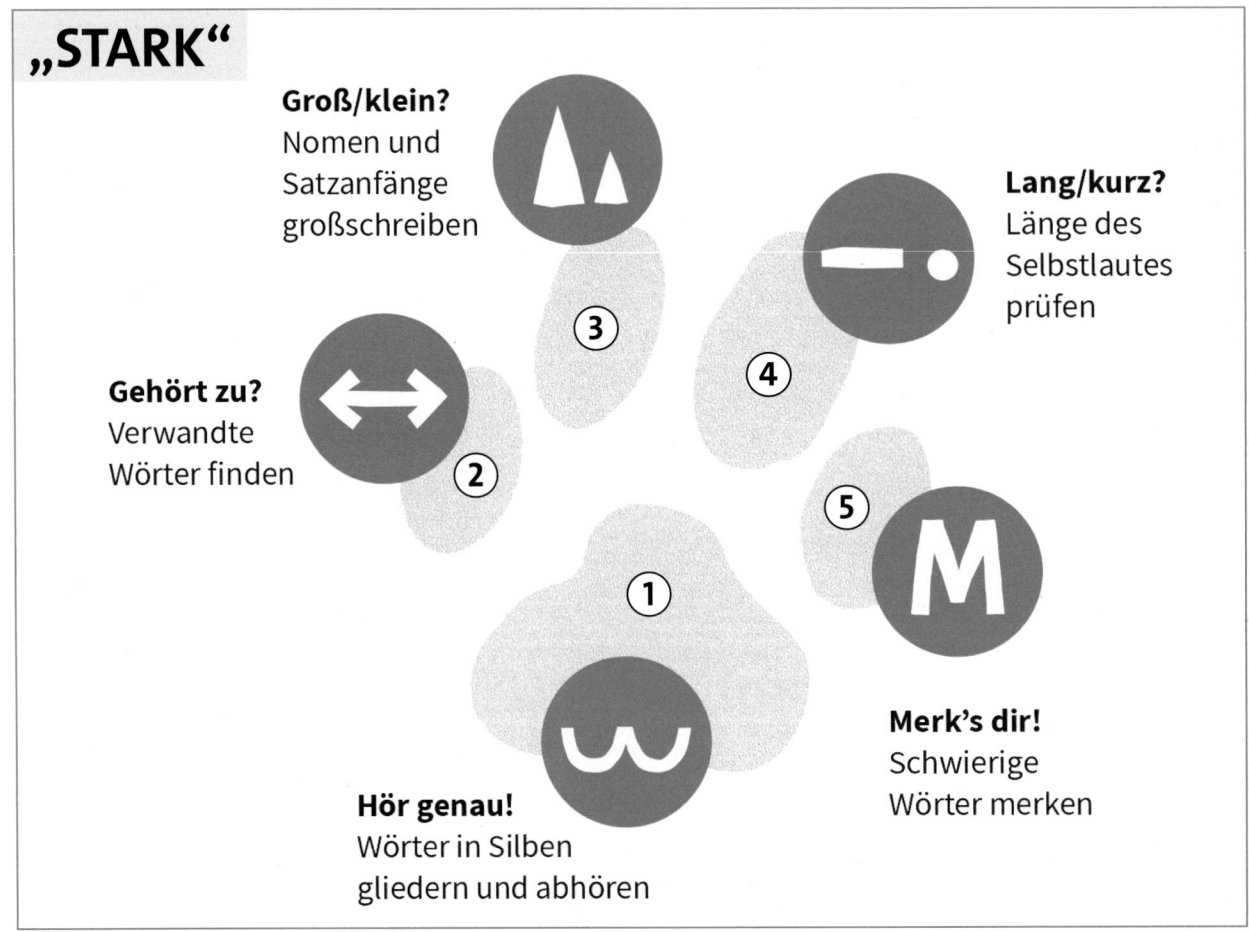

„STARK"

Groß/klein?
Nomen und Satzanfänge großschreiben ③

Lang/kurz?
Länge des Selbstlautes prüfen ④

Gehört zu?
Verwandte Wörter finden ②

⑤

M

Hör genau!
Wörter in Silben gliedern und abhören ①

Merk's dir!
Schwierige Wörter merken

(5) Das **Merken** von solchen Stellen in Wörtern, die durch keine (oder zu komplexe) Regeln gestützt werden, sogenannte Ausnahmen oder Arbitraritäten. Beim Merken dienen häufig **Lerntechniken** als Hilfe. Für Schreibanfänger/-innen sind zunächst viele auch regelhaft geschriebene Wörter schwierig, weil sie die entsprechende Strategie noch nicht gelernt haben (s. BB S. 92/BO S. 101). Eine besondere Hilfe beim Merken von Wörtern ist das **Knickdiktat** (s. BB S. 90/BO S. 99).

Diese Strategien werden zunächst bewusst gelernt, laufen aber bei geübten Schreibenden nicht bewusst ab, so dass sie sich voll auf die Inhalte des Geschriebenen konzentrieren können. Sie folgen ihrem Rechtschreibgespür.

So können Sie die **STARK-Zeichen im gemeinsamen Unterricht** nutzen:
Drucken Sie die Vorlagen der Strategiezeichen mehrfach in der für Sie passenden Größe aus, laminieren diese und kleben kleine Magnete auf die Rückseite oder nutzen Klebeknete für die Tafel (s. hier S. 175/176

und auf der CD-ROM bei den Kopiervorlagen). Mit dem entsprechenden Zeichen kann a) die **Schreibweise** eines Wortes in einem Rechtschreibgespräch **begründet** werden, oder es können b) **Fehler markiert** werden. So können die Kinder auch später eigene Texte rechtschriftlich überprüfen.

Zu a) (Text aus BB *S. 5):*

Laura schreibt viele Wörter in das Heft.

Zu b) (Text aus BB *S. 39 bzw.* BO *S. 42):*

Wir haben fiele rezepte geschrieben.

Der Kartoffelsalat war tol.

Mein Lieblingsgericht ist Pelkartoffel mit Quak.

Die folgenden Grafik zeigt, wie die **st**rategieangeleitete **R**echtschreib**k**ompetenz (= STARK) schrittweise aufgebaut wird:

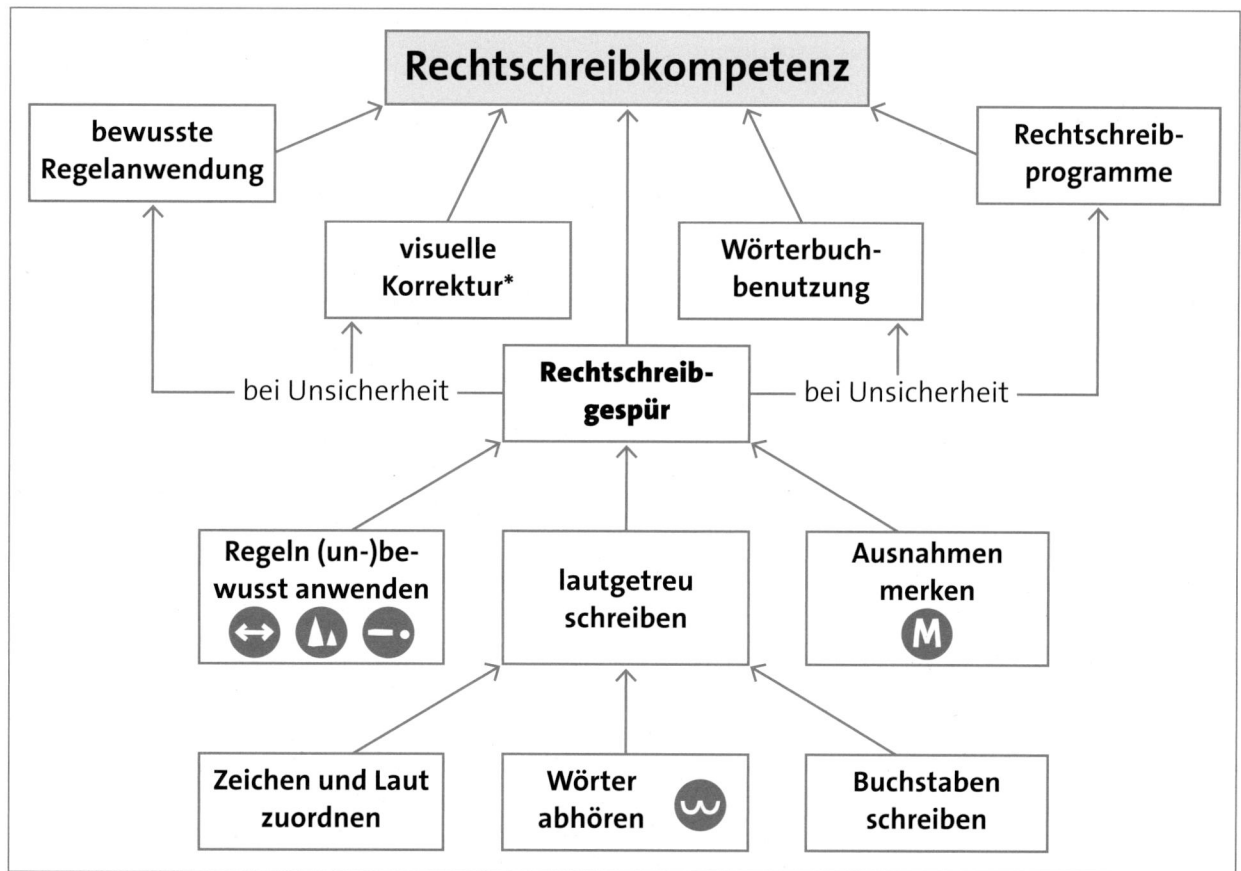

* Unter „visueller Korrektur" wird hier verstanden, dass der der/die Schreibende bei Rechtschreibunsicherheit zwei alternative Schreibweisen konstruiert und sich dann für die entscheidet, die ihm/ihr bekannter vorkommt.

Bei einem Fehler legt das Kind das passende Strategiezeichen über das falsch geschriebene Wort und sagt z. B.: „Hier hilft Lang/Kurz?". Wie oben beschrieben führt dann ein anderes Kind die Strategie aus.

Ein gewisses Problem stellt die Begründung der Großschreibung der Nomen dar. Von den drei Begründungen, wie sie im BB S. 56/ BO S. 61 genannt sind, kann man zunächst die erste (anschauliche) verwenden und sich später auf die einigen, die die Kinder am hilfreichsten empfinden und diese im Rechtschreibgespräch als Begründung regelmäßig nutzen.

So können die Kinder die **STARK-Zeichen für eigene Texte** nutzen:

Bei einem abgeschriebenen, selbst verfassten oder diktierten Text sollten die Kinder (im Heft) grundsätzlich mit einer **Leerzeile über jeder Zeile** schreiben. Dies hat zwei Vorteile:

1. Überprüft das Kind seine Schreibweise, so kann es das korrigierte Wort über das falsche Wort setzen.
2. Überprüft die Lehrerin (oder ein Partnerkind) den Text und findet falsch geschriebene Wörter, so können differenzierte Verfahren angewandt werden:

Bei rechtschriftlich sehr unsicheren Kindern wird das korrekte Wort über das falsche geschrieben. Bei etwas leistungsstärkeren Kindern wird nur das entsprechende Symbol über das Wort gesetzt. Bei den leistungsstärksten Kindern wird das Symbol an den Zeilenrand gesetzt und das Kind muss selbst entdecken, wo ein Fehler in der Zeile ist und wie es mit der entsprechenden Strategie die richtige Schreibweise findet.

Bei Merkwörtern sollte zunächst neben das Ⓜ auch das richtige Wort geschrieben werden. Später können die Kinder versuchen, das Wort im Wörterbuch nachzuschlagen.

Soll sich ein langfristiger Erfolg einstellen, können Sie das Kind dazu anhalten, die richtige Schreibweise des Wortes auf seiner **Trainingskarte** einzutragen (bekannt aus Klasse 2). Eine tägliche nur zehnminütige Partnerarbeit hat sich als besonders effektiv für das Erreichen von hoher Rechtschreibkompetenz erwiesen.

Diese Trainingskarte kann in Klasse 3 auch bei dem auf allen „Das kann ich schon-Seiten" angebotenen Rechtschreibtraining benutzt werden. Dieses kann individualisiert in fünf Schritten erfolgen, wobei die Kinder je nach Kompetenz alle oder auch nur einige durchlaufen:

1. Abschreiben der Übungswörter
2. Abschreiben des Textes
3. Diktieren des Textes in Partnerarbeit
4. Gegenseitige Kontrolle
5. Übertragen der fehlerhaften Wörter in die Trainingskarte

Die orthografisch unsichersten Kinder nutzen alle Stufen, während die etwas leistungsstärkeren erst mit Stufe 2 beginnen und die noch stärkeren mit Stufe 3.

Kinder, für die der Text orthografisch keine Anforderung mehr stellt, sollten eine inhaltlich für sie interessantere Schreibaufgabe bekommen, z. B. zu einem Ausschnitt aus dem Wimmelbild einen Text erfinden.

Die Übersicht auf Seite 9 zeigt, welche einzelnen Rechtschreibphänomene und -strategien im TINTO-Lehrwerk in den einzelnen Klassen vermittelt werden.

Sie macht deutlich, dass eine systematische Wiederholung, verbunden mit einer aufbauenden Erweiterung, über vier Jahre der Grundschulzeit erfolgt.

TINTO-Rechtschreibprogression (Spiralcurriculum)

Klasse	Hör genau!	Gehört zu?	Groß/klein?	Lang/kurz?	Merk's dir!	Strukturieren/ Kategorisieren
1	*lauttreues Verschriften* (alphabetische Strategie) einschließlich Au Ei Eu Ä Ö Ü Sch Ch -ng Endungen: -el -en -er		*Großschreibung* von Konkreta (kann ich sehen) Im Wortinneren nur kleine Buchstaben		*nicht lauttreue „Spezialbuchstaben":* Qu Sp St X Y V C Pf -ß -ie -ck -nk	Laute Buchstaben Silben (haben einen Vokal) Wortgrenzen
2	Au Ei Eu Ä Ü Ö Ch Qu Sp St -el -en -er	*Ableitungen:* d–t b–p g–k a–ä au–äu	*Großschreibung* von Konkreta (Menschen, Tiere, Pflanzen, Dinge haben einen Namen) Mehrzahlprobe Artikelprobe	*Vokallänge:* -ie Konsonantenverdoppelung einschließlich -tz -ck	*Merkwörter:* V v Pf pf -ß	Wortgrenzen Satzgrenzen Punkt Fragezeichen Ausrufezeichen Großschreibung am Satzanfang
3	Trennung am Zeilenende	*Ableitungen:* d–t b–p g–k a–ä au–äu silbentrennendes h Wortstamm	*Großschreibung* von Konkreta und ersten Abstrakta	*Vokallänge:* -ie -ß/-ss Konsonantenverdoppelung einschließlich -tz -ck	*Fremdwörter, Merkwörter:* stummes h chs	alphabetische Ordnung Punkt Fragezeichen Ausrufezeichen Großschreibung am Satzanfang
4	ö, ü Trennung am Zeilenende	*Ableitungen:* d–t b–p g–k Silbentrennendes h -ß/-s a–ä au–äu Stammverwandtschaft	Großschreibung von Konkreta und Abstrakta: -nis, -heit, -keit, -ung Anredepronomen	*Vokallänge:* -ie -ß/-ss ng/uk Konsonantenverdoppelung einschließlich -tz -ck	*Merkwörter:* Doppelvokal aa ee oo stummes h langes i ohne Kennzeichnung Wörter mit V nicht ableitbare ä-Fremdwörter	Kommasetzung wörtliche Rede mit vor- und nachgestelltem und eingeschlossenem Begleitsatz Nominalgruppe

1.3 Methodentraining

An sechs Stellen im Basisbuch/Basisordner befinden sich **Gewusst-wie-Seiten**, die fachspezifische Arbeitstechniken und Lernverfahren vermitteln, die Kindern das selbstständige Üben und Lernen ermöglichen. Diese gelben Seiten sind durch das Symbol einer Glühbirne gekennzeichnet. Sie beinhalten im Bereich **Richtig schreiben** Methoden zum Üben von Fehlerwörtern und zur Überprüfung der eigenen Rechtschreibung aber auch Hilfestellungen im Lernbereich **Texte schreiben** für die Textüberarbeitung, im Bereich **Lesen** für das Textverständnis und im Lernbereich **Sprechen** für das Vorbereiten eines Vortrages.

Die jeweiligen Methoden werden auf jeweils einer Doppelseite eingeführt. Auf der linken Seite wird tabellarisch schrittweise der Lernweg bildlich und in erklärenden Sätzen dargestellt, auf der rechten Seite werden Übungen zu den Lernschritten der linken Seite angeboten.

Gewusst wie: Einen Vortrag vorbereiten (BB S. 48/49; BO S. 51/52)

Gewusst wie: Texte überarbeiten (BB S. 70/71; BO S. 77/78)

Gewusst wie: Fehlerwörter üben (mit dem Knickdiktat) (BB S. 90/91; BO S. 99/100)

Gewusst wie: Rechtschreibung überprüfen (BB S. 128/129; BO S. 141/142)

Gewusst wie: Texte lesen und verstehen (mit dem Lesefächer) (BB S. 136/137; BO S. 149/150)

Gewusst wie: Informationen in Medien finden (BB S. 154/155; BO S. 169/170)

Selbstverständlich können diese Methoden unabhängig vom jeweiligen Kapitelthema auch an anderer Stelle im Unterricht eingeführt werden.

In Klasse 4 werden folgende Methoden vermittelt:

Gewusst wie: Texte überarbeiten (Schreibproben)

Gewusst wie: Informationen austauschen

Gewusst wie: Andere schriftlich informieren

Gewusst wie: Etwas beschreiben

Gewusst wie: Ein Layout für eine Klassenzeitung entwerfen

2 Die Materialien

2.1 Das Basisbuch 3 Sprache • Lesen (auch als E-Book) mit Lernentwicklungsheft und STARK-/Grammatikkarte

Die Grundlage für den Deutschunterricht mit TINTO bildet das **Basisbuch Sprache • Lesen 3** (978-3-06-08-4477-7, 208 Seiten).

Das Basisbuch deckt die Anforderungen der Bildungsstandards Grundschule Deutsch ab (s. Tabelle der Lerninhalte S. 166/167) und orientiert sich dabei konsequent an den Themen des Sachunterrichts (s. S. 18).

So ist das Basisbuch aufgebaut:
- Kapitelübersicht als leicht lesbares **Inhaltsverzeichnis** zu Beginn des 3. Schuljahrs **vorn**,
- eine Doppelseite mit Übungen und Beispielen zu den **STARK-Rechtschreibstrategien**,
- zehn gleich strukturierte **Themenkapitel,**
- ein **Schlusskapitel „Jahreszeiten und Feste"**, das ausschließlich verschiedene Lesetexte enthält,
- eine **Wörterliste** mit Wörtern aus dem Grundwortschatz (sukzessive bis Klasse 4 aufbauend) und von den Rechtschreibseiten sowie den Wörtern der Wimmelbilder; alle Wörter sind entsprechend der Schreibsilbentrennung, Nomen mit Artikelpunkt, Artikel und Mehrzahlform sowie Verben mit mindestens einer konjugierten Form in Annäherung an die Darstellung in Wörterbüchern abgedruckt,
- ein **aufgefächertes Inhaltsverzeichnis** mit kindgerechten, fachsystematischen, sprachstrukturellen Überschriften **am Ende**,
- eine **Übersicht der Lehrplaninhalte** am Buchende, die den Lehrkräften den Zugriff auf einzelne Lesestrategien und Sprachphänomene erleichtert.

So sind die Kapitel im Basisbuch aufgebaut:
Jedes Kapitel im Basisbuch deckt alle Bereiche des Deutschunterrichts ab. Jeder der fünf Lernbereiche ist durch ein Symbol unten auf den Seiten angezeigt und jedes Kapitel nach der gleichen Abfolge aufgebaut: Als **Einstieg** dient immer eine doppelseitige **Collage**, ringsum sind Nomen, Verben und Adjektive passend zum Thema des Bildes und des Kapitels abgedruckt. Dabei stellen die **farbigen Artikelpunkte** bei den

bildlich dargestellten Nomen eine Hilfe für das Erlernen des grammatischen Geschlechts, insbesondere für mehrsprachige Kinder, dar. Das Wimmelbild eröffnet vielfältige Gesprächs- und Schreibanlässe. Es aktiviert sowohl den sachbezogenen Wortschatz als auch das Vorwissen zum Kapitelthema.

Es folgt eine **Doppelseite** mit **Lesetexten auf drei Niveaustufen**. Auf der linken Seite finden sich kurze Texte wie Witze, Scherzfragen, Rätsel, Lexikoneinträge und Gedichte. Auf der rechten Seite steht immer ein Auszug aus einem literarischen oder Sachkinderbuch. Auf verschiedenen Ebenen wird so Lesekompetenz entwickelt.

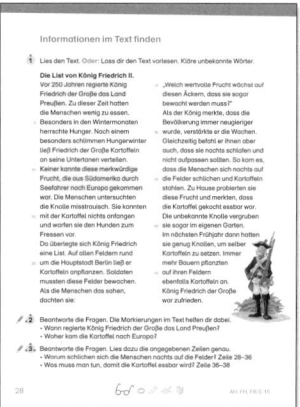

Auf den folgenden **Leseseiten** werden noch einmal gezielt einzelne Fertigkeiten zum Erlangen der Lesekompetenz geübt, z. B. **Methoden** der Texterschließung, zum Textverständnis und der Textpräsentation (vgl. Bildungsstandards Lesen mit Texten und Medien umgehen).

Die **Sprechen**-Seiten regen die Kinder an, **Gespräche zu führen**. Dazu gehören Wünsche, Gefühle, Pläne und Ideen auszusprechen, die das Zusammenleben in der Klasse betreffen, gemeinsame Bräuche zu entwickeln, über Lernerfahrungen zu sprechen, Konflikte sprachlich zu regeln sowie über Beobachtungen zu berichten, Vorgänge zu beschreiben, Vermutungen zu äußern, Fragen zu stellen, Informationen zu sammeln, zu ordnen, weiterzugeben, anderen etwas zu erklären oder Lernergebnisse zu präsentieren.

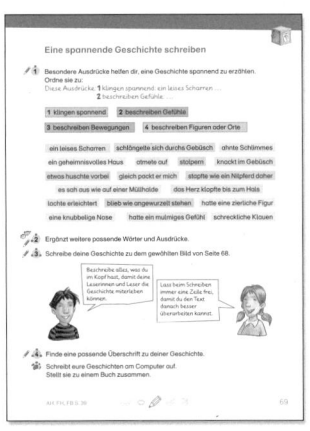

Auf den Seiten zum **Texte schreiben** werden die Kinder zum **Verfassen unterschiedlichster Textsorten** angeregt und angeleitet. Sie erhalten viele Gelegenheiten, das Planen, Schreiben und Überarbeiten von Texten zu trainieren, und erfahren den kommunikativen Wert der Schrift. Viele Texte bieten durch farbige Hervorhebungen **Textmuster** (z. B. S. 13), auf deren Grundlage die Kinder eigene Texte generieren können. Dies erleichtert Kindern, die mit der grammatischen Struktur der deutschen Sprache nicht so vertraut sind, gut lesbare Texte in richtiger Grammatik und Rechtschreibung zu schreiben.

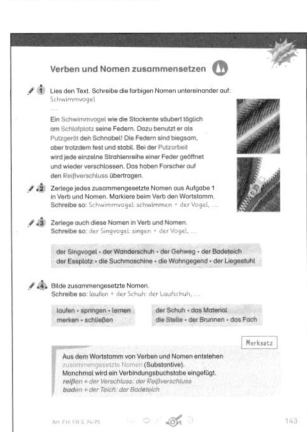

Im darauf folgenden Bereich **Sprache untersuchen** werden die Kinder angeleitet, **über Sprache nachzudenken**, den Einsatz sprachlicher Mittel zu reflektieren und so im Sprachgebrauch sicherer zu werden.

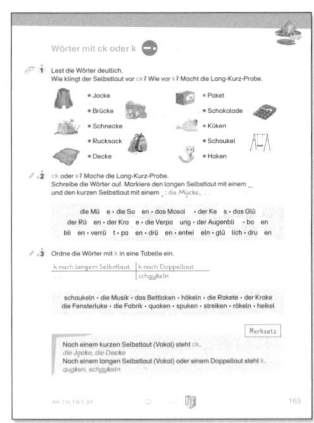

Die Kinder erlernen auf den **Richtig-Schreiben**-Seiten sukzessive grundlegende Rechtschreibstrategien. Diese werden nicht nur auf den STARK-Seiten eingeführt, sondern auf den Seiten zur **Rechtschreibung** anhand verschiedener Phänomene (z. B. Wörter mit **tz**, Wörter mit **ck**, Wörter mit **ß**) immer wieder systematisch geübt. Hinzu kommt die Arbeit mit der **Wörterliste** und dem Wörterbuch. Die Kinder entwickeln Rechtschreibgespür und bauen nach und nach ein fundiertes Rechtschreibwissen auf, das sie auch beim Verfassen eigener Texte oder beim Überprüfen von Texten anderer Kinder nutzen können.

Nach jedem Themenkapitel wird eine blaue Doppelseite **Das kann ich schon** zum konzentrierten Üben und Wiederholen von Inhalten aus den Bereichen **Richtig schreiben** und **Sprache untersuchen** mit einem **Übungstext** und einem **Übungswortschatz** aus dem Grundwortschatz angeboten. Die Aufgabenformate wurden auf den thematischen Seiten bereits geübt, sodass die Kinder die Seiten gut selbstständig erarbeiten und die in diesem Kapitel erlangten Kompetenzen überprüfen können.

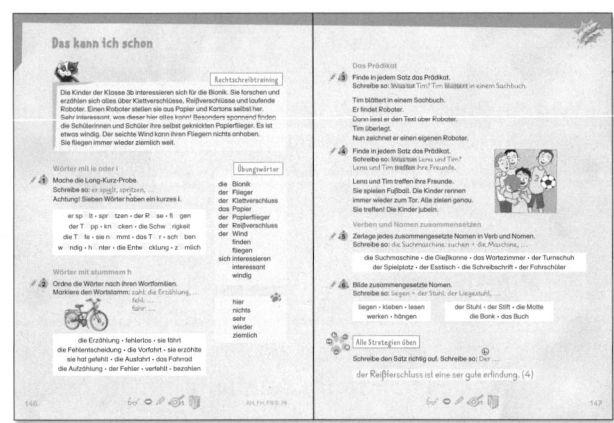

Besondere Seiten sind die gelben **STARK-Seiten** und die **Gewusst-wie-Seiten**. Diese sind immer gleich aufgebaut. Auf der linken Seite wird tabellarisch schrittweise der Lernweg bildlich und in erklärenden Sätzen dargestellt, auf der rechten Seite werden Übungen zu den Lernschritten der linken Seite angeboten. Die STARK-Seiten führen die fünf Rechtschreibstrategien ein, die Gewusst-wie-Seiten vermitteln Arbeitstechniken und Lernstrategien. Im hinteren Inhaltsverzeichnis (S. 200–203) kann man diese Seiten durch die gelben Hervorhebungen gut identifizieren.

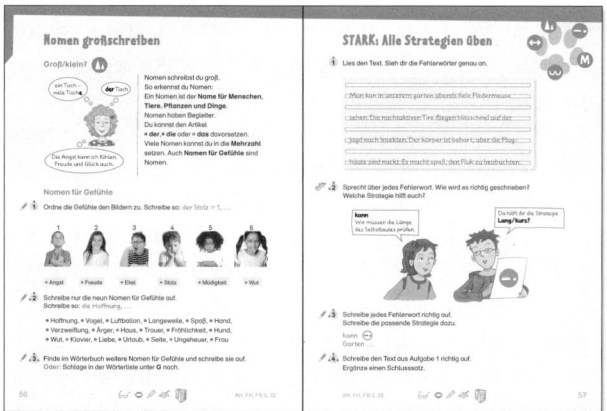

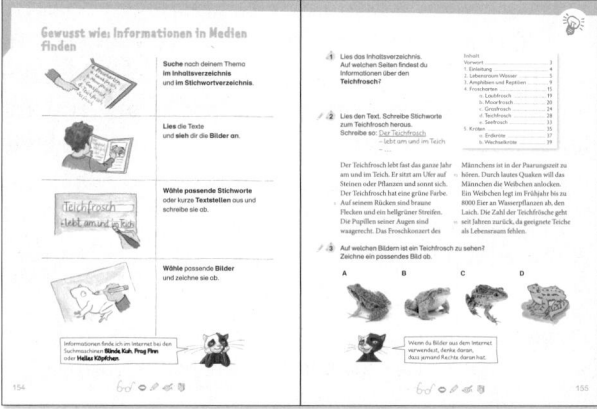

So sind die Seiten im Basisbuch aufgebaut:
Die **Seiten im Basisbuch**, gekennzeichnet durch für die Kinder verständliche didaktische oder phänomenologische Seitenüberschriften, sind so **progressiv** aufgebaut, dass Einführungen oder gemeinsame Unterrichtsphasen wie auch individuelle Übungs- und Vertiefungsphasen möglich sind.
Aufgabenstellungen werden durch Piktogramme visualisiert.

 Anforderungsbereich 1: wiedergeben, ausführen, abschreiben

 Anforderungsbereich 2: überlegen, anwenden, üben

 Anforderungsbereich 3: weiterführen, Ideen und Lösungen entwickeln, begründen

oder Differenzierungsaufgabe: Wahl der Methode oder der Menge

 Differenzierungsaufgabe: handlungs- und produktionsorientiert

 Aufgabe schriftlich im Heft lösen

 Arbeit mit einem Partnerkind

 Arbeit in einer Gruppe

Die meisten Seiten beginnen mit einer Aufgabe aus dem **Anforderungsbereich 1** (bekannte Informationen werden wiedergegeben, grundlegende Verfahren angewandt und geübt). Es folgen darauf aufbauend Aufgaben aus dem **Anforderungsbereich 2** (bekannte Informationen werden auf neue Sachverhalte angewandt und geübt) und **Anforderungsbereich 3** (neue Informationen werden mit bekanntem Wissen verknüpft, eigene Lösungsansätze entwickelt).
Auf etlichen Seiten werden handlungs- und produktionsorientierte Zusatzaufgaben, gekennzeichnet durch , angeboten.

Weitere vertiefende, differenzierende Übungsangebote finden sich darüber hinaus im Arbeitsheft (s. 2.3), im Arbeitsheft Fördern (s. 2.4), im Forderblock (s. 2.5) sowie den digitalen Materialien (2.6 bis 2.9). Direkte Hinweise auf die Arbeit im Arbeitsheft, Arbeitsheft Fördern und dem Forderblock finden Sie unten auf einer Seite im Basisbuch in der Fußzeile.

AH, FH, FB S. 5

Beilagen zum Basisbuch:

Mit dem **Lernentwicklungsheft** „Das kann ich schon" (im 10er-Pack nachkaufbar; ISBN 978-3-06-084486-9) können die Kinder zeigen, was sie gelernt haben. Mit den **Portfolio-Seiten** haben die Kinder die Möglichkeit, die Arbeit an jedem Themenkapitel des Buches zu reflektieren. Die sich anschließenden Aufgabenstellungen folgen der Chronologie des Basisbuches. Die Seiten sollen erst dann bearbeitet werden, wenn die Lehrkraft den Eindruck gewonnen hat, dass das Kind die entsprechende Aufgabe lösen kann. So dient das Lernentwicklungsheft der Rückmeldung des Leistungsstands und der Diagnose im Gespräch mit dem einzelnen Kind und den Eltern. Die Kinder werden am Ende jeder bearbeiteten Seite durch die Einschätzung des von ihnen empfundenen Schwierigkeitsgrads zur Reflexion des eigenen Lernprozesses angeregt. Materialien zur anschließenden gezielten individuellen Förderung befinden sich in den dreifach differenzierten, editierbaren Kopiervorlagen (ISBN 978-3-06-084496-8, s. 2.11).

Die Merksätze zum Bereich „Sprache untersuchen" sowie die STARK-Rechtschreibstrategien sind auf der separaten **STARK-/ Grammatikkarte** zusammengefasst, so dass sie unabhängig vom Buch für Schreibprozesse genutzt werden können (im 10er-Pack nachkaufbar; ISBN 978-3-06-084484-5).

Das Basisbuch ist auch als E-Book (ISBN 978-3-06-084488-3) erhältlich. Damit können die Kapiteleinstiegsseiten auf das Whiteboard gebracht und für Wortschatz-, Erzähl- sowie Suchübungen zum Bild in frontalen Unterrichtssituationen genutzt werden. Aber auch alle anderen Seiten stehen so großformatig für alle sichtbar zur Verfügung, um wichtige Aspekte zu verdeutlichen, z. B. zu Überschrift und Autorin/Autor, um die Begriffe Wort, Satz, Zeile etc. zu erklären, um Textteile abzudecken, Fragen zu beantworten, Textstellen zu finden und zu kennzeichnen, um Beziehungen im Satz oder zwischen verschiedenen Wörtern in verschiedenen Sätzen sowie zwischen Text und Bild zu verdeutlichen, Aufgabenstellungen zu erklären oder Aufgaben zunächst gemeinsam zu lösen.

Ausführliche Vorschläge zum Einsatz des Basisbuchs im Unterricht werden ab S. 20 (Unterpunkt 3) beschrieben.

2.2 Der Basisordner 3 Sprache • Lesen (mit Lösungen zum Download) und Wörterliste

Der neue **Basisordner** (ISBN 978-3-06-084479-1, 224 Seiten + Wörterliste) ist eine **Alternative** zum Basisbuch, sozusagen das Basisbuch **zum Hineinschreiben**. Er kann gleichzeitig mit dem Basisbuch in einer Klasse mit einer sehr heterogenen Schülerschaft oder auch anstatt des Basisbuchs für die gesamte Klasse als Basismaterial genutzt werden.

Die Seiten des Basisbuchs wurden für den Basisordner so aufbereitet, dass die Kinder Aufgabenstellungen, die sonst schriftlich im Heft zu bearbeiten sind, direkt auf der Seite bearbeiten können.

Damit beinhaltet der Basisordner dieselben Inhalte wie das Basisbuch (s. 2.1), mit identischen Merksätzen, und bietet zugleich alle Vorteile eines Verbrauchsmaterials: Die Kinder können direkt an Lesetexten arbeiten und z. B. unbekannte Wörter markieren. Wortpaare können verbunden und müssen nicht zunächst abgeschrieben werden. Eine Tabelle muss nicht gezeichnet werden; sie ist im Ordner schon angelegt. Der Basisordner kann so etwas kleinschrittiger vorgehen, z. B. einfachere Einstiege anbieten, als es das Basisbuch ermöglicht. Aus diesem Grund weichen die Aufgabenformate bzw. die Aufbereitung hin und wieder von den Buchaufgaben ab. Der Ordner verfolgt aber auf allen Seiten dasselbe Ziel wie das Buch, verwendet das entsprechende Wort- und Bildmaterial, auch wenn die Seiten selbst nicht eins zu eins abgebildet sind. So sind z. B. die beiden „Das kann ich schon"-Seiten am Ende jedes Basisbuchkapitels im Basisordner auf vier Seiten erweitert, damit die Kinder bei ausreichendem Übungsmaterial genügend Schreibraum haben.

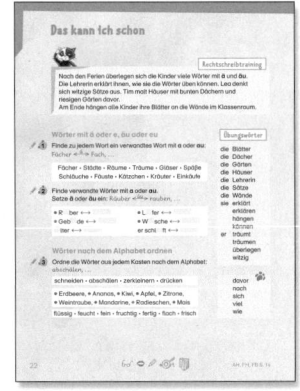
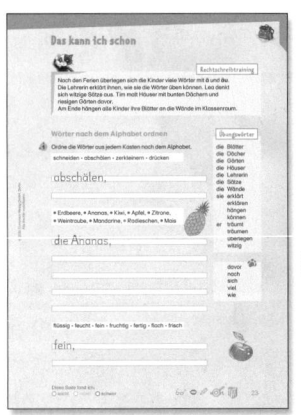

Die **Registerblätter** (je Kapitel eins = 11 Registerblätter) enthalten auf der Vorderseite das etwas verkleinerte Wimmelbild. Darunter wird das **Wortmaterial** zusammen mit den kleinen Bildern angeordnet. Die Rückseite der Registerblätter kann beschrieben werden: Die Kinder können hier diese Wörter z. B. als Wendediktat eigenständig üben. Weitere Schreibzeilen ermöglichen das Hinzufügen von eigenem Wortmaterial.

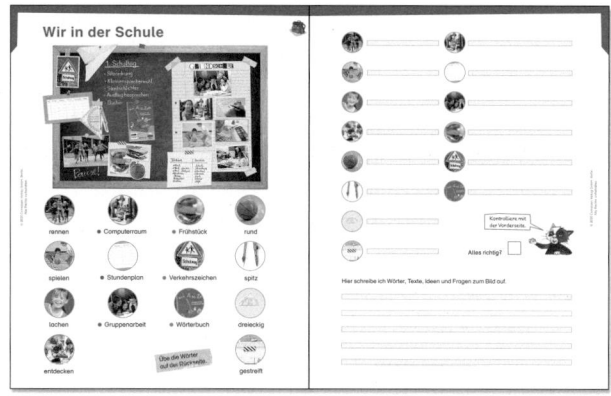

Die **Wörterliste** des Basisbuchs, ergänzt durch Aufgaben, ist separat abzuheften und somit für das Nachschlagen jederzeit verfügbar.

Die **Lösungen** der Aufgaben können **als Download** gekauft und ausgedruckt oder über ein Whiteboard gezeigt werden (ISBN 978-3-06-084500-2).

2.3 Das Arbeitsheft 3 Sprache • Lesen (mit Lösungen zum Download)

Das **Arbeitsheft** (ISBN 978-3-06-084490-6) ist eine optimale Ergänzung zum Basisbuch oder dem Basisordner. Es **übt und vertieft** mit zahlreichen Aufgaben in vielfältigen Übungsformaten die Inhalte aus den Bereichen **Lesen**, **Texte schreiben**, **Sprache untersuchen** und **Richtig schreiben**. Die Inhalte des Arbeitsheftes orientieren sich größtenteils an einem mittleren Lernniveau. Die Seiten können direkt im Anschluss an die entsprechende Seite im Basisbuch zur Festigung des Gelernten bearbeitet werden. Da das Arbeitsheft perforiert und gelocht ist, können die Seiten auch herausgetrennt und nach der Bearbeitung in den Basisordner geheftet werden.

Die **Lösungen** der Aufgaben können **als Download** gekauft und ausgedruckt oder über ein Whiteboard gezeigt werden (ISBN 978-3-06-084492-0).

So sind die Seiten im Arbeitsheft aufgebaut:
Die **Seiten im Arbeitsheft** sind durch die gleichen didaktischen oder phänomenologischen Seitenüberschriften gekennzeichnet wie die Basisbuchseiten/Basisordnerseiten. Somit sind Verweise zwischen den Basis- und Übungsmaterialien schnell und unkompliziert.

Die Seiten sind – wie auch bei den Basismaterialien – **progressiv** aufgebaut, d.h., jede Seite beginnt mit einer Aufgabe aus dem **Anforderungsbereich 1** (bekannte Informationen werden wiedergegeben, grundlegende Verfahren angewandt und geübt). Es folgen darauf aufbauend Aufgaben aus dem **Anforderungsbereich 2** (bekannte Informationen werden auf neue Sachverhalte angewandt und geübt). Auf vielen Seiten werden Aufgaben aus dem **Anforderungsbereich 3** (neue Informationen werden mit bekanntem Wissen verknüpft, eigene Lösungsansätze entwickelt) oder handlungs- und produktionsorientierte Zusatzaufgaben, gekennzeichnet durch 👥, angeboten.

2.4 Das Arbeitsheft Fördern 3 Sprache • Lesen

Das **Arbeitsheft Fördern** (ISBN 978-3-06-084502-6) ist ein einfaches Arbeitsheft **für Kinder mit Förderbedarf**. Es kann als **Alternative zum seitengleich aufgebauten Arbeitsheft** genutzt werden. Seitengleich bedeutet, die Kinder finden auf der Seite mit derselben Seitenzahl zum selben Thema mit derselben Seitenüberschrift ein Angebot, dass ihrer Lernfähigkeit entspricht. Die Inhalte des Arbeitshefts Fördern orientieren sich also an einem deutlich vereinfachten Lernniveau.

So sind die Seiten im Arbeitsheft Fördern aufgebaut:
Die **kleinschrittigen Aufgabenstellungen** sind in **Silbenschrift** gefärbt und werden zur Leseerleichterung durch die aus Klasse 1 bekannten **Arbeitssymbole** ergänzt.

Die **Größe** der **Schrift** und der **Schreibzeilen** wurden den Bedürfnissen von Kindern mit Förderbedarf **angepasst**.

Gleichförmige Aufgaben- und Übungsformate erleichtern das selbsttätige Arbeiten.

Die **Seiten** sind **progressiv** aufgebaut. Im Arbeitsheft Fördern beginnen die Seiten grundsätzlich mit Aufgaben aus dem **Anforderungsbereich 1** (bekannte Informationen werden wiedergegeben, grundlegende Verfahren angewandt und geübt), gefolgt von wenigen Aufgaben aus dem **Anforderungsbereich 2** (bekannte Informationen werden auf neue Sachverhalte angewandt und geübt). Auf einigen Seiten finden sich handlungs- oder produktionsorientierte Zusatzaufgaben, gekennzeichnet durch 🐾.

2.5 Der Forderblock 3 Sprache • Lesen (mit Lösungen zum Download)

Der **Forderblock** (ISBN 978-3-06-084475-3) ist ein Abreißblock. Er enthält **zusätzliche**, flexibel einsetzbare **Arbeitsblätter mit Übungs- und Knobelaufgaben** für leistungsstärkere Kinder. Die Inhalte des Forderblocks orientieren sich mit einem mittleren bis hohen Lernniveau.

Wie auch das Arbeitsheft und das Arbeitsheft Fördern beinhaltet der Forderblock 96 Seiten, die zu den Arbeitsheften parallel genutzt werden können. Statt der „Das kann ich schon"-Seiten gibt es im Forderblock eine Knobelseite. Wir empfehlen auch für leistungsstärkere Kinder, zunächst das Arbeitsheft für die systematische Übung der Grundlagen zu nutzen, bevor die themengleichen Seiten im Forderblock bearbeitet werden, da hier noch einmal andere, über die Grundlagen herausgehende Aspekte des Lerngegenstandes mit neuen Übungsformaten aufgegriffen werden. Zum Forderblock gibt es einen kostenlosen Download (ISBN 978-3-06-084839-3).

So sind die Seiten im Forderblock aufgebaut:
Die **Seiten im Forderblock** sind durch dieselben didaktischen oder phänomenologischen Seitenüberschriften gekennzeichnet wie die Basismaterialien und die Arbeitshefte.

Sie sind **progressiv** aufgebaut. Im Forderblock beginnen die Seiten grundsätzlich mit Aufgaben aus dem **Anforderungsbereich 2** (bekannte Informationen werden auf neue Sachverhalte angewandt und geübt), gefolgt von Aufgaben aus dem **Anforderungsbereich 3** (neue Informationen werden mit bekanntem Wissen verknüpft, eigene Lösungsansätze entwickelt). Auf einigen Seiten finden sich handlungs- oder produktionsorientierte Zusatzaufgaben, gekennzeichnet durch 🐾.

2.6 Die interaktiven Übungen 3

Die **interaktiven Übungen** sind online in Einzellizenz (ISBN 978-3-06-084508-8) und ebenfalls als Schullizenz auf DVD-ROM (ISBN 978-3-06-084510-1) erhältlich. Mit der Schullizenz können Sie jetzt ganz einfach mehrere Kinder als Nutzer/-innen anlegen, deren individuelle Bearbeitungsstände jeweils gespeichert werden (Computer mit CD-/DVD-ROM-Laufwerk, Microsoft® Windows® ab Version 7).

Die interaktiven Übungen umfassen die **Lernbereiche Lesen**, **Richtig schreiben** und **Sprache untersuchen**.

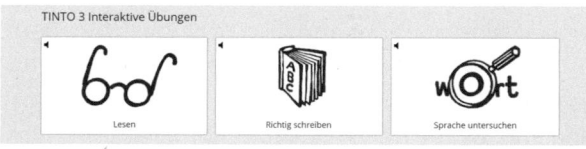

Im Bereich der Rechtschreibung wird außerdem jede STARK-Rechtschreibstrategie mithilfe eines Films kleinschrittig erklärt.

Die Übungen bieten einen umfangreichen Fundus an zusätzlichen Übungsaufgaben. Viele Übungen werden **differenziert auf verschiedenen Niveaustufen** und in verschiedenen **abwechslungsreichen Übungsformaten** angeboten.

Die einfache Gestaltung ermöglicht den Kindern z. B. in freien Unterrichtsphasen ein selbstständiges Üben und Festigen der Lesekompetenz sowie der sprachlichen und rechtschriftlichen Fähigkeiten auf Silben-, Wort- und Satzebene. Eine motivierende Bearbeitung wird auch dadurch unterstützt, dass Arbeitsanweisungen, Bilder und Wortmaterial vorgesprochen werden und nach jeder Aufgabenlösung ein Feedback erfolgt.

In der Übersichtstabelle zu jedem Kapitel (hier in den Handreichungen) sehen Sie, zu welchen Themen im Basisbuch/Basisordner interaktive Übungen angeboten werden.

2.7 Die BuchTaucher-App

Die **BuchTaucher-App** können Sie kostenlos im Playstore oder Appstore herunterladen. Mit der Tablet-Kamera wird dann eine Schulbuch-Doppelseite fotografiert. Es erscheinen die zur Seite passenden multimedialen Inhalte. Die Inhalte sind aber auch ohne Buch über das Inhaltsverzeichnis einfach abrufbar.

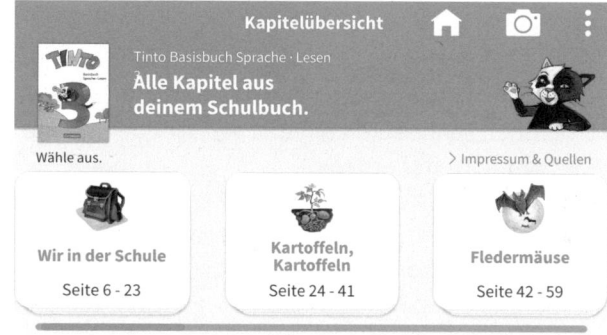

Zu jedem Kapitel des Basisbuchs finden Sie passende multimediale Inhalte wie Sachfilme, Hörtexte, Erklärfilme, unterstützte Lesetexte, Lieder und vieles mehr. Erklärvideos zu den STARK-Strategien können immer wieder abgespielt werden. Der Wortschatz der Kapitelauftaktseiten wird vorgelesen, während die Kinder die einzelnen Randbilder der Auftaktseiten aufrufen.

Viele Inhalte sind geeignet für die Einführung von neuen Unterrichtsthemen, z. B. als Einstimmung auf das Sachthema des Kapitels. Lesetexte zum Mitlesen motivieren und helfen den Kindern, geübte Leserinnen und Leser zu werden.

In der Übersichtstabelle zu jedem Kapitel (hier in den Handreichungen) sehen Sie, zu welchen Themen im Basisbuch/Basisordner Material in der BuchTaucher-App zu finden ist.

2.8 Die GrundschulTrainer-App

Mit der **Grundschul-Trainer-App** (kostenpflichtig im Playstore oder Appstore) können die Kinder z. B. zu Hause auf dem Smartphone Rechtschreibung üben, vertiefen und spielerisch sichern. Zur Auswahl stehen verschiedene Trainingspakete, die auch offline genutzt werden können.

Jedes Trainingspaket besteht aus zahlreichen Übungskarten. Verschiedene interaktive Übungsformate motivieren dabei zum Lernen. Die integrierte Audio-Spur bietet korrekte Sprachvorbilder zur Orientierung, gerade für mehrsprachige Kinder. Jede Lerneinheit schließt mit einem Feedback ab und motiviert zum Weiterlernen.

In der Übersichtstabelle zu jedem Kapitel (hier in den Handreichungen) sehen Sie, zu welchen Themen im Basisbuch/Basisordner die GrundschulTrainer-App als zusätzliches Übungsmaterial genutzt werden kann.

2.9 Die Wort-Bild-Karten mit Hörfunktion

Die **Wort-Bild-Karten** (ISBN 978-3-06-084506-4) sind vor allem als **Sprachfördermaterial** geeignet für Kinder, die **Deutsch als Zweitsprache** erlernen, oder für Kinder mit einem weniger ausgeprägten Wortschatz. Auf der Vorderseite ist jeweils das Bild zu einem Begriff, der ein Nomen, Verb oder Adjektiv sein kann, abgebildet. Nomen sind mit dem farbigen Artikelpunkt (die = rot, der = blau, das = grün) gekennzeichnet. Diese Seite ist mit der Hör-Funktion verknüpft. Sobald ein **Bild mit** dem dazu geeigneten **Hörstift** (nicht im Paket enthalten) angetippt wird, wird das Wort bzw. die Wörter, die auf der Rückseite stehen (Nomen mit dem bestimmten Artikel, auch in der Mehrzahl, Verben in der Grundform und der 3. Person Sg., Adjektive in der Grundstufe) **vorgesprochen** (dies kann auch

über einen Kopfhörer gehört werden). Der **Wortschatz** der Wort-Bild-Karten enthält **alle wichtigen Wörter** des Basisbuchs/Basisordners sowie ergänzendes Wortmaterial aus dem Arbeitsheft Fördern. Er ist nach den Themenkapiteln des Basisbuchs/Basisordners alphabetisch sortiert. Die Karten selbst sind mit der jeweiligen Kapitelfarbe des entsprechenden Kapitels im Basisbuch/Basisordner umrahmt und somit auch leicht zuzuordnen.

Die Wort-Bild-Karten können vielfältig in verschiedenen Sozialformen eingesetzt werden. Das Beiblatt enthält viele konkrete Anregungen zu Übungen. Natürlich ist der Einsatz auch ohne Hörstift möglich.

2.10 Die Arbeitsblätter Sachunterricht

Die neuen **Arbeitsblätter Sachunterricht** (ISBN 978-3-06-084255-1) greifen auf 56 Seiten die Sachthemen aus dem Basisbuch/Basisordner 3 auf und ergänzen sie mit zusätzlichen sachunterrichtsgemäßen Inhalten. Sie sind ein leicht verständliches, für die Schülerinnen und Schüler gut zu bewältigendes Angebot, das den Fokus auf die Entwicklung der wichtigsten fachspezifischen und fächerübergreifenden Kompetenzen legt sowie gleichzeitig Raum für eigene Schwerpunkte lässt.

Die Arbeitsblätter Sachunterricht

• aktivieren selbstständiges, handlungsorientiertes Arbeiten direkt auf dem Arbeitsblatt,

• runden mit alternativen Aufgabenformaten die TINTO-Deutsch-Materialien ab und ergänzen sie sowohl inhaltlich als auch optisch über die Bildsprache, das Layout, die Leitfigur Kater Tinto und die Hauptfiguren,

- bieten mit den **Tatzenaufgaben** differenzierte und weiterführende Handlungsanregungen,
- vertiefen mit vielfältigen Übungsformen, Bastelanleitungen und einer Ausschneideseite die wesentlichsten Methoden im Sachunterricht und
- fördern die Sprachbildung im Fachunterricht.

2.11 Kopiervorlagen mit CD-ROM

Die 122 (in der Print-Ausgabe) **TINTO-Kopiervorlagen mit CD-ROM** (ISBN 978-3-06-084496-8) unterstützen den individuellen und differenzierenden Unterricht. Durch die Kapitelvignette ist jede Kopiervorlage leicht dem entsprechenden Themenkapitel des Basisbuchs/Basisordners zuzuordnen. **Zu jedem Kapitel** finden Sie Kopiervorlagen

- die an das **Sachthema** anknüpfen,
- zum Bereich **Lesen,**
- zum **mündlichen Sprachgebrauch,**
- zum Bereich **Texte schreiben,**
- zum Bereich **Sprache untersuchen,**
- zum Bereich **Richtig schreiben,**

In den Bereichen **Sprache untersuchen** und **Richtig schreiben** werden zu jedem Kapitel **Kopiervorlagen** mit Aufgaben und Übungen **in drei differenzierten Schwierigkeitsstufen** angeboten: ⚀ leicht, ⚁ mittel, ⚂ schwer.

Die CD-ROM zu den Kopiervorlagen

Alle Kopiervorlagen befinden sich auch auf der beigelegten CD-ROM als PDF-Datei und sind zudem als Word-Datei vorhanden. Diese können individuell verändert werden. Wort- und Textmaterial kann überschrieben oder ergänzt werden, Bilder können entfernt oder durch andere ersetzt werden.

Nur auf der CD-ROM
Neben den als PDF-Datei angebotenen **Lernstandserhebungen** zum Lernbereich **Sprache untersuchen** finden sich auf der CD-ROM auch **farbige Kopiervorlagen für die DaZ-Kinder.** Diese sollten auch farbig ausgedruckt werden, da die Kinder sonst die hilfreichen roten, blauen und grünen Artikelpunkte bei Nomen nicht nutzen können.

Außerdem finden Sie auch die Kopiervorlagen 2, 10, 19, 26, 35, 41, 50, 57, 64, 72 und 78 **für den inklusiven Unterricht** zusätzlich farbig auf der CD-ROM. Zu jedem Kapitel gibt es dort zusätzlich eine Kopiervorlage für den inklusiven Unterricht zum Sachthema des Kapitels oder zu einem rechtschriftlichen oder grammatischen Thema.

Ergänzt wird das Material auf der CD durch etliche **Bilder von Kater Tinto**, die **Kapitel-Vignetten und die STARK-Symbole**, die Sie variabel im Unterricht oder auf selbstgestalteten Materialien einsetzen können, und die **didaktischen Kopiervorlagen** (hier in den Handreichungen auch S. 168 ff.).

Beachten Sie jedoch bitte, dass aus rechtlichen Gründen auf der CD-ROM keine Schriftarten mitgeliefert werden dürfen. Änderungen an Texten erscheinen daher in den Systemschriften Arial bzw. Comic Sans. Es empfiehlt sich deshalb, die gewünschten Schulschriften auf dem eigenen Computer zu installieren. Sind diese dann als Schriftart ausgewählt, tragen sie sich automatisch bei Textänderungen ein.

2.12 Das Arbeitsheft Medienkompetenz

Das **Arbeitsheft Medienkompetenz** „Mein Medienpass" (im 10er-Pack; ISBN 978-3-06-084916-1) ist ein Arbeitsheft mit besonderem Fokus auf dem Umgang mit digitalen Medien. In sechs Kapiteln mit jeweils thematischen Schwerpunkten können die Kinder ihre **Medienkompetenz** erweitern. Inhaltlich deckt der Medienpass sowohl den verantwortungsbewussten Umgang als auch Kommunikations – und Gestaltungsmöglichkeiten im Zusammenhang mit digitalen Medien ab. Im Medienpass werden die von der Kultusministerkonferenz festgelegten Kompetenzbereiche „Problemlösen und Handeln", „Suchen, Verarbeiten, Aufbewahren", „Kommunizieren und Kooperieren", „Produzieren und Präsentieren", „Schützen und sicher Agieren" und „Analysieren und Reflektieren" in vielfältigen Aufgabentypen trainiert.

3.1 Wir in der Schule

Schwerpunkte des Kapitels

Thematisch:

- Einstimmung in das neue Schuljahr
- Regeln und Absprachen für ein soziales Miteinander in der Klasse wiederholen und erweitern

nach Lernbereichen:

Lesen

- Postkarten und ein Gedicht lesen BB S. 8 | BO S. 7
- Kinderbuchauszug lesen BB S. 9 | BO S. 8
- Fragen zum Text beantworten BB S. 10 | BO S. 9
- Sich in eine Figur hineinversetzen BB S. 11 | BO S. 10

Sprechen

- Diskutieren und eine Lösung finden BB S. 12 | BO S. 11
- Eigene Gefühle äußern BB S. 13 | BO S. 12

Texte schreiben

- Regeln aufschreiben und begründen BB S. 14 | BO S. 13
- Lob aufschreiben BB S. 15 | BO S. 14

Sprache untersuchen

- Nomen BB S. 16 | BO S. 15/16
- Adjektive BB S. 17 | BO S. 17/18
- Verschiedene Satzarten BB S. 18 | BO S. 19

Richtig schreiben

- Wörter nach dem Alphabet ordnen BB S. 19 | BO S. 20

Strategieseiten

- Verwandte Wörter finden BB S. 20 | BO S. 21
- STARK: Alle Strategien üben BB S. 21 | BO S. 22

Lerninhalte	BB	BO	AH/FH/FB	Kopier-vorlagen	Digitale Differenzierung
Auftaktbild: Themenfeld Schule (Wortschatzarbeit)	S.6/7	–	–	2	AP
Postkarten und ein Gedicht lesen	S.8	S.7	–	–	AP
Ein Kinderbuch lesen	S.9	S.8	–	–	–
Fragen zum Text beantworten	S.10	S.9	5	3	–
Sich in eine Figur hineinversetzen	S.11	S.10	6	4	–
Diskutieren und eine Lösung finden	S.12	S.11	–	–	–
Eigene Gefühle äußern	S.13	S.12	–	–	–
Regeln aufschreiben und begründen	S.14	S.13	–	–	–
Lob aufschreiben	S.15	S.14	7	5	–
Nomen	S.16	S.15/16	8	6	AR, IAÜ
Adjektive	S.17	S.17/18	9	7	AR, IAÜ
Verschiedene Satzarten	S.18	S.19	10	8	AR, IAÜ
Wörter nach dem Alphabet ordnen	S.19	S.20	11	9	AR, IAÜ
Strategie: Verwandte Wörter finden	S.20	S.21	12	–	AP, AR, IAÜ
Strategie: STARK: Alle Strategien üben	S.21	S.22	13	–	–
Das kann ich schon: Rechtschreibtraining, Übungswörter, Wörter mit ä oder e, äu oder eu, Wörter nach dem Alphabet ordnen, Verschiedene Satzarten, Nomen, Adjektive	S.22/23	S.23–26	14	–	–

Zur Arbeit mit der Auftaktseite

- Erst Einzelarbeit, dann , dann in Klasse besprechen (Wiederholungen vermeiden)
- Randwörter lesen, ggf. klären, im Bild suchen; Nomen mit Artikel nennen
- Kinder berichten, was sie außerdem in der Collage sehen
- Spiel: Ich sehe was, was du nicht siehst ...

Rechtschreibwortschatz des Kapitels üben und festigen

→ „Wörter der Woche" in Portionen an der Tafel täglich üben, z.B. das Haus, die Pause, der Klassenraum, aufräumen, laufen, üben, sauber, neu, alt
→ „Wörter der Woche" regelmäßig alphabetisch ordnen

Wortschatzarbeit

- Erst Einzelarbeit, dann , dann in Klasse besprechen (Wiederholungen vermeiden)
- Gemeinsam Sätze mit dem Wortmaterial bilden
- Evtl. weitere Wörter zum Themenkreis **Schule:** der Schüler, die Lehrerin, die Wasserfarben, der Unterricht, der Pausenhof, laufen, malen, üben, bunt, schwierig, schnell, einfach

→ Bilder am Rand der Collage benennen, deutlich sprechen
→ Lernwörterheft fortführen (wie in Klasse 2)
→ Übungswörter (s. BB S.22 | BO S.23) drei- bis fünfmal abschreiben
→ Rechtschreibgespräche führen (BB S.5)

BB S. 8 + 9 | BO S. 7 + 8: Postkarten und ein Gedicht lesen / Ein Kinderbuch lesen

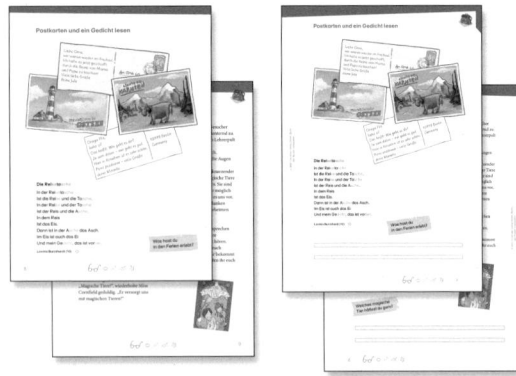

Ziele des Leseunterrichts auf diesen Seiten

🌑 Unterschiedliche Texte lesen (Postkarten und Gedicht, Kinderbuchauszug)

🌒 Textform „Gedicht" erkennen und mit Betonung vorlesen

🌓 Verschiedene Textsorten erkennen und unterscheiden können

🌕 Eigene Gedanken zu Texten entwickeln und mit anderen darüber sprechen

Vorbereitung

* Einige Gegenstände zum Thema „Reisen" mitbringen, z. B. Tasche, Sonnenbrille ...
* Das Wort „Reisetasche" an die Tafel schreiben

Literaturempfehlungen

* Burkhardt, Lavinia: Die Reisetasche. Aus: Glücksvogel. Geschichten, Gedichte und Bilder. Beltz und Gelberg in der Verlagsgruppe Beltz, Weinheim & Basel 2013
* Auer, Margit: Die Schule der magischen Tiere. Carlsen Verlag, Hamburg 2015

Arbeitsvorschläge

Text 1: Postkarten

🎣😊 Über eigene Erfahrungen mit Reisen sprechen, haben die Kinder selbst schon Postkarten bekommen?

* Zuerst die Postkarten anschauen, Leseerwartungen formulieren
* 👧 Postkarten einander vorlesen
* 🌑 Nur eine Karte lesen
* 🌕 Eigene Postkarten schreiben
* Zum Impuls: Kinder erzählen einem Partnerkind oder in einer Kleingruppe von ihren Ferien

Text 2: Gedicht

* Reimwörter erkennen
* Die im Gedicht genannten Wörter im Wort „Reisetasche" an der Tafel in unterschiedlichen Farben markieren
* 🌒 Gedicht mit Betonung laut vorlesen lassen

Text 3: Kinderbuchauszug

* Text leise erlesen, dann gemeinsam lesen
* Unbekannte Wörter aufschreiben lassen und gemeinsam klären
* 🌑 Text teilweise vorlesen, um den Leseumfang zu reduzieren
* 🌒 Lehrkraft stellt Fragen zum Text: Wie könnte es weitergehen?

Weiterführende Aufgaben

AH, AH Fö, FB: –

IAÜ: –

AP: ✓

AR: –

Weitere Ideen zur Arbeit mit der Seite

* Klassenbriefkasten einrichten und die Kinder Namen ziehen und Postkarten schreiben lassen

BB S. 10 | BO S. 9: Fragen zum Text beantworten

 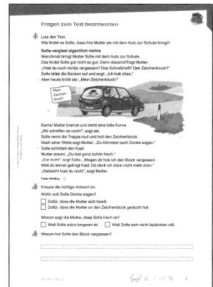

Warum die Stunde?

* Sinnentnehmendes Lesen trainieren
* Gezielt Informationen in Texten finden

Vorbereitung

* Bild und Überschrift vergrößert präsentieren

Lernziele/Kompetenzen

* Sinnentnehmend lesen
* Hypothesen bilden
* Gezielt Informationen entnehmen
* Text und Bild inhaltlich verknüpfen

Möglicher Stundenverlauf mit Differenzierungsmöglichkeiten

 Überschrift und Bild ansehen – worum könnte es in dem Text gehen?

BB ❶ | BO ❶ erarbeiten: Text lesen
* Text leise erlesen, dann laut lesen
* Frage beantworten, Sophies Verhalten beschreiben
* Über das Verhalten von Sophie und ihrer Mutter sprechen
* Tandemlesen
* Mit verteilten Rollen vorlesen
* Reflexion mit der Klasse

BB ❷ | BO ❷ + ❸ erarbeiten: Fragen beantworten
* Antworten im Text finden
* Anzahl der Fragen reduzieren
* Weitere Fragen stellen

* Die Kinder stellen selbst weitere Fragen
* Lösung mit den Kindern überprüfen

BB erarbeiten: Frage beantworten
* Die Kinder erzählen von ihren eigenen Schulwegen
* An der Tafel sammeln, wie die Kinder zur Schule kommen
* Reflexion mit der Klasse

Weiterführende Aufgaben

AH, AH Fö, FB: S. 5

IAÜ: –

AP: –

AR: –

Weitere Ideen zur Arbeit mit der Seite

* Eigene Schulwege malen, Bilder aufhängen

BB S. 11 | BO S. 10: Sich in eine Figur hineinversetzen

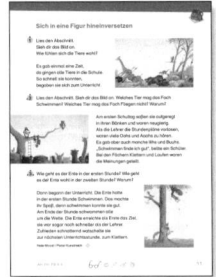

Warum die Stunde?

- Gefühle verschiedener Figuren verstehen
- Unterschiede zwischen den Tieren erkennen
- Illustrationen als Textentlastung nutzen

Vorbereitung

- Bilder vergrößert präsentieren oder digital als Bilderbuchkino

Lernziele/Kompetenzen

- Texte sinnentnehmend lesen
- Text und Bilder inhaltlich verknüpfen
- Gefühle und Verhalten anderer deuten und nachvollziehen können

Möglicher Stundenverlauf mit Differenzierungsmöglichkeiten

 Tiere auf den Bildern benennen und ihre Charakteristika aufschreiben

BB ① | BO ① erarbeiten: Abschnitt verstehen
- Abschnitt leise erlesen, dann vorlesen
- Bild beschreiben und die Gefühle der Tiere deuten
- ●, 👬 Mit Nachbarkind überlegen
- ♦ Vermutungen aufschreiben
- Lösung mit den Kindern überprüfen

BB ② | BO ② erarbeiten: Abschnitt verstehen
- Fragen beantworten mithilfe der gesammelten Charakteristika der Tiere
- Text leise erlesen
- ● Tandemlesen
- ♦ Gemeinsam überlegen, welche Tiere in welchen Fächern besonders gut wären (ggf. neue Fächer erfinden)
- Lösung mit den Kindern überprüfen

BB ③ | BO ③ erarbeiten: Abschnitt verstehen
- Abschnitt sinnentnehmend lesen
- Vermutungen formulieren, wie sich die Ente beim Klettern fühlt

- Vermutungen mit Bild in Beziehung setzen
- ♦ Vermutungen aufschreiben
- ♦ Gemeinsam überlegen, welche Tiere in welchen Fächern besonders schlecht wären
- Lösung mit den Kindern überprüfen

Weiterführende Aufgaben

AH, AH Fö, FB: S. 6

IAÜ: –

AP: –

AR: –

Weitere Ideen zur Arbeit mit der Seite

- Bilder von unterschiedlichen Tieren in der Schule malen
- Mündlich oder schriftlich antizipieren: Welches Fach mag das Tier xxx (ein Tier von den Bildern wählen) wohl? Warum? Welches Fach mag das Tier nicht?
- Bilderbuch „Wenn die Ziege schwimmen lernt" von Neele Most/Peter Kunstreich ganz lesen und als Gesprächsanlass hinsichtlich Bewertung von Leistungen und Individualität nutzen

BB S. 12 | BO S. 11: Diskutieren und eine Lösung finden

 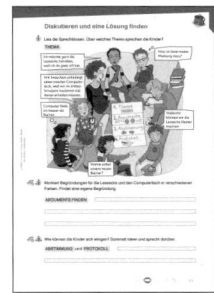

Warum die Stunde?

- Unterschiedliche Meinungen zu einem Thema nachvollziehen
- Gemeinsame Lösungsstrategien entwickeln
- Respektvollen Umgang miteinander trainieren

Vorbereitung

- Tabelle an die Tafel zeichnen: eine Spalte „Leseecke", eine Spalte „Computertisch"

Lernziele/Kompetenzen

- 🔴 Sinnentnehmend lesen
- 🔴 Diskontinuierlichen Text lesen (Sprechblasen)
- 🔴 Argumente zu einem Thema finden
- 🔴 Eigene Meinung zu einem Thema angemessen bilden

Möglicher Stundenverlauf mit Differenzierungsmöglichkeiten

BB ❶ | BO ❶ erarbeiten: Sprechblasen lesen
- Sprechblasen mit verteilten Rollen vorlesen
- Thema der Diskussion erschließen
- 🔴 Thema in Einzelarbeit erschließen und aufschreiben
- Reflexion mit der Klasse

BB ❷ | BO ❷ erarbeiten: Begründungen überlegen
- Argumente in die Tabelle an der Tafel eintragen
- Weitere Argumente für beide Seiten finden
- 🔴 Gemeinsam Argumente finden
- 🔴 Kinder in zwei Gruppen einteilen und nur für eine Seite Argumente finden lassen
- 🔴 Zunächst in Einzelarbeit Argumente finden
- Lösung mit den Kindern überprüfen

BB ❸ | BO ❸ erarbeiten: Lösungsmöglichkeiten finden
- Über die genannten Lösungsmöglichkeiten sprechen
- Abwägen, welche Möglichkeit für die Einigung besser geeignet ist
- 🔴 Mögliche Kompromisse suchen
- Lösung mit den Kindern überprüfen

BB 🐾 | BO 🐾 erarbeiten: Eigene Lösung finden
- Gemeinsam überlegen, was in der Klasse geändert werden könnte
- Mögliche Lösungen überlegen
- Argumente für jede Seite finden
- 🔴 In 👥 Argumente finden
- 🔴 Alleine Argumente finden
- Reflexion mit der Klasse

Weitere Ideen zur Arbeit mit der Seite

- Regelmäßig Klassenrat zur Lösung von Problemen abhalten
- Rollen einführen: Zeitwächter, Gesprächsleiter, Protokollant/Schreiber

BB S. 13 | BO S. 12: Eigene Gefühle äußern

 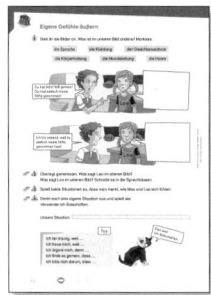

Warum die Stunde?

- Adressatenbezogenes und rücksichtsvolles Sprechen trainieren
- Eigene Gefühle verständlich ausdrücken
- Andere verstehen und angemessen reagieren

Lernziele/Kompetenzen

- Aus einem Bild Informationen entnehmen
- Situations- und adressatengerecht sprechen
- Eigene Gefühle darstellen

Möglicher Stundenverlauf mit Differenzierungsmöglichkeiten

 Adjektive an der Tafel sammeln, die Gefühle ausdrücken

BB ❶ | BO ❶ erarbeiten: Bilder vergleichen
- Beide Bilder beschreiben
- Gemeinsamkeiten und Unterschiede aufzeigen
- Gefühle der beiden beschreiben
- Lösung mit den Kindern überprüfen

BB ❷ | BO ❷ erarbeiten: Situationen erfassen
- Antworten für Lea überlegen
- Die Kinder aufteilen und nur jeweils eine Antwort finden lassen
- Dialoge weiterschreiben
- Lösung mit den Kindern überprüfen

BB ❸ | BO ❸ erarbeiten: Szenen darstellen
- Überlegen, wie man die Gefühle der Kinder darstellen könnte

- Szenisch vorlesen
- Szenen auswendig lernen und vor der Klasse vorspielen
- Verlängerte Dialoge aus ❷ spielen
- Reflexion mit der Klasse

BB ❹ | BO ❹ erarbeiten: Szenen erarbeiten
- Eigene Dialoge schreiben
- Die Adjektive an der Tafel als Hilfe nehmen
- In ✍ schreiben
- Situationen auswendig lernen und spielen
- Kinder mehrere Situationen erfinden lassen
- Reflexion mit der Klasse

Weitere Ideen zur Arbeit mit der Seite

- Anregen, dass die Kinder möglicherweise ungelöste Konflikte mithilfe der Gesprächsstrategien klären
- Gemeinsam Theaterstück mit Gefühlen als Figuren schreiben

BB S. 14 | BO S. 13: Regeln aufschreiben und begründen

 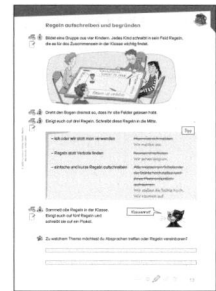

Warum die Stunde?

- Klassenregeln verstehen, entwickeln, akzeptieren und umsetzen
- Bedeutung von Regeln erkennen
- Adressatenbezogenen und rücksichtsvollen Umgang miteinander trainieren

Vorbereitung

- Vorbereitete Plakate für das Table Set mitbringen (Zonen einzeichnen, s. BB)

Lernziele/Kompetenzen

- Eigene Ideen entwickeln
- Regelwünsche schriftlich festhalten
- Situations- und adressatengerecht miteinander umgehen
- Gemeinsame Regeln festlegen

Möglicher Stundenverlauf mit Differenzierungsmöglichkeiten

 In der Klasse besprechen, für welche Bereiche und mit welchen Zielen man Regeln braucht

BB ❶ | BO ❶ erarbeiten: Regeln erarbeiten
- Plakate verteilen
- Kinder schreiben eigene Regelideen auf
- Kinder in 👫 überlegen lassen
- Mindestanzahl von Regeln festlegen, die jedes Kind aufschreiben soll
- Lösung mit den Kindern überprüfen

BB ❷ | BO ❷ erarbeiten: Regeln lesen
- Plakate drehen und alle Regelvorschläge lesen
- Kinder Vorschläge kommentieren lassen
- Reflexion mit der Klasse

BB ❸ | BO ❸ erarbeiten: Regeln auswählen
- Regelvorschläge besprechen und überarbeiten
- Die Regeln aus dem BB , BO zur Hilfe nehmen
- Einige Vorschläge auswählen
- Lösung mit den Kindern überprüfen

BB ❹ | BO ❹ erarbeiten: Regeln auswählen
- Regelvorschläge der Gruppen in der Klasse sammeln
- Ggf. an der Tafel sammeln
- Fünf Regeln gemeinsam auswählen
- Falls notwendig, die Vorschläge überarbeiten
- Lösung mit den Kindern überprüfen

BO 👀 erarbeiten: Eigene Vorschläge erarbeiten
- Kinder Bereiche finden lassen, die ihnen wichtig erscheinen
- In 👫 Themen und Regeln finden
- Gemeinsam Plakate gestalten und vorstellen
- Reflexion mit der Klasse

Weitere Ideen zur Arbeit mit der Seite

- Schulregeln auf ihre Formulierung hin überprüfen

BB S. 15 | BO S. 14: Lob aufschreiben

 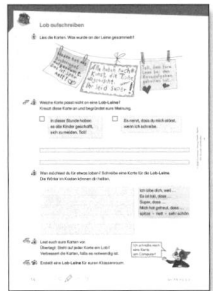

Warum die Stunde?

- Sinnentnehmendes Lesen trainieren
- Respektvollen Umgang miteinander trainieren
- Notwendigkeit und Ziele von Lob erkennen

Vorbereitung

- Lob-Leine durch die Klasse spannen
- Eine eigene Beispielkarte mitbringen
- Karten und Material zum Verzieren bereitstellen

Lernziele/Kompetenzen

- Sinnentnehmend lesen
- Situations- und adressatengerecht kommunizieren
- Adressaten- und funktionsgerecht schreiben

Möglicher Stundenverlauf mit Differenzierungsmöglichkeiten

Mit den Kindern besprechen, aus welchen Lebensbereichen ihnen Lob bekannt ist, wofür sie normalerweise gelobt werden oder andere loben

BB ❶ | BO ❶ erarbeiten: Texte verstehen
- Karten lesen und ihren Inhalt besprechen
- Lösung mit den Kindern überprüfen

BB ❷ | BO ❷ erarbeiten: Texte vergleichen
- Texte leise lesen
- Kinder weitere, vergleichbare Karten vorbereiten lassen, eine Kartei erstellen und sie zuordnen
- Lösung mit den Kindern überprüfen

BB ❸ | BO ❸ erarbeiten: Lob aufschreiben
- Den Hilfe-Kasten lesen
- Eigene Lobkarten erstellen
- Gemeinsam Beispiele an der Tafel sammeln
- Mehrere Karten schreiben lassen
- Lösung mit den Kindern überprüfen

BB ❹ | BO ❹ erarbeiten: Texte überprüfen
- Lobkarten korrigieren
- Karten für die Lob-Leine mit dem bereitgestellten Material gestalten
- Karten am Computer gestalten
- Weitere Karten als Geschenke gestalten
- Lösung mit den Kindern überprüfen

BB 🐾 | BO 🐾 erarbeiten: Lob-Leine erstellen
- Lob-Leine in der Klasse aufhängen
- Mit den Kindern gemeinsam eine passende Stelle suchen
- Reflexion mit der Klasse

Weiterführende Aufgaben

AH, AH Fö, FB: S. 7

IAÜ: –

AP: –

AR: –

BB S. 16 | BO S. 15 + 16: Nomen?

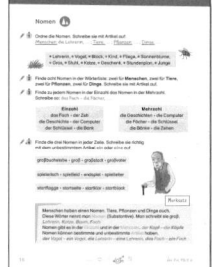

Warum die Stunde?

- Wortart „Nomen" erkennen und bestimmen können
- Bestimmte und unbestimmte Artikel kennenlernen

Vorbereitung

- Einige Nomen an die Tafel schreiben

Lernziele/Kompetenzen

- Nomen lesen
- Merkmale von Nomen kennen
- Mögliche Formen von Nomen kennen und zuordnen können

Möglicher Stundenverlauf mit Differenzierungsmöglichkeiten

Mit Hilfe des Merksatzes wiederholen, was über die Wortart Nomen bisher bekannt ist, anhand der Beispiele an der Tafel Artikel bestimmen üben

BB **1** | BO **1** erarbeiten: Nomen ordnen
- Nomen den Kategorien zuordnen
- Den Nomen die passenden Artikel zuordnen
- Anzahl der Nomen reduzieren
- Weitere Nomen angeben
- Lösung mit den Kindern überprüfen

BB **2** | BO **2** erarbeiten: Nomen finden
- In der Wörterliste weitere Nomen finden
- Für jede Kategorie nur ein Nomen finden
- Für jede Kategorie drei Nomen finden
- Lösung mit den Kindern überprüfen

BB **3** | BO **3** erarbeiten: Singular- und Pluralformen zuordnen
- Passende Singular- und Pluralformen einander zuordnen
- Anzahl der Nomen reduzieren
- Nomen an die Tafel übertragen und gemeinsam zuordnen

- Weitere Formen vorgeben und zuordnen lassen
- Lösung mit den Kindern überprüfen

BB **4** | BO **4** erarbeiten: Nomen finden
- Nomen erkennen
- Merkmale der Wortart erneut besprechen und von anderen unterscheiden
- Weitere Zeilen analog zur Aufgabe an die Tafel schreiben
- Lösung mit den Kindern überprüfen

Weiterführende Aufgaben

AH, AH Fö, FB: S. 8

IAÜ: ✓

AP: −

AR: ✓

Weitere Ideen zur Arbeit mit der Seite

- Zum Üben: Kartei mit Nomen mit farbigen Artikelpunkten erstellen, auf die Rückseite der Karten jeweils die Einzahl, die Mehrzahl und die Nomen mit dem passenden Artikel schreiben
- Gegenstände in der Klasse beschriften: Nomen mit Artikel in Einzahl und Mehrzahl

BB S. 17 | BO S. 17 + 18: Adjektive

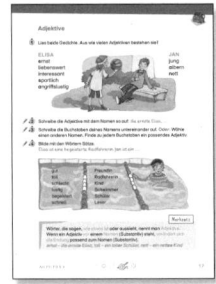
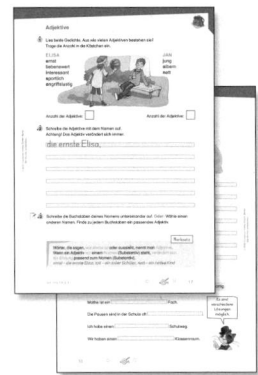

Warum die Stunde?

- Wortart „Adjektiv" erkennen und bestimmen können
- Beschreibende Funktion erkunden

Vorbereitung

- Einige Adjektive an die Tafel schreiben

Lernziele/Kompetenzen

- Adjektive lesen
- Merkmale von Adjektiven kennen
- Adjektive an Nomen anpassen

Möglicher Stundenverlauf mit Differenzierungsmöglichkeiten

Eigenschaften der Wortart „Adjektiv" wiederholen, mithilfe der Adjektive an der Tafel die Flexion der Adjektive wiederholen

BB ① | BO ① erarbeiten: Gedichte lesen
- Gedichte erst leise lesen, dann vorlesen lassen
- Anzahl der Adjektive bestimmen
- Gemeinsames Merkmal der Gedichte erkennen (die Adjektive fangen mit den Buchstaben in den Namen der Kinder an)
- Lösung mit den Kindern überprüfen

BB ② | BO ② erarbeiten: Adjektive aufschreiben
- Adjektive mit den Namen aufschreiben
- ● Nur einen der Namen wie im Buch beschrieben aufschreiben
- Lösung mit den Kindern überprüfen

BB ③ | BO ③ erarbeiten: Gedicht schreiben
- Gedicht zum eigenen Namen erstellen
- ● Gemeinsam weitere Adjektive an der Tafel sammeln, die die Kinder verwenden können
- ● Weitere Gedichte schreiben, zum Beispiel mit den Namen von Eltern oder Freunden

BB ④ | BO ④ erarbeiten: Sätze bilden
- Sätze mit den vorgegebenen Wörtern schreiben
- Auf die Flexion der Adjektive hinweisen
- ● Anzahl der Wörter reduzieren
- ● Weitere Sätze bilden lassen
- Lösung mit den Kindern überprüfen

BO ⑤ erarbeiten: Adjektive einsetzen
- Lücken in Sätzen füllen
- ● In 👫: Weitere Sätze für Partnerkind finden
- Lösung mit den Kindern überprüfen

Weiterführende Aufgaben

AH, AH Fö, FB: S. 9

IAÜ: ✓

AP: –

AR: ✓

Weitere Ideen zur Arbeit mit der Seite

- Ausstellung mit den Gedichten der Kinder veranstalten

BB S. 18 | BO S. 19: Verschiedene Satzarten

 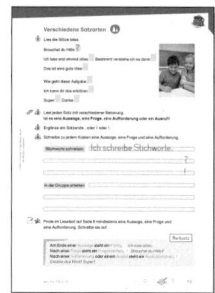

Warum die Stunde?

- Sinnentnehmendes Lesen trainieren
- Verschiedene Satzarten kennenlernen
- Eigenen Ausdruck weiterentwickeln

Vorbereitung

- Satz „Ich brauche Hilfe" ohne Satzzeichen an die Tafel schreiben; als Frage-, Ausruf- oder Aussagesatz vorlesen lassen

Lernziele/Kompetenzen

- Sätze lesen
- Merkmale von verschiedenen Satzarten kennen
- Sätze verschiedener Arten bilden können

Möglicher Stundenverlauf mit Differenzierungsmöglichkeiten

BB ❶ | BO ❶ erarbeiten: Sätze lesen
- Sätze leise lesen
- Lösung mit den Kindern überprüfen

BB ❷ | BO ❷ erarbeiten: Satzarten erkennen
- Mit Partnerkind gegenseitig Sätze vorlesen
- Merksatz lesen und besprechen
- Satzarten bestimmen
- Anzahl der Sätze reduzieren
- Weitere Sätze an die Tafel schreiben
- Lösung mit den Kindern überprüfen

BB ❸ | BO ❸ erarbeiten: Satzzeichen setzen
- Passende Satzzeichen bestimmen
- In bearbeiten
- Lösung mit den Kindern überprüfen

BB ❹ | BO ❹ erarbeiten: Sätze bilden
- Sätze bilden
- Verschiedene Satzarten bilden und dabei die Unterschiede erkennen

- Anzahl der zu schreibenden Sätze reduzieren
- Weitere Sätze bilden
- Lösung mit den Kindern überprüfen

BB | BO erarbeiten: Satzarten erkennen
- Lesetext von BB S. 9 | BO S. 8 erneut lesen
- Vorlesen und besonders auf die Betonung der verschiedenen Satzarten achten
- Beispiele für die Satzarten finden
- Jeweils mehrere Beispiele finden
- Lösung mit den Kindern überprüfen

Weiterführende Aufgaben

AH, AH Fö, FB: S. 10

IAÜ: ✓

AP: −

AR: ✓

Weitere Ideen zur Arbeit mit der Seite

- Quiz zu den Satzarten veranstalten

BB S. 19 | BO S. 20: Wörter nach dem Alphabet ordnen

Warum die Stunde?

- Kenntnis des Alphabets festigen
- Wörter alphabetisch ordnen

Vorbereitung

- Alphabet in Großbuchstaben an die Tafel schreiben

Lernziele/Kompetenzen

- Alphabet sicher können
- Wörter alphabetisch ordnen können
- Mit schwierigen Stellen souverän umgehen

Möglicher Stundenverlauf mit Differenzierungsmöglichkeiten

BB ❶ | BO ❶ erarbeiten: Wörter alphabetisch ordnen

- Liste leise lesen
- Wörter alphabetisch ordnen
- ● Anzahl der Wörter reduzieren
- ● Eigene Liste für Partnerkind schreiben
- Lösung mit den Kindern überprüfen

BB ❷ | BO ❷ erarbeiten: Wörter alphabetisch ordnen

- Listen lesen
- Wörter alphabetisch ordnen
- Auf Tintos Tipp hinweisen: Wörter mit den gleichen Anfangsbuchstaben nach den ersten sich unterscheidenden ordnen
- ● Nur die „Nicht erlaubt"-Liste ordnen
- Lösung mit den Kindern überprüfen

BB ❸ erarbeiten: Wörter alphabetisch ordnen

- Wörter in den Kästen lesen
- Wörter alphabetisch ordnen
- ● Nur zwei Kästen ordnen lassen
- Lösung mit den Kindern überprüfen

BB ❹ | BO ❸ erarbeiten: Wörter finden

- Wörter in der Wörterliste finden
- Wörter finden, die in der Wörterliste fehlen
- ● Nur zwei Zeilen finden lassen
- ● Wörter jeder Zeile alphabetisch ordnen
- Lösung mit den Kindern überprüfen

Weiterführende Aufgaben

AH, AH Fö, FB: S. 11

IAÜ: ✓

AP: −

AR: ✓

Weitere Ideen zur Arbeit mit der Seite

- Gemeinsam die Namen der Klasse alphabetisch ordnen

BB S. 20 + 21 | BO S. 21 + 22: Gewusst wie: Verwandte Wörter finden ↔ / STARK: Alle Strategien üben

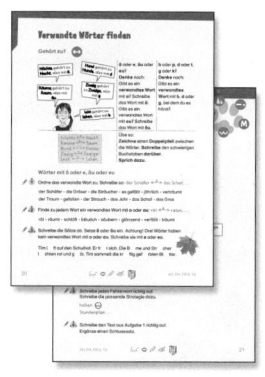
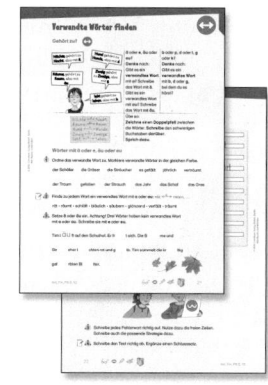

Übungsziele auf diesen Seiten

- Strategie „Gehört zu?" erarbeiten und üben
- Verwandte Wörter kennen und einander zuordnen

Lernziele/Kompetenzen

- Konzept „Verwandte Wörter" kennen
- Üben und Anwenden gelernten Wissens
- Verschiedene Methoden zum Erwerb strategischen Wissens kennen

Möglicher Stundenverlauf mit Differenzierungsmöglichkeiten

BB ❶ | BO ❶ erarbeiten: Verwandte Wörter erkennen
- Verwandte Wörter zuordnen
- , Anzahl der Wörter variieren
- Lösung mit den Kindern überprüfen

BB ❷ | BO ❷ erarbeiten: Verwandte Wörter finden
- Mit der „Gehört zu?"-Probe verwandte Wörter zu den Wörtern finden
- Weitere Wörter angeben und verwandte Wörter finden
- Lösung mit den Kindern überprüfen

BB ❸ | BO ❸ erarbeiten: Sätze ergänzen
- Wörter passend vervollständigen
- Besondere Aufmerksamkeit auf Wörter mit **eu** oder **e** lenken
- , Anzahl der Sätze variieren
- Lösung mit den Kindern überprüfen

BB Seite 21 | BO Seite 22

BB ❶ | BO ❶ erarbeiten: Fehlerwörter erkennen
- Text leise lesen
- Fehlerwörter besonders beachten
- Lösung mit den Kindern überprüfen

BB ❷ | BO ❷ erarbeiten: Rechtschreibung erarbeiten
- Mit Partnerkind über die Fehler sprechen
- Geeignete Strategien zur Verbesserung finden
- Aufgabe alleine bearbeiten
- Lösung mit den Kindern überprüfen

BB ❸ | BO ❸ erarbeiten: Strategien anwenden
- Fehlerwörter mithilfe der Strategien korrigiert aufschreiben
- Lösung mit den Kindern überprüfen

BB ❹ | BO ❹ erarbeiten: Text berichtigen
- Text abschreiben und Fehler korrigieren
- Mehrere Schlusssätze schreiben und von Partnerkind korrigieren lassen
- Lösung mit den Kindern überprüfen

Weiterführende Aufgaben

AH, AH Fö, FB: S. 12 + 13

IAÜ: ✓

AP: ✓

AR: ✓

BB S. 22 + 23 | BO S. 23–26: Das kann ich schon

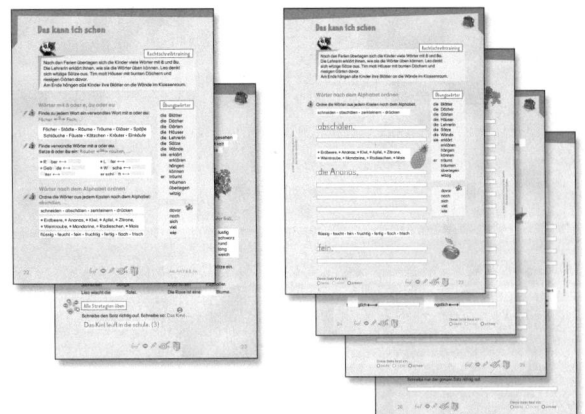

Übungsziele auf diesen Seiten

- Selbstständiges Lösen von Aufgaben
- Fachliche Inhalte aus den Bereichen **Rechtschreiben** und **Sprache untersuchen** des Kapitels wiederholen

Vorbereitung

- Alphabet an die Tafel schreiben
- Arbeitshilfen wie Merksätze und Tinto-Tipps vergrößert präsentieren

Lernziele/Kompetenzen

- Selbstständig üben
- Sprachliche Strukturen erkennen
- Grammatisches Wissen anwenden und vertiefen

Arbeitsvorschläge

> Auf den Das-kann-ich-schon-Seiten befinden sich mehrere Rechtschreib- und Grammatikübungen. Die Aufgabenformate gleichen denen auf den entsprechenden Seiten im Kapitel.

BB ① | BO ② erarbeiten: Verwandte Wörter finden
- Mit der „Gehört zu?"-Probe verwandte Wörter finden

BB ② | BO ③ erarbeiten: Verwandte Wörter finden
- Mit der „Gehört zu?"-Probe verwandte Wörter finden

BB ③ | BO ① erarbeiten: Wörter alphabetisch ordnen
- Wörter alphabetisch ordnen
- ● Nicht alle Kästen bearbeiten
- ● Die Wörter aus allen Kästen alphabetisch ordnen

BB ④ | BO ④ erarbeiten: Satzarten erkennen
- Sätze lesen
- Passende Satzzeichen setzen

BO ⑤ erarbeiten: Singular- und Pluralformen zuordnen
- Einzahl und Mehrzahl von Nomen zuordnen
- Einzelnes Nomen erkennen: ein Sessel

BB ⑤ | BO ⑥ erarbeiten: Nomen erkennen
- Nomen in jeder Zeile kennzeichnen
- Passende Artikel finden

BB ⑥ | BO ⑦ erarbeiten: Nomen und Adjektive zuordnen
- Passende Adjektive zu den Nomen finden
- ● Zu jedem Nomen weitere Adjektive finden

BB ⑦ | BO ⑧ erarbeiten: Adjektive anpassen
- Passende Adjektive zuordnen
- Adjektive anpassen

BB | BO Alle Strategien üben
- Fehler mithilfe der Rechtschreibstrategien verbessern, als Hilfe die Übersicht auf der STARK/Grammatikkarte nutzen
- Strategien über die korrigierten Wörter schreiben

Weiterführende Aufgaben

AH, AH Fö, FB: S. 14

IAÜ: –

AP: –

AR: –

Weitere Ideen zur Arbeit mit der Seite

- Übungswörter mit verschiedenen Lerntechniken trainieren: Abschreiben, Schleichdiktat, nach Alphabet ordnen, mit jedem Wort einen Satz bilden und aufschreiben, als Partnerdiktat

3.2 Kartoffeln, Kartoffeln

Schwerpunkte des Kapitels

Thematisch:

- Die Kartoffelpflanze; fächerverbindend mit dem Sachunterricht
- Zubereitung und Traditionen im Zusammenhang mit Kartoffeln

nach Lernbereichen:

Lesen

- Ein Rätsel und Sprichwörter lesen BB S. 26 | BO S. 27
- Kinderbuchauszug lesen BB S. 27 | BO S. 28
- Informationen im Text finden BB S. 28 | BO S. 29
- Stichworte nutzen BB S. 29 | BO S. 30
- Ein Schaubild lesen BB S. 30 | BO S. 31

Sprechen

- Einen Text mit der Stimme gestalten BB S. 31 | BO S. 32

Texte schreiben

- Treffende Verben finden BB S. 32 | BO S. 33/34
- Ein Rezept aufschreiben BB S. 33 | BO S. 35/36

Sprache untersuchen

- Verben BB S. 34 | BO S. 37
- Wortbausteine verändern Verben BB S. 35 | BO S. 38

Richtig schreiben

- Wörter mit doppelten Mitlauten BB S. 36 | BO S. 39
- Wörter mit **V** oder **v** BB S. 37 | BO S. 40

Strategieseiten

- Länge des Selbstlautes prüfen BB S. 38 | BO S. 41
- STARK: Alle Strategien üben BB S. 39 | BO S. 42

Lerninhalte	BB	BO	AH/FH/FB	Kopier-vorlagen	Digitale Differenzierung
Auftaktbild: Themenfeld Kartoffeln (Wortschatzarbeit)	S. 24/25	–	–	10	AP
Ein Rätsel und Sprichwörter lesen	S. 26	S. 27	–	–	–
Ein Kinderbuch lesen	S. 27	S. 28	–	–	–
Informationen im Text finden	S. 28	S. 29	15	11/12	–
Stichworte nutzen	S. 29	S. 30	–	–	AP
Ein Schaubild lesen	S. 30	S. 31	16	–	–
Einen Text mit der Stimme gestalten	S. 31	S. 32	–	–	–
Treffende Verben finden	S. 32	S. 33/34	17	13	–
Ein Rezept aufschreiben	S. 33	S. 35/36	–	14	–
Verben	S. 34	S. 37	18	15	AR, IAÜ
Wortbausteine verändern Verben	S. 35	S. 38	19	16	AR, IAÜ
Wörter mit doppelten Mitlauten	S. 36	S. 39	20	17	AR, IAÜ
Wörter mit **V** oder **v**	S. 37	S. 40	21	18	IAÜ
Strategie: Länge des Selbstlautes prüfen	S. 38	S. 41	22	–	AP, IAÜ
Strategie: STARK: Alle Strategien üben	S. 39	S. 42	23	–	–
Das kann ich schon: Rechtschreibwörtertraining, Übungswörter, Wörter mit doppelten Mitlauten, Wörter mit **V** oder **v**, Verben, Wortbausteine verändern Verben	S. 40/41	S. 43–46	24	–	–

Zur Arbeit mit der Auftaktseite

- Randwörter lesen, ggf. klären, im Bild suchen; Nomen mit Artikel nennen
- „Thementisch" zur Kartoffel in der Klasse
- Sätze mit den Randwörtern bilden
- Kartoffelpflanze mitbringen, um die die Klasse sich kümmert

Wortschatzarbeit

- Evtl. weitere Wörter zum Themenkreis **Kartoffeln** z. B. mit einem Cluster sammeln: die Sorte, die Pommes, der Kartoffelsalat, der Keim, die Kartoffelpuffer, blühen, gießen, sammeln, kochen, schmecken, braun, lecker, roh, viel, wenig

Rechtschreibwortschatz des Kapitels üben und festigen

→ „Wörter der Woche" in Portionen an der Tafel täglich üben, z. B.: die Pommes, der Kartoffelsalat, die Kartoffelpuffer, versuchen, sammeln, lecker, roh, viel, wenig

→ „Wörter der Woche" oder Rechtschreibwörter regelmäßig im Partnerdiktat üben
→ Stolperstellen in schwierigen Wörtern markieren
→ Lernwörterheft aus Klasse 2 fortführen
→ Übungswörter (s. BB S. 56 | BO S. 57) drei- bis fünfmal abschreiben

BB S. 26 + 27 | BO S. 27 + 28: Ein Rätsel und Sprichwörter lesen / Ein Kinderbuch lesen

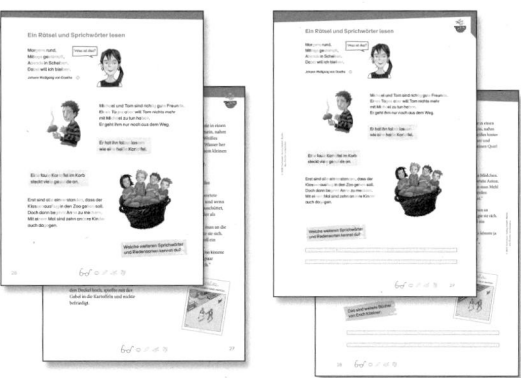

Ziele des Leseunterrichts auf diesen Seiten

- Unterschiedliche Texte lesen (Rätsel und Sprichwörter, Kinderbuchauszug)
- Kurze altersgemäße Texte lesen
- Kurze bekannte Texte vorlesen
- Texte mit Betonung vorlesen (Wörtliche Rede)

Vorbereitung

- Weitere Sprichwörter mitbringen (an die Tafel oder auf Plakate schreiben)
- Ein Exemplar von „Pünktchen und Anton" mitbringen

Literaturempfehlungen

- Kästner, Erich: Pünktchen und Anton. Atrium Verlag, Zürich 1999
- Fischer-Nagel, Heiderose und Andreas: Kartoffel hin, Kartoffel her. Eine Pflanze erobert die Welt. Verlag Heiderose Fischer-Nagel

Arbeitsvorschläge

Text 1: Rätsel
- Text leise lesen, dann laut vorlesen
- Lösung des Rätsels finden

Text 2: Sprichwörter
- Klären, was unter einem Sprichwort zu verstehen ist und welche die Kinder kennen
- Text sinngestaltend vorlesen
- Sprichwörter und Erklärungen lesen und über die Bedeutung sprechen
- Weitere Sprichwörter sammeln und Erklärungen dazu schreiben
- , Im Tandem lesen

Text 3: Kinderbuchauszug
- Gemeinsam den Titel und das Umschlagbild des Buches anschauen, fragen, ob das Buch bekannt ist, über den möglichen Inhalt sprechen
- Text sinngestaltend vorlesen

- Kinder lesen den Text zuerst leise, dann laut
- , Im Tandem lesen
- Text mit verteilten Rollen vorlesen (Pünktchen, Anton, Erzähler)
- Über den Inhalt des Textes sprechen, zusammenfassen
- Verhältnis zwischen Pünktchen und Anton beschreiben
- Anton kocht für seine Mutter und sich, fragen, wer in der Klasse schon Erfahrungen mit dem Kochen gemacht hat
- Ggf. Szene als Filmausschnitt anschauen

Weitere Ideen zur Arbeit mit der Seite

- Sprichwörter aufschreiben und gestalten lassen, in der Klasse aufhängen
- Sprichwörtersammlung als Buch anlegen
- Forscherauftrag: Erwachsene nach Sprichwörtern fragen

BB S. 28 | BO S. 29: Informationen im Text finden

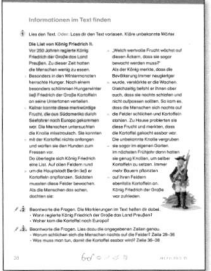 

Warum die Stunde?

- Sinnverstehendes Lesen trainieren
- Nach Informationen suchen

Lernziele/Kompetenzen

- Sinnentnehmendes Lesen trainieren
- Komplexe altersgemäße Texte verstehen
- Gezielt Informationen entnehmen

Möglicher Stundenverlauf mit Differenzierungsmöglichkeiten

BB ❶ | BO ❶ erarbeiten: Text lesen
- Text leise erlesen, dann laut lesen
- Unbekannte Wörter klären
- Historischen Kontext kurz einordnen
- 🟡, 👧 Im Tandem lesen
- 🟤 Unbekannte Wörter in Einzelarbeit klären (ggf. am Computer)
- Reflexion mit der Klasse

BB ❷ | BO ❷ erarbeiten: Fragen beantworten
- Markierte Abschnitte nochmal lesen
- Fragen beantworten
- 🟤 Nur eine der Fragen beantworten
- 🟤 Weitere Fragen stellen
- Lösung mit den Kindern überprüfen

BB ❸ | BO ❸ erarbeiten: Fragen beantworten
- Angegebene Textstellen finden
- Abschnitte genau lesen
- Antwortsätze schreiben
- 🟡, 👧 mit Partnerkind zusammenarbeiten
- 🟤 Fragen in Stichworten beantworten
- 🟤 In 👧: dem Partnerkind weitere Fragen stellen
- Lösung mit den Kindern überprüfen

Weiterführende Aufgaben

AH, AH Fö, FB: S. 15

IAÜ: –

AP: –

AR: –

Weitere Ideen zur Arbeit mit der Seite

- Abbildungen von Kartoffelpflanzen genauer betrachten

BB S. 29 | BO S. 30: Stichworte nutzen

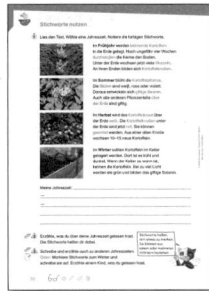

Warum die Stunde?

- Genaues Lesen trainieren
- Wichtige Informationen kurz und geordnet darstellen können

Vorbereitung

- Fotos vergrößert präsentieren
- Einen Textabschnitt ohne Markierung an die Tafel schreiben

Lernziele/Kompetenzen

- Sinnentnehmend lesen
- Genau lesen, Informationen im Text finden
- Text und Bild aufeinander beziehen
- Wichtige Informationen aus Texten filtern

Möglicher Stundenverlauf mit Differenzierungsmöglichkeiten

BB ❶ | BO ❶ erarbeiten: Stichworte notieren
- Gesamten Text lesen
- Einzelne Abschnitte auswählen lassen – darauf achten, dass alle Abschnitte bearbeitet werden
- Farbige Stichworte notieren
- Mit Partnerkind bearbeiten
- Mehrere Abschnitte stichwortartig notieren
- Lösung mit den Kindern überprüfen

BB ❷ | BO ❷ erarbeiten: Inhalt wiedergeben
- Mithilfe der Stichworte den Inhalt des Textabschnittes einem Partnerkind vorstellen
- Mehrere Abschnitte vorstellen
- Vor der ganzen Klasse vortragen
- Reflexion mit der Klasse

BB ❸ | BO ❸ erarbeiten: Stichworte notieren und Inhalt wiedergeben
- Zu weiteren Textabschnitten Stichworte notieren
- Eigene Stichworte zum Winter finden

- Inhalt des Textabschnitts vorstellen
- Für die Texte an der Tafel eigene Stichworte zu den anderen Abschnitten finden, ohne die Markierungen im Buch
- Reflexion mit der Klasse

Weiterführende Aufgaben

AH, AH Fö, FB: –

IAÜ: –

AP: ✓

AR: –

Weitere Ideen zur Arbeit mit der Seite

- Den Jahreskreislauf der Kartoffel als „Minivortrag" aufnehmen
- Eine keimende Kartoffel in einem großen Blumentopf einpflanzen und beobachten

BB S. 30 | BO S. 31: Ein Schaubild lesen

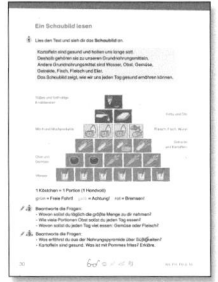 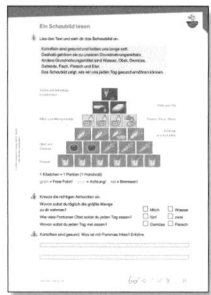

Warum die Stunde?

- Schaubildern Informationen entnehmen können
- Sinnentnehmendes Lesen trainieren
- Gezielt Informationen finden können

Vorbereitung

- Schaubild von der Seite vergrößert mitbringen oder digital projizieren

Lernziele/Kompetenzen

🥔 Nicht lineare Texte (Schaubilder) lesen können
🥔 Schematischen Darstellungen Informationen entnehmen
🥔 Text und Bild verknüpfen können
🥔 Schematisch dargestellte Informationen wiedergeben können

Möglicher Stundenverlauf mit Differenzierungsmöglichkeiten

BB ❶ | BO ❶ erarbeiten: Schaubild lesen
- Text leise lesen, dann vorlesen
- Unbekannte Wörter klären
- Schaubild betrachten und die dargestellten Informationen erschließen
- Farbliche Gestaltung des Schaubildes besprechen
- 🥔 Mit Partnerkind zusammen Schaubild besprechen
- Reflexion mit der Klasse

BB ❷ | BO ❷ erarbeiten: Fragen beantworten
- Fragen mithilfe des Textes und des Schaubildes beantworten
- 🥔 Mit Partnerkind beantworten
- 🥔 Weitere Fragen stellen
- Lösung mit den Kindern überprüfen

BB ❸ | BO ❸ erarbeiten: Fragen beantworten
- Frage schriftlich beantworten
- 🥔 In der Klasse den Unterschied zwischen Kartoffeln und Pommes besprechen
- 🥔 Weitere Fragen schriftlich beantworten
- Lösung mit den Kindern überprüfen

Weiterführende Aufgaben

AH, AH Fö, FB: S. 16

IAÜ: −

AP: −

AR: −

Weitere Ideen zur Arbeit mit der Seite

- Freiwillig Vorträge mithilfe von Schaubildern halten
- Vielfältige Materialien zur Ernährungspyramide mitbringen: beim Bundeszentrum für Ernährung (BZfE) erhältlich

BB S. 31 | BO S. 32: Einen Text mit der Stimme gestalten

Warum die Stunde?

- Texte sinngestaltend vorlesen
- Unterschiedliche Rollen im Vortrag unterscheiden

Vorbereitung

- Ggf. ein Exemplar von „Der kleine Wassermann" mitbringen
- Geeignetes Aufnahmegerät für BO 👣 mitbringen

Lernziele/Kompetenzen

- ● Sinnentnehmendes Lesen trainieren
- ● Figuren in Texten unterscheiden
- ♣ Text mit Betonung vorlesen

Möglicher Stundenverlauf mit Differenzierungsmöglichkeiten

☺ Den Umschlag und den Titel des Buches anschauen, Vermutungen über den Inhalt anstellen

Spielerische Sprechübungen: alle sprechen z. B. den Satz „Heute ist das Wetter schön." traurig, fröhlich, wütend, ängstlich, erstaunt, schnell…

BB ❶ | BO ❶ erarbeiten: Unbekannte Wörter verstehen

- Unbekannte Wörter lesen
- Bedeutung der Wörter erschließen
- ● Angegebene Wörter an die Tafel schreiben und den Synonymen „Stock", „Junge" und „Kartoffel" zuordnen
- ♣ Bedeutung der Wörter am Computer recherchieren
- Lösung mit den Kindern überprüfen

BB ❷ | BO ❷ erarbeiten: Text vorlesen

- Text leise lesen, Lehrkraft liest Text sinngestaltend vor
- Gruppen aus vier Kindern bilden; Rollen verteilen
- Texte mit verteilten Rollen vorlesen
- Besonders auf die Betonung achten
- ● Lehrkraft liest den Teil des Erzählers vor, Kinder lesen die anderen Rollen
- ♣ Ein Kind liest den ganzen Text
- Reflexion mit der Klasse

BO 👣 erarbeiten: Hörspiel aufnehmen

- Text mehrfach zum Üben mit verteilten Rollen vorlesen
- Text vorlesen und dabei aufnehmen
- Reflexion mit der Klasse

Weitere Ideen zur Arbeit mit der Seite

- In Gruppenarbeit weitere Hörspiele aufnehmen (vgl. BO 👣)
- Verschiedene Hörbücher hören und auf die Stimmmodulation der Sprecher achten

BB S. 32 | BO S. 33 + 34: Treffende Verben finden

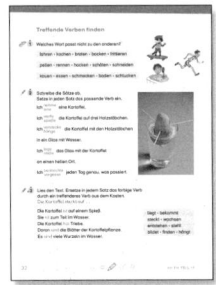

Warum die Stunde?

- Wortart „Verb" wiederholen
- Wortfelder als Möglichkeit für eine Erweiterung des Vokabulars nutzen

Vorbereitung

- Ggf. vorhandenes Merkplakat zu Verben an die Tafel hängen
- Glas, Zahnstocher, Kartoffel mitbringen

Lernziele/Kompetenzen

- ● Wortart „Verb" kennen
- ● Wortschatz erweitern
- ● Präzise Ausdrucksweise trainieren

Möglicher Stundenverlauf mit Differenzierungsmöglichkeiten

BB ❶ | BO ❶ erarbeiten: Wortgruppen finden
- Wortgruppen lesen
- Unpassende Wörter finden
- ● Im Tandem arbeiten
- ● Anzahl der Wortgruppen reduzieren
- ● Weitere Wortgruppen an die Tafel schreiben
- Lösung mit den Kindern überprüfen

BB ❷ | BO ❷ erarbeiten: Sätze richtig abschreiben
- Sätze und Verben lesen
- Sinn der Verben erschließen
- Passende Verben zuordnen
- ● Anzahl der Sätze reduzieren
- ● Eigene Sätze finden und von einem Partnerkind lösen lassen
- Lösung mit den Kindern überprüfen

BB ❸ | BO ❸ erarbeiten: Passende Verben finden
- Sätze lesen
- Prädikate durch präzisere Verben ersetzen
- ● Anzahl der Sätze reduzieren

- ● Weitere Sätze vorgeben
- Lösung mit den Kindern überprüfen

BO ❹ erarbeiten: Wortfelder finden
- Obergriffe lesen
- Wortfelder durch weitere Verben ergänzen
- ● In der Klasse gemeinsam Wörter sammeln
- ● Analog zu ❸ Sätze schreiben und möglichst passende Prädikate einsetzen
- Reflexion mit der Klasse

Weiterführende Aufgaben

AH, AH Fö, FB: S. 17

IAÜ: –

AP: –

AR: –

Weitere Ideen zur Arbeit mit der Seite

- Verbenpantomime spielen
- Den abgebildeten Versuch (Kartoffel im Wasser) durchführen und ein Beobachtungstagebuch schriftlich und mit Fotos führen

BB S. 33 | BO S. 35 + 36: Ein Rezept aufschreiben

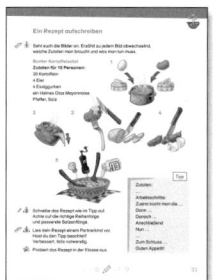
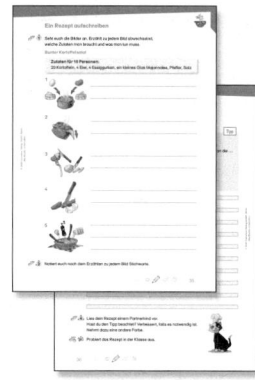

Warum die Stunde?

- Texte und Bilder in Bezug setzen
- Grundwissen im Bereich „Kochen" erweitern
- Texte anhand von Bildern schreiben
- Eine Vorgangsbeschreibung verfassen

Vorbereitung

- Zutaten für den Kartoffelsalat mitbringen

Lernziele/Kompetenzen

- Ein Rezept aufschreiben
- Eigene Texte nach Vorlage schreiben
- Den eigenen Text und Texte anderer überarbeiten

Möglicher Stundenverlauf mit Differenzierungsmöglichkeiten

BB ❶ | BO ❶ erarbeiten: Bilder beschreiben
- Bilder anschauen und Zutatenliste lesen
- Bilder einzeln beschreiben
- Reflexion mit der Klasse

BO ❷ erarbeiten: Stichworte aufschreiben
- Stichworte zu den Bildern notieren z.B. mit kleinen Klebezetteln ins Buch
- Im Tandem arbeiten
- Lösung mit den Kindern überprüfen

BB ❷ | BO ❸ erarbeiten: Rezept aufschreiben
- Bilder erneut anschauen
- Rezept mithilfe des Tipps aufschreiben
- Im Tandem arbeiten
- Gezielt Fachwörter verwenden, auch benötigte Utensilien/Kochwerkzeuge mit aufschreiben
- Reflexion mit der Klasse

BB ❸ | BO ❹ erarbeiten: Texte überprüfen
- Eigenen Text einem Partnerkind vorlesen
- Inhaltlich Rückmeldung einholen, besonders die Beachtung des Tipps überprüfen
- Lehrkraft korrigiert
- Eigenen Text zusätzlich rechtschriftlich überarbeiten
- Einige Rezepte in der Klasse vorlesen und überprüfen

BB 🐾 | BO 🐾 erarbeiten: Rezept ausprobieren
- Aufgaben an die Kinder verteilen
- Arbeitsschritte genau befolgen
- Reflexion mit der Klasse

Weitere Ideen zur Arbeit mit der Seite

- Ein Klassenkochbuch anlegen und jedes Kind eine Seite mit seinem Lieblingsrezept gestalten lassen

BB S. 34 | BO S. 37: Verben

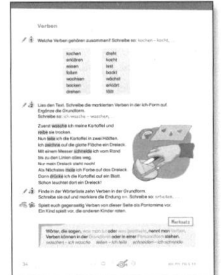
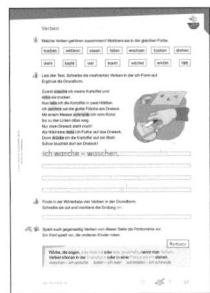

Warum die Stunde?

- Wortart „Verb" wiederholen
- Eigenschaften und Flexion von Verben kennen

Vorbereitung

- Kartoffeln, Messer und Acrylfarben mitbringen

Lernziele/Kompetenzen

🌰 Verben lesen
🌰 Grammatische Eigenschaften von Verben kennen

Möglicher Stundenverlauf mit Differenzierungsmöglichkeiten

 Mithilfe des Merksatzes die Eigenschaften von Verben wiederholen

BB ❶ | BO ❶ erarbeiten: Verben ordnen
- Verbformen lesen
- Infinitive und flektierte Formen einander zuordnen
- 🌰 Anzahl der Verben reduzieren
- 🌰 Weitere Verben vorgeben
- Lösung mit den Kindern überprüfen

BB ❷ | BO ❷ erarbeiten: Verben schreiben
- Text lesen
- Markierte Wörter als Verbformen erkennen
- Infinitive zu den Verbformen finden
- 🌰 Im Tandem arbeiten
- Lösung mit den Kindern überprüfen

BB ❸ | BO ❸ erarbeiten: Verben in der Wörterliste finden
- Verben in der Wörterliste suchen
- Verbendung **en** als charakteristisches Merkmal zur Identifizierung der Wortart „Verb" erkennen

- 🌰 Weniger Verben suchen
- 🌰 Suche auf bestimmte Buchstaben begrenzen
- 🌰 Weitere Verben finden
- Lösung mit den Kindern überprüfen

BB 👥 | BO 👥 erarbeiten: Verben vorspielen
- Verben aussuchen und Bewegungen für ihre Darstellung überlegen
- Verben pantomimisch darstellen
- 🌰 Nicht auf der Seite genannte Verben zum Vorspielen überlegen
- Reflexion mit der Klasse

Weiterführende Aufgaben

AH, AH Fö, FB: S. 18

IAÜ: ✓

AP: –

AR: ✓

Weitere Ideen zur Arbeit mit der Seite

- Kartoffelstempel nach dem Text in ❷ basteln

BB S. 35 | BO S. 38: Wortbausteine verändern Verben

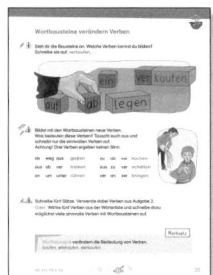

Warum die Stunde?

- Wortbausteine kennenlernen
- Sinnänderung durch Wortbausteine nachvollziehen können
- Unterschiede zwischen Wortbausteinen und ihrem Einfluss auf die Verbbedeutung erkennen

Vorbereitung

- Bausteine wie in ❶ mitbringen

Lernziele/Kompetenzen

- 🌑 Sinnentnehmendes Lesen trainieren
- 🌓 Bedeutungsunterscheidende Funktion von Präfixen kennenlernen
- 🌕 Selbstständig Bedeutung von Verben verändern

Möglicher Stundenverlauf mit Differenzierungsmöglichkeiten

BB ❶ | BO ❶ erarbeiten: Verben bilden
- Wortbausteine lesen
- Infinitive der Verben und Wortbausteine unterscheiden
- Verben mit Wortbausteinen bilden: einkaufen, aufkaufen, verkaufen, abkaufen, einlegen, ablegen, auflegen, verlegen
- Bedeutungsänderungen durch die Wortbausteine erkennen
- 🌑 Gemeinsam mit den mitgebrachten Wortbausteinen Verben bilden
- 🌑 Nur ein Verb mit Wortbausteinen kombinieren
- 🌓 Weitere Verben mit Wortbausteinen verbinden: bauen, tragen, geben
- Lösung mit den Kindern überprüfen

BB ❷ | BO ❷ erarbeiten: Verben bilden
- Infinitive mit Wortbausteinen verbinden
- Bedeutungsänderungen erkennen und sinnvolle Formen erkennen

- 🌑 Nur drei Verben mit Wortbausteinen verbinden
- Lösung mit den Kindern überprüfen

BB ❸ | BO ❸ erarbeiten: Sätze schreiben
- Sätze mit den Verben aus ❷ schreiben
- 🌑 Anzahl der Sätze reduzieren
- 🌓 Weitere Sätze bilden
- 🌕 Nur Sätze mit Verben des gleichen Stammes schreiben: Bedeutungsunterschiede besonders deutlich erkennen
- Lösung mit den Kindern überprüfen

Weiterführende Aufgaben

AH, AH Fö, FB: S. 19

IAÜ: ✓

AP: −

AR: ✓

BB S. 36 | BO S. 39: Wörter mit doppelten Mitlauten

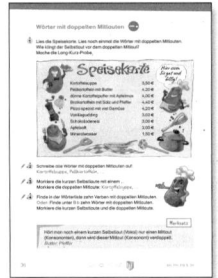 

Warum die Stunde?

- Rechtschreibphänomen „Doppelkonsonanten" kennen
- Lang-Kurz-Probe anwenden können

Lernziele/Kompetenzen

- Rechtschreibstrategien kennen
- Schwierige Wörter richtig schreiben
- Rechtschreibstrategien richtig anwenden können

Möglicher Stundenverlauf mit Differenzierungsmöglichkeiten

 Lang-Kurz-Probe besprechen, auf BB S.4 / BO vor S.3 hinweisen

BB ① | BO ① erarbeiten: Speisekarte lesen
- ●, 👧 Im Tandem arbeiten
- Lösung mit den Kindern überprüfen

BB ② | BO ② erarbeiten: Wörter aufschreiben
- Speisekarte lesen
- Wörter mit Doppelkonsonanten erkennen
- Wörter aufschreiben
- ● Nur die halbe Speisekarte absuchen lassen
- 👤 Eigene Gerichte mit Doppelkonsonanten überlegen und aufschreiben
- Lösung mit den Kindern überprüfen

BB ③ erarbeiten: Laute markieren
- Wörter lesen
- Doppelte Konsonanten finden
- ● Lesematerial reduzieren
- Lösung mit den Kindern überprüfen

BB ④ | BO ③ erarbeiten: Wörter in der Wörterliste finden
- Wörterliste durchsuchen
- Verben mit Doppelkonsonanten finden und aufschreiben
- Doppelkonsonanten und kurze Vokale markieren
- ● Suche auf bestimmte Buchstaben beschränken
- Lösung mit den Kindern überprüfen

Weiterführende Aufgaben

AH, AH Fö, FB: S. 20

IAÜ: ✓

AP: –

AR: ✓

Weitere Ideen zur Arbeit mit der Seite

- Überlegen, welche Namen und Gegenstände in der Klasse Doppelkonsonanten enthalten
- Eine eigene Speisekarte schreiben und gestalten

BB S. 37 | BO S. 40: Wörter mit V oder v M

Warum die Stunde?

- Buchstabe **V** kennen
- Besonderheit der klanglichen Unterschiede kennen
- Rechtschreibstrategien wiederholen und anwenden können

Vorbereitung

- Bilder von Wörtern mit **V** mitbringen

Lernziele/Kompetenzen

- Sinnentnehmendes Lesen trainieren
- Rechtschreibphänomen kennen
- Rechtschreibstrategien anwenden

Möglicher Stundenverlauf mit Differenzierungsmöglichkeiten

Bilder benennen, passende Wörter mit **V** daneben schreiben, auf die unterschiedliche Lautung aufmerksam machen, ggf. Bilder danach sortieren

BB ❶ | BO ❶ erarbeiten: Text lesen
- Text leise erlesen, dann laut lesen
- Grün hervorgehobene Wörter besonders beachten
- Lehrkraft liest Text sinngestaltend vor
- Im Tandem arbeiten
- Lösung mit den Kindern überprüfen

BB ❷ | BO ❷ erarbeiten: Wörter ordnen
- Wörter leise lesen, dann vorlesen
- Auf Klang des Buchstaben **V** achten
- Wörter ordnen
- Anzahl der Wörter reduzieren
- Weitere Wörter finden und zuordnen, ggf. mithilfe der Wörterliste
- Lösung mit den Kindern überprüfen

BB ❸ erarbeiten: Sätze schreiben
- Sätze mit Wörtern mit **V** bilden
- Anzahl der Sätze variieren
- Lösung mit den Kindern überprüfen

BB | BO erarbeiten: Wendediktat schreiben
- Für Partnerkind Wörter mit **V** aufschreiben
- Wendediktat schreiben
- Fehler verbessern
- Anzahl der Wörter variieren
- Lösung mit den Kindern überprüfen

Weiterführende Aufgaben

AH, AH Fö, FB: S. 21

IAÜ: ✓

AP: –

AR: –

Weitere Ideen zur Arbeit mit der Seite

- Merkplakat zu **V**-Wörtern für die Klasse anlegen und ständig erweitern

BB S. 38 + 39 | BO S. 41 + 42 Länge des Selbstlautes prüfen ━•/ STARK: Alle Strategien üben

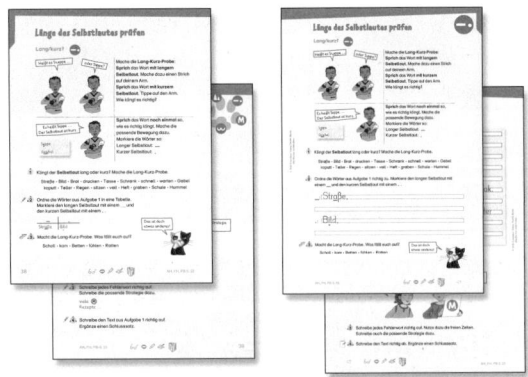

Übungsziele auf diesen Seiten

- Strategie „Lang-Kurz?" erarbeiten und üben
- Rechtschreibphänomene kennen

Lernziele/Kompetenzen

👤 Üben und Anwenden gelernten Wissens
👥 Verschiedene Methoden zum Erwerb strategischen Wissens kennen

Möglicher Stundenverlauf mit Differenzierungsmöglichkeiten

BB ❶ | BO ❶ erarbeiten: Lang-Kurz-Probe machen
- Lang-Kurz-Probe wiederholen
- Wörter lesen
- Hervorgehobene Vokale erkennen
- Lang-Kurz-Probe machen
- ⚫ Im Tandem arbeiten
- Lösung mit den Kindern überprüfen

BB ❷ | BO ❷ erarbeiten: Wörter zuordnen
- Wörter nach der Länge der hervorgehobenen Vokale ordnen
- ⚫ Anzahl der Wörter reduzieren
- Lösung mit den Kindern überprüfen

BB ❸ | BO ❸ erarbeiten: Lang-Kurz-Probe machen
- Wörter lesen
- Lang-Kurz-Probe machen
- Auffälligkeit der Bedeutungsänderung erkennen und in Verbindung mit der Vokallänge setzen

BB Seite 39 | BO Seite 42

BB ❶ | BO ❶ erarbeiten: Fehlerwörter erkennen
- Text leise lesen
- Fehlerwörter besonders beachten
- Lösung mit den Kindern überprüfen

BB ❷ | BO ❷ erarbeiten: Rechtschreibung erarbeiten
- Mit Partnerkind über die Fehler sprechen
- Geeignete Strategien zur Verbesserung finden
- 👤 Aufgabe alleine bearbeiten
- Lösung mit den Kindern überprüfen

BB ❸ | BO ❸ erarbeiten: Strategien anwenden
- Fehlerwörter mithilfe der Strategien korrigiert aufschreiben
- Lösung mit den Kindern überprüfen

BB ❹ | BO ❹ erarbeiten: Text berichtigen
- Text abschreiben und Fehler korrigieren
- 👥 Mehrere Schlusssätze schreiben und von Partnerkind korrigieren lassen
- Lösung mit den Kindern überprüfen

Weiterführende Aufgaben

AH, AH Fö, FB: S. 22 + 23

IAÜ: ✓

AP: ✓

AR: –

BB S. 40 + 41 | BO S. 43–46: Das kann ich schon

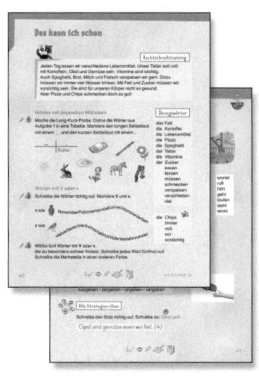

Übungsziele auf diesen Seiten

- Selbstständiges Lösen von Aufgaben
- Fachliche Inhalte aus den Bereichen **Rechtschreiben** und **Sprache untersuchen** des Kapitels wiederholen

Lernziele/Kompetenzen

- Selbstständig üben
- Sprachliche Strukturen erkennen
- Grammatisches Wissen anwenden und üben

Arbeitsvorschläge

> Auf den Das-kann-ich-schon-Seiten befinden sich mehrere Rechtschreib- und Grammatikübungen. Die Aufgabenformate gleichen denen auf den entsprechenden Seiten im Kapitel.

BB ① | BO ① erarbeiten: Lang-Kurz-Probe machen
- Bilder anschauen und benennen
- Lang-Kurz-Probe machen
- Wörter nach der Länge ihrer Vokale ordnen
- ● Anzahl der Bilder reduzieren

BB ② | BO ② erarbeiten: Wörter aufschreiben
- Wortschlangen lesen
- Wörter voneinander getrennt aufschreiben
- **V** markieren, auf die verschiedenen Klänge achten
- ● Nur eine Wortschlange bearbeiten

BB ③ | BO ③ erarbeiten: Schwierige Wörter aufschreiben
- Wörter erneut lesen
- Schwierige Wörter auswählen
- Schwierige Wörter aufschreiben, Merkstellen markieren
- ●, ● Anzahl der Wörter variieren
- ● Wendediktat mit den Merkwörtern schreiben

BB ④ | BO ④ erarbeiten: Infinitive finden
- Text lesen
- Verben erkennen und aufschreiben
- Infinitive zu den Verbformen finden

BB ⑤ | BO ⑤ erarbeiten: Passende Verben finden
- Text lesen
- Passende Verben in den Text einsetzen
- ● Anzahl der Sätze reduzieren

BB ⑥ | BO ⑥ erarbeiten: Verben bilden
- Verben und Wortbausteine lesen
- Verben und Wortbausteine verbinden
- Sinnvolle Kombinationen erkennen
- ● Nur zwei Verben mit Wortbausteinen verbinden
- ● Weitere Verben finden und mit Wortbausteinen verbinden

BB ⑦ | BO ⑦ erarbeiten: Verben aufschreiben
- Verben lesen
- Sinnvolle Verben erkennen
- ● Anzahl der Zeilen reduzieren

BB | BO Alle Strategien üben
- Fehler mithilfe der Rechtschreibstrategien verbessern, als Hilfe die Übersicht auf der STARK/Grammatikkarte nutzen
- Strategien über die korrigierten Wörter schreiben

Weiterführende Aufgaben

AH, AH Fö, FB: S. 24

IAÜ: –

AP: –

AR: –

Weitere Ideen zur Arbeit mit der Seite

- Rechtschreibtraining als Abschreibtext nutzen
- Übungswörter mit verschiedenen Lerntechniken trainieren: Abschreiben, Schleichdiktat, nach Alphabet ordnen, mit jedem Wort einen Satz bilden und aufschreiben, als Partnerdiktat

3.3 Fledermäuse

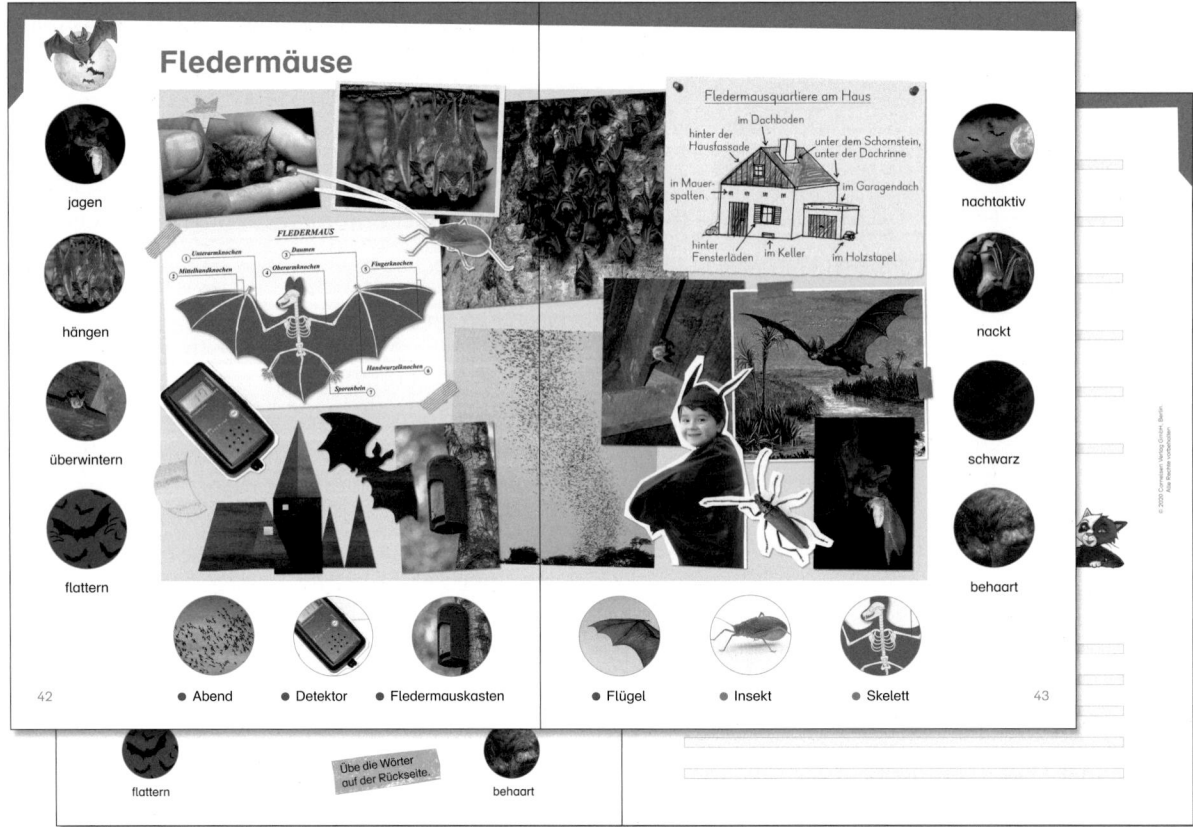

Schwerpunkte des Kapitels

Thematisch:

- Tierart Fledermäuse
- Lebensraum und Eigenschaften

nach Lernbereichen:

Lesen

- Eine Liste und ein Plakat lesen BB S. 44 | BO S. 47
- Kinderbuchauszug lesen BB S. 45 | BO S. 48
- Stichworte in einem Sachtext finden BB S. 46 | BO S. 49
- Stichworte finden und anwenden BB S. 47 | BO S. 50

Sprechen

- Gewusst wie: Einen Vortrag vorbereiten BB S. 48/49 | BO S. 51/52

Texte schreiben

- Eine Mind-Map schreiben BB S. 50 | BO S. 53
- Ein Informationsplakat gestalten BB S. 51 | BO S. 54

Sprache untersuchen

- Verben: Grundform, Personalform BB S. 52 | BO S. 55/56
- Wortstamm und Wortfamilie BB S. 53 | BO S. 57

Richtig schreiben

- Verben im Wörterbuch finden BB S. 54 | BO S. 58
- **b** oder **p**, **d** oder **t**, **g** oder **k**? BB S. 55 | BO S. 59/60

Strategieseiten

- Nomen großschreiben BB S. 56 | BO S. 61
- STARK: Alle Strategien üben BB S. 57 | BO S. 62

Lerninhalte	BB	BO	AH/FH/FB	Kopier-vorlagen	Digitale Differenzierung
Auftaktbild: Themenfeld Fledermäuse (Wortschatzarbeit)	S. 42/43	–	–	19	AP
Eine Liste und ein Plakat lesen	S. 44	S. 47	–	–	AP
Ein Kinderbuch lesen	S. 45	S. 48	–	–	–
Stichworte in einem Sachtext finden	S. 46	S. 49	25	20	–
Stichworte finden und anwenden	S. 47	S. 50	26	–	–
Gewusst wie: Einen Vortrag vorbereiten	S. 48/49	S. 51/52	–	–	–
Eine Mind-Map schreiben	S. 50	S. 53	27	21	–
Ein Informationsplakat gestalten	S. 51	S. 54	–	–	–
Verben: Grundform, Personalform	S. 52	S. 55/56	28	22	AR, IAÜ
Wortstamm und Wortfamilie	S. 53	S. 57	29	23	AP, AR, IAÜ
Verben im Wörterbuch finden	S. 54	S. 58	30	24	IAÜ
b oder **p**, **d** oder **t**, **g** oder **k**?	S. 55	S. 59/60	31	25	AR, IAÜ
Strategie: Nomen großschreiben	S. 56	S. 61	32	–	AP, IAÜ
Strategie: STARK: Alle Strategien üben	S. 57	S. 62	33	–	–
Das kann ich schon: Rechtschreibtraining, Übungswörter, Verben im Wörterbuch finden, Verben: Grundform, Personalform, Wortstamm und Wortfamilie, **b** oder **p**, **d** oder **t**, **g** oder **k**?, Nomen für Gefühle	S. 58/59	S. 63–66	34	–	–

Zur Arbeit mit der Auftaktseite

- Erst Einzelarbeit, dann 👥, dann in Klasse besprechen (Wiederholungen vermeiden)
- Randwörter lesen, ggf. klären, im Bild suchen; Nomen mit Artikel nennen
- Randwörter in Sätze einbauen
- Von eigenen Erlebnissen mit Fledermäusen berichten

Wortschatzarbeit

- Erst Einzelarbeit, dann 👥, dann in Klasse besprechen (Wiederholungen vermeiden)
- Evtl. weitere Wörter zum Themenkreis **Fledermäuse:** das Tier, der Vampir, die Ohren, das Kostüm, die Nacht, fliegen, fressen, hängen, spät, dunkel, hell, wichtig

Rechtschreibwortschatz des Kapitels üben und festigen

→ „Wörter der Woche" in Portionen an der Tafel täglich üben, z.B.: fliegen, fressen, hängen, flattern, schweben, der Flug, der Strand, der Club, die Nacht, nächtlich, nachts

→ Verben in Grund- und Personalformen aufschreiben
→ Bilder am Rand der Collage benennen, deutlich sprechen
→ Lernwörterheft fortführen
→ Übungswörter (s. BB S. 58 | BO S. 63) drei- bis fünfmal abschreiben
→ Wörter mit der Trainingskarte üben

BB S. 44 + 45 | BO S. 47 + 48: Eine Liste und ein Plakat lesen / Ein Kinderbuch lesen

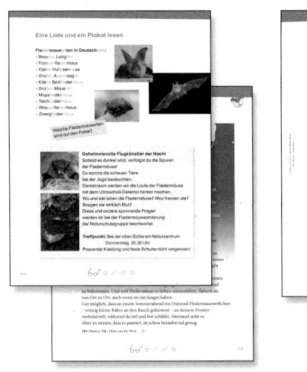
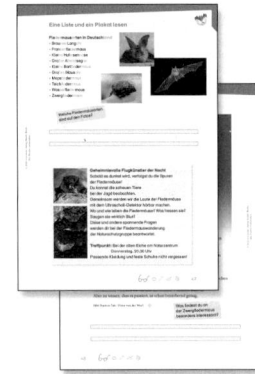

Ziele des Leseunterrichts auf diesen Seiten

🦇 Unterschiedliche Texte sinnentnehmend lesen (Liste und Plakat, Kinderbuchauszug)

🦇 Sachtexten Informationen entnehmen

🦇 Informationen aus verschiedenen Texten verknüpfen

Vorbereitung

- Bilder von verschiedenen Fledermausarten und ihren Artenbezeichnungen mitbringen
- Bücherkiste Fledermausbücher mitbringen
- Lehrfilme über die Medienstelle besorgen

Literaturempfehlungen

- Dumon Tak, Bibi: Die Zwergfledermaus. Aus: Mücke, Maus und Maulwurf. Die allernormalsten Tiere der Welt. Hanser Verlag, München 2016

Arbeitsvorschläge

Text 1: Liste

 😊 Mitgebrachte Bilder anschauen

- Liste leise lesen und vorlesen
- Bilder und Artenbezeichnungen einander zuordnen, Begründungen finden lassen, Zusammenhang Bild und Name: Zwergfledermaus muss die kleinste sein …
- 🦇, 👥 Im Tandem lesen

Text 2: Plakat

😊 Bilder gemeinsam anschauen und Überschrift lesen, Werbewirkung von Plakaten besprechen, überlegen, worum es in dem Text gehen könnte

- Text leise lesen und vorlesen
- 🦇 Text lebendig betont vorlesen

Text 3: Kinderbuchauszug

- Lehrkraft liest den Text sinngestaltend vor

oder

- Kinder lesen den Text abschnittsweise still, ggf. unbekannte Wörter klären
- 🦇, 👥 Im Tandem lesen
- 🦇 Über andere Fledermausarten recherchieren und eigene Texte über sie schreiben

Weiterführende Aufgaben

AH, AH Fö, FB: –

IAÜ: –

AP: ✓

AR: –

Weitere Ideen zur Arbeit mit der Seite

- Bücherkiste zum Thema Fledermäuse mitbringen, z. B. Sachbücher, Das Vamperl …

BB S. 46 | BO S. 49: Stichworte in einem Sachtext finden

 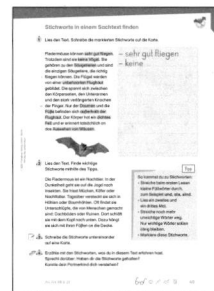

Warum die Stunde?

- Sachtexte lesen
- Informationen in Texten finden
- Relevanz von Informationen verstehen
- Grundlagen für BB S. 51, BO S. 54 schaffen

Vorbereitung

- Texte statt BB -Seiten als Kopien mitbringen
- Karteikarten mitbringen

Lernziele/Kompetenzen

- Sinnentnehmendes Lesen trainieren
- Texten Informationen entnehmen
- Mit Hilfe von Stichpunkten referieren

Möglicher Stundenverlauf mit Differenzierungsmöglichkeiten

BB ❶ | BO ❶ erarbeiten: Text lesen
- Text leise erlesen, dann laut lesen
- Markierte Stichworte erneut lesen und notieren
- Ggf. unbekannte Wörter klären
- ⬤, 🦇 im Tandem arbeiten
- Reflexion mit der Klasse

BB ❷ | BO ❷ erarbeiten: Eigene Stichworte schreiben
- Text leise erlesen, dann laut lesen
- Unwichtige Wörter durchstreichen (s. Tipp)
- Gemeinsam den Tipp lesen und umsetzen
- Ggf. unbekannte Wörter klären
- ⬤ Text analog zu ❶ mit markierten Stichworten zur Verfügung stellen
- Lösung mit den Kindern überprüfen

BB ❸ | BO ❸ erarbeiten: Stichworte abschreiben
- Im Text markierte Stichworte aufschreiben
- ⬤ Mit Partnerkind vergleichen
- Lösung mit den Kindern überprüfen

BB ❹ | BO ❹ erarbeiten: Stichworte vorstellen
- Dem Partnerkind mit Hilfe der Stichpunkte den Text wiedergeben
- Vortrag reflektieren: War alles verständlich? Fehlten Informationen?
- 👤 Vor der ganzen Klasse vortragen
- Lösung mit den Kindern überprüfen

Weiterführende Aufgaben

AH, AH Fö, FB: S. 25

IAÜ: –

AP: –

AR: –

BB S. 47 | BO S. 50: Stichworte finden und anwenden

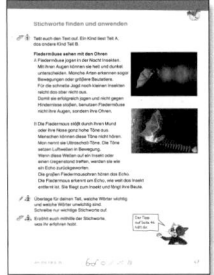 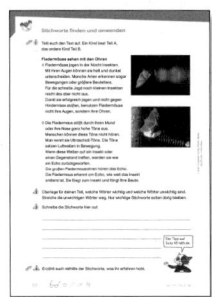

Warum die Stunde?

- Sachtexte lesen
- Sinnvolle Stichworte finden
- Informationen anhand von Stichworten vortragen können

Vorbereitung

- Fotos vergrößert mitbringen
- Texte als Kopie mitbringen

Lernziele/Kompetenzen

- Sinnentnehmendes Lesen trainieren
- Sachtexten Informationen entnehmen
- Informationen strukturiert und verständlich wiedergeben

Möglicher Stundenverlauf mit Differenzierungsmöglichkeiten

Fotos und Überschrift anschauen, gemeinsam überlegen, worum es in dem Text gehen könnte, kennt jemand das Konzept „Sonar" schon?

BB ❶ | BO ❶ erarbeiten: Text lesen
- Mit Partnerkind die Texte aufteilen
- Texte zweimal leise lesen
- Ggf. unbekannte Wörter klären
- Gruppen von jeweils vier Kindern bilden und die Texte im Tandem lesen
- Beide Texte bearbeiten

BB ❷ | BO ❷+❸ erarbeiten: Stichworte finden
- Text erneut lesen
- Wie im Tipp von BB S. 46, BO S. 49 unwichtige Wörter streichen

- Stichworte mit einem anderen Kind mit dem gleichen Text vergleichen
- Beide Texte bearbeiten
- Lösung mit den Kindern überprüfen

BB ❸ | BO ❹ erarbeiten: Vortragen
- Stichworte lesen
- Mithilfe der Stichworte das Gelesene vortragen
- Feedback geben: War der Vortrag verständlich?
- Stichworte auswendig lernen und frei vortragen
- Lösung mit den Kindern überprüfen

Weiterführende Aufgaben

AH, AH Fö, FB: S. 26

IAÜ: –

AP: –

AR: –

BB S. 48 + 49 | BO S. 51 + 52: Gewusst wie: Einen Vortrag vorbereiten

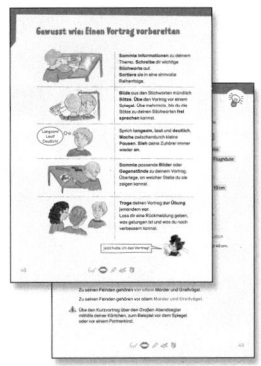
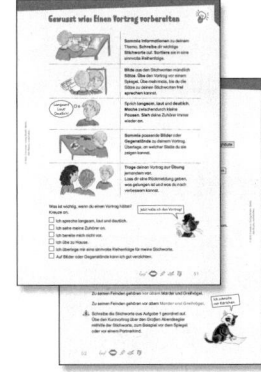

Warum die Stunde?

- Stichworte verstehen
- Mit Stichworten einen eigenen Vortrag halten

Vorbereitung

- Begriffe aus ❶ auf bunten Karten mitbringen

Lernziele/Kompetenzen

- Methode „Vortrag vorbereiten" kennen
- Methode schrittweise anwenden
- Mithilfe von Stichworten strukturiert und verständlich vortragen

Möglicher Stundenverlauf mit Differenzierungsmöglichkeiten

BB S. 48 | BO S. 51 lesen und besprechen, richtige Antworten auf die Frage unten finden: Ich spreche langsam, laut und deutlich, Ich sehe meine Zuhörer an, Ich übe zu Hause, Ich überlege mir eine sinnvolle Reihenfolge für meine Stichworte.

BB ❶ | BO ❶ erarbeiten: Ordnung erstellen
- Stichworte lesen
- Oberbegriffe erneut lesen, Stichworte den passenden Oberbegriffen zuordnen
- Sinnvolle Reihenfolge für die Stichworte überlegen; **Hinweis:** Es gibt mehrere Möglichkeiten
- Gemeinsam an der Tafel eine Ordnung erarbeiten
- Reflexion mit der Klasse

BB ❷ | BO ❷ erarbeiten: Sätze bilden
- Stichworte lesen
- Mündlich Sätze mit den Stichworten bilden
- Auf angemessene Länge der Sätze achten
- Lösung mit den Kindern überprüfen

BB ❸ | BO ❸ erarbeiten: Vortrag üben
- Satz leise lesen
- Satz vorlesen und dabei die Betonung variieren
- Vortrag mit dem Partnerkind reflektieren
- Satz auswendig lernen und frei sprechen
- Lösung mit den Kindern überprüfen

BB ❹ | BO ❹ erarbeiten: Betonungen ändern
- Satz leise lesen
- Satz einander vorlesen und die farbig hinterlegten Wörter besonders betonen
- Veränderten Fokus des Satzes durch Betonungsänderung erkennen
- Alleine bearbeiten, eigenes Vorlesen reflektieren
- Lösung mit den Kindern überprüfen

BB ❺ | BO ❺ erarbeiten: Vortrag üben
- Stichworte aus ❶ ordnen
- Mithilfe der Stichwörter Vortrag üben
- Struktur und Qualität des Vortrags mit Partnerkind reflektieren
- Lösung mit den Kindern überprüfen

Weitere Ideen zur Arbeit mit der Seite

- Vorträge zu eigenen Tieren erarbeiten, entweder zu verschiedenen Fledermäusen oder nach Interessen der Kinder auch andere Tiere
- Vorträge in anderen Klassen halten, ggf. erste oder zweite Klassen

BB S. 50 | BO S. 53: Eine Mind-Map schreiben

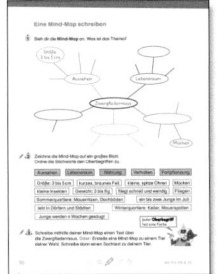
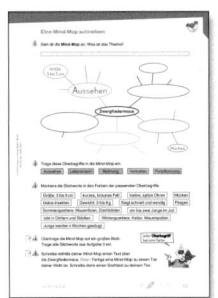

Warum die Stunde?

- Textart „Mind-Map" kennen
- Eigene Mind-Maps schreiben
- Mind-Maps für die Erstellung eines Sachtextes nutzen

Vorbereitung

- Mind-Map an die Tafel schreiben
- Materialien mit Informationen über verschiedene Tierarten mitbringen (Computer, Sachbücher, Lexika ...)

Lernziele/Kompetenzen

- Mind-Maps lesen können
- Funktion und Aufbau einer Mind-Map verstehen
- Mind-Maps schreiben können
- Sachtexte anhand von Stichworten schreiben

Möglicher Stundenverlauf mit Differenzierungsmöglichkeiten

BB 1 | BO 1 erarbeiten: Thema erkennen
- Mind-Map lesen
- Aufbau und Funktion einer Mind-Map besprechen
- , Im Tandem arbeiten
- Lösung mit den Kindern überprüfen

BB 2 | BO 2 + 3 + 4 erarbeiten: Begriffe zuordnen
- Mind-Map zeichnen
- Oberbegriffe erkennen
- Informationen den Oberbegriffen zuordnen
- In Gruppen arbeiten, Oberbegriffe aufteilen
- Lösung mit den Kindern überprüfen

BB 3 | BO 5 erarbeiten: Text schreiben
- Tier auswählen
- Mind-Map zu ausgewähltem Tier erstellen
- Mithilfe der Mind-Map einen Sachtext schreiben
- Jeweils einen Text über die Zwergfledermaus und ein weiteres Tier schreiben
- Reflexion mit der Klasse

Weiterführende Aufgaben

AH, AH Fö, FB: S. 27

IAÜ: –

AP: –

AR: –

Weitere Ideen zur Arbeit mit der Seite

- Mind-Maps durch Bilder gestalten und in der Klasse aufhängen

BB S. 51 | BO S. 54: Ein Informationsplakat gestalten

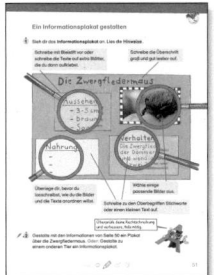 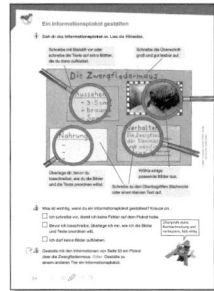

Warum die Stunde?

- Informationsplakate lesen und gestalten können
- Kinder in die Lage versetzen, zu einem eigenen Thema ein Informationsplakat erstellen zu können

Vorbereitung

- Plakate und Materialien zur Gestaltung mitbringen, Drucker für Fotos bereitstelllen

Lernziele/Kompetenzen

- 🦇 Darstellungsform „Informationsplakat" kennen
- 🦇 Informationsplakate lesen können
- 🦇 Eigene Informationsplakate erstellen können
- 🦇 Informationen auf unterschiedliche Weise darstellen

Möglicher Stundenverlauf mit Differenzierungsmöglichkeiten

BB ❶ | BO ❶ erarbeiten: Hinweise lesen
- Plakat ansehen und Hinweise lesen
- Aufbau des Plakates erschließen
- Reflexion mit der Klasse

BO ❷ erarbeiten: Frage beantworten
- Hinweise noch einmal lesen
- Richtige Antworten auswählen: Ich schreibe vor, damit ich keine Fehler auf dem Plakat habe. Bevor ich losschreibe, überlege ich mir, wie ich die Bilder und Texte anordnen will.
- 🦇 Aufgabe überspringen
- Reflexion mit der Klasse

BB ❷ | BO ❸ erarbeiten: Plakat erstellen
- Mind-Map von BB S. 50 | BO S. 53 lesen
- Informationen für eigenes Plakat auswählen
- Plakat mithilfe der Tipps vorbereiten
- Informationsplakat erstellen
- 🦇, 👧 Im Tandem arbeiten
- Lösung mit den Kindern überprüfen

Weitere Ideen zur Arbeit mit der Seite

- Tierausstellung mit den Plakaten organisieren, ggf. mit Parallelklassen

BB S. 52 | BO S. 55 + 56: Verben: Grundform, Personalform

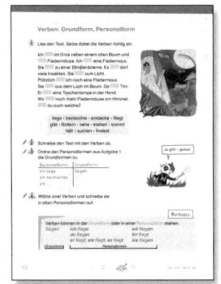
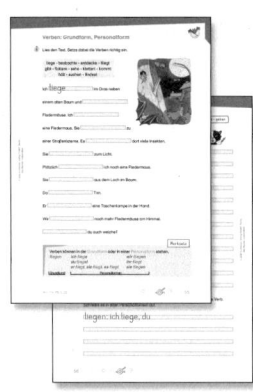

Warum die Stunde?

- Kenntnis der Wortart „Verb" vertiefen
- Grundform und Personalformen erkennen und unterscheiden können

Lernziele/Kompetenzen

- Verben erkennen
- Verben konjugieren können
- Passende Verben kennen

Möglicher Stundenverlauf mit Differenzierungsmöglichkeiten

BB ❶ + ❷ | BO ❶ erarbeiten: Passende Verben einfügen

- Text und Verben leise lesen
- Text noch einmal lesen und dabei passende Verben einsetzen
- , Im Tandem arbeiten
- Länge des Textes reduzieren
- Für Partnerkind eigene Sätze hinzufügen und Verformen einsetzen lassen
- Lösung mit den Kindern überprüfen

BB ❸ | BO ❷ erarbeiten: Grundformen finden

- Tabelle für Personalformen und Grundformen erstellen
- Personalformen aus ❶ einsetzen

- Grundformen zu den Personalformen finden
- , Gegenseitig kontrollieren
- Lösung mit den Kindern überprüfen

BB ❹ | BO ❸ erarbeiten: Verben konjugieren

- Verben auswählen
- Verben in allen Personalformen aufschreiben
- Verben vorgeben (vgl. BO)
- Weitere Verben konjugieren
- Lösung mit den Kindern überprüfen

Weiterführende Aufgaben

AH, AH Fö, FB: S. 28

IAÜ: ✓

AP: −

AR: ✓

BB S. 53 | BO S. 57: Wortstamm und Wortfamilie

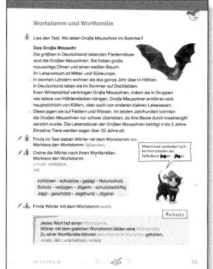
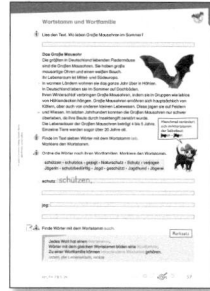

Warum die Stunde?

- Wortstämme und Wortfamilien kennen
- Wörter einer Wortfamilie zuordnen können
- Wortstämme erkennen

Lernziele/Kompetenzen

- Wortfamilien erkennen
- Wörter nach ihren Wortstämmen ordnen
- Wortfamilien finden

Möglicher Stundenverlauf mit Differenzierungsmöglichkeiten

BB ❶ | BO ❶ erarbeiten: Text verstehen
- Text leise erlesen, dann vorlesen
- Ggf. unbekannte Wörter klären
- Verständnis des Textes sicherstellen
- Frage beantworten: Im Sommer leben Große Mausohren in Deutschland auf Dachböden, in warmen Ländern in Höhlen.
- ●, 👥 Im Tandem lesen
- ● Weitere Verständnisfragen stellen
- Lösung mit den Kindern überprüfen

BB ❷ | BO ❷ erarbeiten: Wortstamm erkennen
- Text erneut lesen
- Alle Wörter mit dem Wortstamm **leb** finden (lebenden, Lebensraum, leben, leblos, Lebewesen, überleben, Lebensdauer)
- ● Nur vier Wörter finden
- Lösung mit den Kindern überprüfen

BB ❸ | BO ❸ erarbeiten: Wortstamm erkennen
- Wörter lesen
- Wortstamm erkennen und Wörter nach ihren Wortfamilien ordnen
- ● Anzahl der Wörter reduzieren
- ● Weitere Wörter zu den Wortfamilien finden
- Lösung mit den Kindern überprüfen

BB ❹ | BO ❹ erarbeiten: Wörter finden
- Wörter mit dem Wortstamm **such** finden
- ● Fünf Wörter finden
- ● Wörterliste oder Computer zu Hilfe nehmen
- ● Acht Wörter finden
- ● Wörter einer weiteren Wortfamilie finden
- Lösung mit den Kindern überprüfen

Weiterführende Aufgaben

AH, AH Fö, FB: S. 29

IAÜ: ✓

AP: ✓

AR: ✓

BB S. 54 | BO S. 58: Verben im Wörterbuch finden

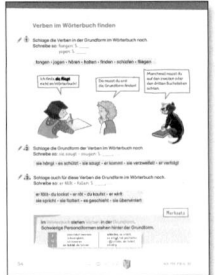
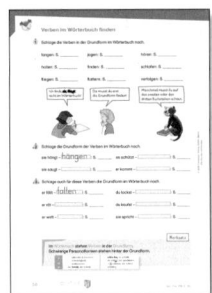

Warum die Stunde?

- Wortart „Verb" wiederholen
- Umgang mit Wörterbüchern üben
- Infinitive zu Personalformen kennen

Vorbereitung

- Mehrere Wörterbücher mitbringen

Lernziele/Kompetenzen

- Verben erkennen
- In Wörterbüchern nachschlagen können
- Infinitive in Wörterbüchern finden

Möglicher Stundenverlauf mit Differenzierungsmöglichkeiten

Nachschlageregeln besprechen: Wörter sind alphabetisch geordnet, Verben stehen im Infinitiv in Wörterbüchern, (Nomen und Adjektive im Singular und in der Grundform)

BB ❶ | BO ❶ erarbeiten: Verben finden
- Verben lesen
- Verben im Wörterbuch finden
- Seitenangaben notieren
- Anzahl der Verben reduzieren
- Weitere Verben finden
- Lösung mit den Kindern überprüfen

BB ❷ | BO ❷ erarbeiten: Verben finden
- Verben lesen
- Infinitive nachschlagen
- Seitenangaben notieren
- Anzahl der Verben reduzieren
- Weitere Verben finden
- Lösung mit den Kindern überprüfen

BB ❸ | BO ❸ erarbeiten: Verben finden
- Verben lesen
- Infinitive nachschlagen
- Seitenangaben nachschlagen
- Anzahl der Verben reduzieren
- Weitere Verben finden
- Lösung mit den Kindern überprüfen

Weiterführende Aufgaben

AH, AH Fö, FB: S. 30

IAÜ: ✓

AP: –

AR: –

Weitere Ideen zur Arbeit mit der Seite

- Wörterbuch zum Üben regelmäßig benutzen bzw. benutzen lassen

BB S. 55 | BO S. 59 + 60: b oder p, d oder t, g oder k?

Warum die Stunde?

- Verwandte Wörter erkennen und finden
- „Gehört zu?"-Probe kennen

Lernziele/Kompetenzen

🐾 Kenntnis der Rechtschreibstrategie „Gehört zu?" festigen
🐾 Verwandte Wörter erkennen
🐾 Schwierige Wörter richtig schreiben

Möglicher Stundenverlauf mit Differenzierungsmöglichkeiten

BB ❶ | BO ❶ erarbeiten: Wortpaare finden
- Wörter lesen
- Verwandte Wörter erkennen und einander zuordnen
- 🐾 Anzahl der Wörter reduzieren
- Lösung mit den Kindern überprüfen

BB ❷ | BO ❷ erarbeiten: Verwandte Wörter finden
- Wörter leise lesen, dann leise vorlesen
- Verwandte Wörter finden
- Endungen ergänzen
- 🐾, 🧒 Im Tandem arbeiten
- Lösung mit den Kindern überprüfen

BB ❸ | BO ❸ erarbeiten: Personalformen finden
- Verben lesen
- Dritte Person Singular zu den Verben aufschreiben

- 🐾 Anzahl der Verben reduzieren
- 🐾 Zu jedem Verb auch ein verwandtes Nomen finden
- Lösung mit den Kindern überprüfen

BB ❹ | BO ❹ erarbeiten: Verwandte Wörter finden
- Wörter leise lesen, dann vorlesen
- Zu jedem Verb ein verwandtes Wort finden
- Richtige Wörter aufschreiben
- 🐾 Anzahl der Wörter reduzieren
- Lösung mit den Kindern überprüfen

Weiterführende Aufgaben

AH, AH Fö, FB: S. 31

IAÜ: ✓

AP: –

AR: ✓

BB S. 56 + 57 | BO S. 61 + 62: Nomen großschreiben 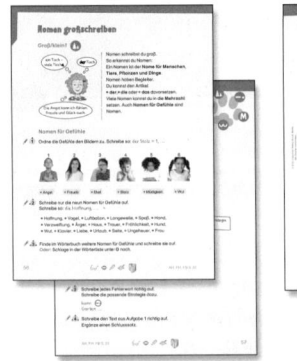 / STARK: Alle Strategien üben

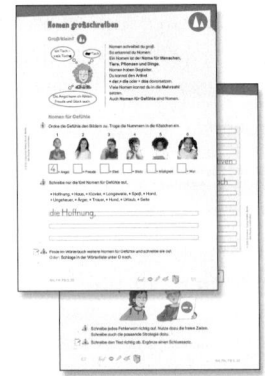

Warum die Stunde?

- Gefühle ausdrücken können
- Rechtschreibstrategien sicher anwenden können

Lernziele/Kompetenzen

- Nomen erkennen
- Wortschatz erweitern
- STARK-Strategien sicher anwenden können

Möglicher Stundenverlauf mit Differenzierungsmöglichkeiten

BB ❶ | BO ❶ erarbeiten: Gefühle erkennen
- Bilder anschauen und Nomen lesen
- Bilder und Nomen einander zuordnen: 1: der Stolz, 2: die Freude, 3: die Müdigkeit, 4: die Angst, 5: die Wut, 6: der Ekel
- Passende Artikel ergänzen
- Lösung mit den Kindern überprüfen

BB ❷ | BO ❷ erarbeiten: Gefühlsbezeichnungen erkennen
- Nomen lesen
- Gefühlsbezeichnende Nomen herausfinden und Artikel ergänzen: die Hoffnung, die Langeweile, der Spaß, die Verzweiflung, der Ärger, die Trauer, die Fröhlichkeit, die Wut, die Liebe
- ● Nur einen Teil der Nomen finden
- Lösung mit den Kindern überprüfen

BB ❸ | BO ❸ erarbeiten: Gefühlsbezeichnungen finden
- Weitere Wörter für Gefühle finden
- Zunächst eigene Nomen finden
- Im Wörterbuch und der Wörterliste weitere Nomen suchen
- Lösung mit den Kindern überprüfen

BB Seite 57 | BO Seite 62

BB ❶ | BO ❶ erarbeiten: Fehlerwörter erkennen
- Text leise lesen
- Fehlerwörter noch einmal leise vorlesen
- Lösung mit den Kindern überprüfen

BB ❷ | BO ❷ erarbeiten: Rechtschreibung erarbeiten
- Fehlerhafte Stellen in den Wörtern finden
- Mit Partnerkind über die Fehler sprechen
- Geeignete Strategien zur Verbesserung finden
- ● Aufgabe alleine bearbeiten
- Lösung mit den Kindern überprüfen

BB ❸ | BO ❸ erarbeiten: Strategien anwenden
- Fehlerwörter mithilfe der Strategien korrigiert aufschreiben
- Angewandte Strategie kennzeichnen
- Lösung mit den Kindern überprüfen

BB ❹ | BO ❹ erarbeiten: Text berichtigen
- Text abschreiben und Fehler korrigieren
- ● Mehrere Schlusssätze schreiben und von Partnerkind korrigieren lassen
- Lösung mit den Kindern überprüfen

Weiterführende Aufgaben

AH, AH Fö, FB: S. 32 + 33

IAÜ: ✓

AP: ✓

AR: –

Weitere Ideen zur Arbeit mit der Seite

- Gefühle pantomimisch darstellen und erraten

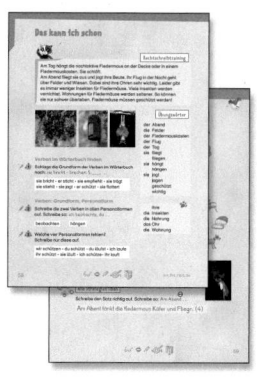 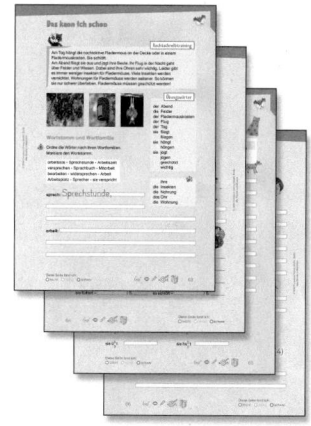

Fledermäuse 3

BB S. 58 + 59 | BO S. 63–66: Das kann ich schon

Übungsziele auf diesen Seiten

- Selbstständiges Lösen von Aufgaben
- Fachliche Inhalte aus den Bereichen Rechtschreiben und Sprache untersuchen des Kapitels wiederholen

Vorbereitung

- Arbeitshilfen wie Merksätze und Tinto-Tipps vergrößert präsentieren

Lernziele/Kompetenzen

- Selbstständig üben
- Sprachliche Strukturen erkennen
- Grammatisches Wissen anwenden und vertiefen

Arbeitsvorschläge

Auf den Das-kann-ich-schon-Seiten befinden sich mehrere Rechtschreib- und Grammatikübungen. Die Aufgabenformate gleichen denen auf den entsprechenden Seiten im Kapitel.

BB 1 | BO 4 erarbeiten: Grundformen finden
- Infinitive der Verben finden
- Infinitive im Wörterbuch nachschlagen und Seitenangaben notieren

BB 2 | BO 2 erarbeiten: Verben konjugieren
- Verben in allen Personalformen aufschreiben
- Nur ein Verb konjugieren
- Ein weiteres Verb mit allen Personalformen aufschreiben

BB 3 | BO 3 erarbeiten: Personalformen finden
- Verbformen lesen
- Formen den Verben „schützen" und „laufen" zuordnen
- Fehlende Verformen aufschreiben: du läufst, er läuft, wir laufen, sie laufen

BB 4 | BO 1 erarbeiten: Wortfamilien ordnen
- Wörter lesen
- Wortstämme erkennen
- Wörter den Wortstämmen **sprech** und **arbeit** zuordnen
- Anzahl der Wörter reduzieren
- Weitere Wörter für jede Wortfamilie finden

BB 5 | BO 5 + 6 erarbeiten: Verwandte Wörter finden
- Wörter leise lesen, dann leise vorlesen
- Zu jedem Wort mit der „Gehört zu?"-Probe ein verwandtes Wort finden
- Anzahl der Wörter reduzieren
- Zu jedem Wort ein verwandtes Verb und ein verwandtes Nomen finden

BB 6 | BO 7 erarbeiten: Nomen finden
- Wörter im Kasten lesen
- Nomen und andere Wörter unterscheiden
- Nomen mit Artikeln aufschreiben

BO 8 erarbeiten: Nomen und Adjektive zuordnen
- Adjektive lesen und überlegen, ob man dazugehörige Nomen kennt
- Im Wörterbuch passende Nomen suchen
- Nomen mit Artikeln aufschreiben

BB | BO Alle Strategien üben
- Fehler mithilfe der Rechtschreibstrategien verbessern, als Hilfe die Übersicht auf der STARK/Grammatikkarte nutzen
- Strategien über die korrigierten Wörter schreiben

Weiterführende Aufgaben

AH, AH Fö, FB: S. 34

IAÜ: –

AP: –

AR: –

3.4 Geheimnisvolles

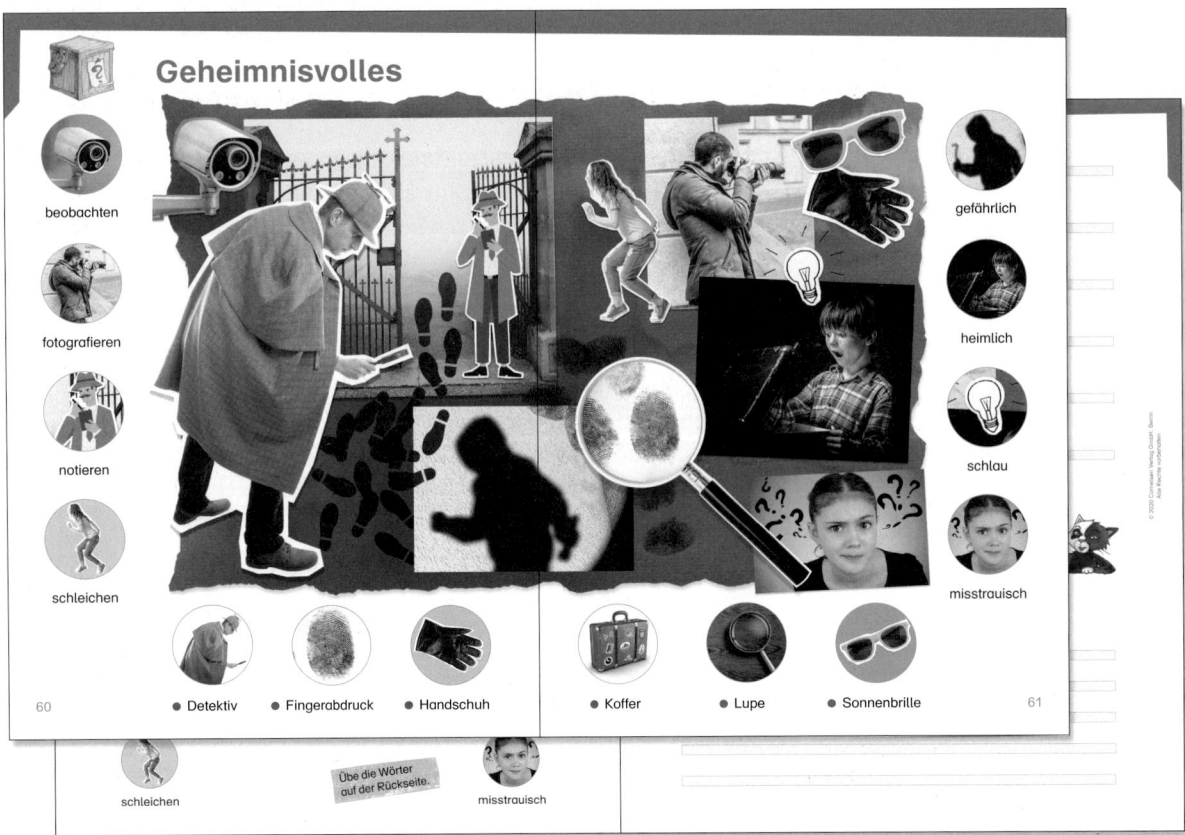

Schwerpunkte des Kapitels

Thematisch:

- Detektivarbeit
- Rätsel und ihre Lösung
- Unerklärbare Phänomene

nach Lernbereichen:

Lesen

- Eine Anleitung und einen Lexikontext lesen BB S. 62 | BO S. 67
- Kinderbuchauszug lesen BB S. 63 | BO S. 68
- Einen Text lebendig vorlesen BB S. 64 | BO S. 69
- Sich etwas Gelesenes vorstellen BB S. 65 | BO S. 70
- Einen Text verstehen BB S. 66 | BO S. 71

Sprechen

- Ein Gedicht mit unterschiedlicher Betonung sprechen BB S. 67 | BO S. 72

- Eine spannende Geschichte planen BB S. 68 | BO S. 73/74

Texte schreiben

- Eine spannende Geschichte schreiben BB S. 69 | BO S. 75/76

Sprache untersuchen

- Wörtliche Rede BB S. 72 | BO S. 79
- Begleitsätze BB S. 73 | BO S. 80

Richtig schreiben

- Wörter mit ß BB S. 74 | BO S. 81
- Wörter trennen BB S. 75 | BO S. 82

Strategieseiten

- Gewusst wie: Texte überarbeiten BB S. 70/71 | BO S. 77/78

Lerninhalte	BB	BO	AH/FH/FB	Kopier-vorlagen	Digitale Differenzierung
Auftaktbild: Themenfeld Detektive (Wortschatzarbeit)	S. 60/61	–	–	26	AP
Eine Anleitung und einen Lexikontext lesen	S. 62	S. 67	–	–	AP
Ein Kinderbuch lesen	S. 63	S. 68	–	–	–
Einen Text lebendig vorlesen	S. 64	S. 69	35	–	–
Sich etwas Gelesenes vorstellen	S. 65	S. 70	36	27	–
Einen Text verstehen	S. 66	S. 71	37	28	–
Ein Gedicht mit unterschiedlicher Betonung sprechen	S. 67	S. 72	–	–	–
Eine spannende Geschichte planen	S. 68	S. 73/74	38	29	–
Eine spannende Geschichte schreiben	S. 69	S. 75/76	39	30	–
Gewusst wie: Texte überarbeiten	S. 70/71	S. 77/78	–	–	–
Wörtliche Rede	S. 72	S. 79	40	31	AP, AR, IAÜ
Begleitsätze	S. 73	S. 80	41	32	AR, IAÜ
Wörter mit **ß**	S. 74	S. 81	42	33	AR, IAÜ
Wörter trennen	S. 75	S. 82	43	34	AR, IAÜ
Das kann ich schon: Rechtschreibtraining, Übungswörter, Wörtliche Rede mit Begleitsätzen, Wörter trennen, Wörter mit ß	S. 76/77	S. 83–86	44	–	–

Zur Arbeit mit der Auftaktseite

- Eigene Erlebnisse der Kinder besprechen
- Randwörter lesen, ggf. klären, im Bild suchen; Nomen mit Artikel nennen
- Satzmuster zur Arbeit mit der Seite anschreiben: Ich sehe ... Links ist ... Im Vordergrund ... Neben ...
- Zusätzliches Wortmaterial sammeln und mit Bild an der Tafel festhalten

Wortschatzarbeit

- Erst Einzelarbeit, dann 👥, dann in Klasse besprechen (Wiederholungen vermeiden)
- Evtl. weitere Wörter zum Themenkreis **Detektive**: die Fußspuren, die Mütze, das Rätsel, der Fall, der Notizblock, verkleiden, verfolgen, suchen, finden, lösen, spannend, interessant, neugierig

Rechtschreibwortschatz des Kapitels üben und festigen

→ „Wörter der Woche" in Portionen an der Tafel täglich üben, z. B.: die Fußspuren, die Mütze, das Rätsel, das Floß, der Notizblock, verkleiden, verfolgen, müßig, interessant, neugierig

→ Bilder am Rand der Collage benennen, deutlich sprechen
→ Wörter der Woche mit Silbenbögen aufschreiben
→ Lang-Kurz-Probe regelmäßig üben
→ Lernwörterheft fortführen
→ Übungswörter (s. BB S. 76 | BO S. 83) drei- bis fünfmal abschreiben
→ Übungswörter im Schleichdiktat üben

BB S. 62 + 63 | BO S. 67 + 68: Eine Anleitung und einen Lexikontext lesen / Ein Kinderbuch lesen

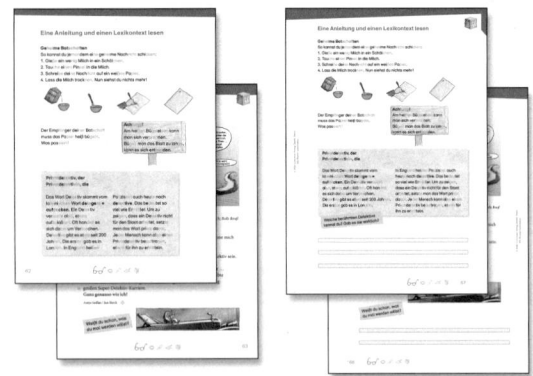

Ziele des Leseunterrichts auf diesen Seiten

- Unterschiedliche Texte lesen (Anleitung und Lexikontext, Kinderbuchauszug)
- Sinnentnehmendes Lesen trainieren
- Eine Anleitung umsetzen
- Informationen aus Texten selbstständig wiedergeben

Vorbereitung

- Milch, Papier und Bügeleisen mitbringen
- Lexikon mitbringen

Literaturempfehlungen

- Szillat, Antje: Flätscher. Die Sache stinkt! Deutscher Taschenbuch Verlag, München 2016

Arbeitsvorschläge

Text 1: Anleitung

- Anleitung leise lesen, dann vorlesen
- Arbeitsschritte einzeln besprechen
- Anleitung ausprobieren, Frage beantworten: Die Schrift wird erkennbar.
- Im Tandem lesen

Text 2: Lexikontext

- Funktion und Aufbau eines Lexikons besprechen, Lexikon in der Klasse zeigen
- Text leise erlesen, dann betont vorlesen
- Ggf. unbekannte Wörter klären
- Inhalt des Textes gemeinsam zusammenfassen: Welche Aufgaben hat ein Detektiv?
- Über bekannte Detektivgeschichten sprechen (z. B. Sherlock Holmes, Kalle Blomquist, Die drei ???)
- Im Tandem lesen

Text 3: Kinderbuchauszug

- Illustrationen und Überschrift anschauen, Sprechblase lesen und Vermutungen über den Inhalt des Textes anstellen: Flätscher ist das Stinktier und ein Detektiv

- Lehrkraft liest den Text sinngestaltend vor
- Kinder lesen leise, dann abschnittsweise vorlesen lassen
- Inhalt des Auzugs besprechen; Haben sich die Vermutungen bewahrheitet?
- Mit verteilten Rollen vorlesen: Theo, Flätscher (mündlich und Erzähler)

Weiterführende Aufgaben

AH, AH Fö, FB: −

IAÜ: −

AP: ✓

AR: −

Weitere Ideen zur Arbeit mit der Seite

- Weitere Arten von geheimen Botschaften vorstellen (Geheimschriften ...) und einen Klassenbriefkasten einrichten, über den die Kinder sich Botschaften schicken können

BB S. 64 | BO S. 69: Einen Text lebendig vorlesen

Warum die Stunde?

- Sinnverstehendes Lesen trainieren
- Lebendig vorlesen
- Gestaltendes Lesen bewusst machen und trainieren
- Rollen in einem Text unterscheiden

Vorbereitung

- Text ausgedruckt als Kopien mitbringen

Lernziele/Kompetenzen

- Einen Text laut lesen
- Inhalt eines Textes mit Ich-Erzähler verstehen
- Eine Rolle durch betontes Vorlesen darstellen

Möglicher Stundenverlauf mit Differenzierungsmöglichkeiten

BB ① | BO ① erarbeiten: Text lesen
- Rollen aufteilen: Flätscher, Theo, Theos Vater
- Text leise lesen, eigenen Text farbig markieren
- Text mit verteilten Rollen vorlesen
- Texte als Kopien austeilen, die Rollen vorher in unterschiedlichen Farben markieren
- Reflexion mit der Klasse

BB ② | BO ② erarbeiten: Druckarten analysieren
- Text erneut lesen und besonders auf die fett gedruckten Stellen achten
- Begründung für die Unterschiede in der Druckart finden: Stellen, die besonders laut oder betont gelesen werden sollten, sind fett gedruckt
- Reflexion mit der Klasse

BB ③ | BO ③ erarbeiten: Vorlesen analysieren
- Text laut mit verteilten Rollen vorlesen
- Besonders auf die Betonung achten
- Die Unterschiede in der Betonung reflektieren
- Unterschiede in der Klasse gemeinsam besprechen
- Textstellen in unterschiedlichen Farben markieren, je nach Art des Vorlesens (vgl. BO)
- Reflexion mit der Klasse

BB ④ | BO ④ erarbeiten: Vorlesen analysieren
- Eigenes Vorlesen reflektieren
- Feedback zum Vortrag geben, Verbesserungsvorschläge machen
- Gruppen lesen freiwillig vor der Klasse vor und der Vortrag wird besprochen
- Reflexion mit der Klasse

BO erarbeiten: Vortrag aufnehmen
- Text zum Üben mehrfach mit verteilten Rollen laut vorlesen
- Lesevortrag mit geeignetem Gerät aufnehmen
- Lösung mit den Kindern überprüfen

Weiterführende Aufgaben

AH, AH Fö, FB: S. 35

IAÜ: –

AP: –

AR: –

Weitere Ideen zur Arbeit mit der Seite

- Vorträge als Hörspiele aufnehmen (vgl. BO)
- Weitere Ausschnitte aus dem Buch vorstellen und lesen, Schriftsetzung (Druck) analysieren
- Andere Texte gestaltend lesen (auch als vorbereitende Hausaufgabe)

BB S. 65 | BO S. 70: Sich etwas Gelesenes vorstellen

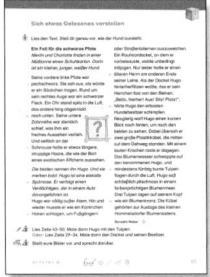 

Warum die Stunde?

- Sich den Inhalt eines Textes lebendig vorstellen
- Eigene Vorstellungen darstellen
- Gezielt Informationen suchen

Vorbereitung

- Malsachen für die Bilder bereitstellen

Lernziele/Kompetenzen

- Einen Kinderbuchauszug lesen
- Einem Text Informationen entnehmen
- Eigene Vorstellungen zum Inhalt eines Textes entwickeln

Möglicher Stundenverlauf mit Differenzierungsmöglichkeiten

BB ❶ | BO ❶ erarbeiten: Text lesen
- Text leise lesen, dann vorlesen
- Text Abschnitt für Abschnitt genau lesen und auf Informationen über das Aussehen des Hundes achten
- Hund genau vorstellen
- Ggf. Text ausgedruckt mitbringen und wichtige Stellen markieren (vgl. BO)
- 👤, 👧 Im Tandem lesen
- 👤 Stichworte zum Aussehen des Hundes notieren
- Reflexion mit der Klasse

BB ❷ | BO ❷ erarbeiten: Gelesenes malen
- Informationen über den Hund noch einmal lesen
- Bilder von Hugo oder dem Dackel mit seinem Herrchen malen
- 👥 Text als Bildergeschichte darstellen
- Reflexion mit der Klasse

BB ❸ | BO ❸ erarbeiten: Gemaltes präsentieren
- Bilder in der Klasse ausbreiten oder aufhängen
- Kinder betrachten die Bilder in Ruhe
- Unterschiede und Gemeinsamkeiten der Bilder erkennen und begründen
- Reflexion mit der Klasse

Weiterführende Aufgaben

AH, AH Fö, FB: S. 36

IAÜ: –

AP: –

AR: –

Weitere Ideen zur Arbeit mit der Seite

- Ausstellung mit den Bildern veranstalten
- Auch zu den Texten von BB S. 63/64, BO S. 68/69 Bilder malen

BB S. 66 | BO S. 71: Einen Text verstehen

 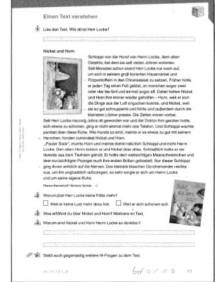

Warum die Stunde?

- Genaues Lesen trainieren
- Gezielt Informationen suchen (Fragen beantworten)

Vorbereitung

- Ggf. das Buch mitbringen

Lernziele/Kompetenzen

- Einen Text genau lesen
- Einem Text gezielt Informationen entnehmen
- Inhalt eines Textes verstehen

Möglicher Stundenverlauf mit Differenzierungsmöglichkeiten

BB ❶ | BO ❶ erarbeiten: Text lesen
- Text leise lesen, dann vorlesen
- Frage beantworten: Herr Locke ist 90.
- Im Tandem lesen
- Lösung mit den Kindern überprüfen

BB ❷ | BO ❷ erarbeiten: Frage beantworten
- Text erneut lesen und die Antwort auf die Frage finden (Der Doktor hat ihm geraten, sich zu schonen.)
- Textstelle vorgeben, die die Antwort beinhaltet
- Weiterführende Fragen stellen: Was hat Schlappi damit zu tun?
- Lösung mit den Kindern überprüfen

BB ❸ | BO ❸ erarbeiten: Frage beantworten
- Textstelle mit der Antwort finden
- Antwort auf die Frage finden
- Im Tandem arbeiten
- Frage mündlich beantworten
- Frage in einer Mind-Map beantworten
- Lösung mit den Kindern überprüfen

BB ❹ | BO ❹ erarbeiten: Frage beantworten
- Textstelle mit der Antwort finden
- Frage beantworten

- Frage in Stichworten beantworten
- Frage in einem Antwortsatz beantworten
- Lösung mit den Kindern überprüfen

BB 👥 | BO 👥 erarbeiten: Fragen überlegen
- Eigene W-Fragen zum Text überlegen
- Von einem Partnerkind beantworten lassen
- Lehrkraft stellt Fragen
- Fragen an der Tafel sammeln und gemeinsam beantworten
- Fragen schriftlich stellen und beantworten
- Lösung mit den Kindern überprüfen

Weiterführende Aufgaben

AH, AH Fö, FB: S. 37

IAÜ: –

AP: –

AR: –

Weitere Ideen zur Arbeit mit der Seite

- Quiz zu dem Text durchführen
- Quizze zu anderen Texten aus dem Kapitel durchführen: Kinder überlegen sich in Gruppen Fragen zu jeweils einem Text und sind die Quizmaster für die Fragen zu diesem

BB S. 67 | BO S. 72: Ein Gedicht mit unterschiedlicher Betonung sprechen

Warum die Stunde?

- Stimmung eines Gedichts erkennen
- Auswendig lernen
- Betontes Vorlesen trainieren

Lernziele/Kompetenzen

- Gedichte lesen
- Merkmale eines Gedichts erkennen
- Gedichte auswendig vortragen
- Gedichte gestaltend vortragen

Möglicher Stundenverlauf mit Differenzierungsmöglichkeiten

BB ❶ | BO ❶ erarbeiten: Gedicht lesen
- Lehrkraft liest Gedicht sinngestaltend vor
- Gedicht mehrmals leise lesen und schwierige Stellen üben
- Gedicht auswendig lernen
- Reflexion mit der Klasse

BB ❷ | BO ❷ erarbeiten: Betonung verändern
- Betonung beim Vorlesen verändern: wütend
- Im Tandem lesen und Feedback geben
- Reflexion mit der Klasse

BB ❸ | BO ❸ erarbeiten: Vortragsweise variieren
- Mögliche Vortragsarten notieren: ängstlich, angeekelt ...
- Vortrag des Gedichtes mit verschiedenen Betonungen
- Am besten passende Betonung auswählen BO ❹

- Jedes Kind trägt nur auf eine Weise vor
- Reflexion mit der Klasse

BB ❹ | BO ❺ erarbeiten: Gedicht vortragen
- Gedicht leise lesen
- Auf verschiedene Arten vorlesen
- Beste Vortragsart bestimmen
- Reflexion mit der Klasse

BB ❺ | BO ❻ erarbeiten: Gedicht vortragen
- Eins der Gedichte auswählen und auswendig lernen
- Betonungsart auswählen und Gedicht lebendig vortragen
- Beide Gedichte auswendig vortragen
- Reflexion mit der Klasse

Weitere Ideen zur Arbeit mit der Seite

- Kinder suchen Gedichte aus und tragen sie betont vor

BB S. 68 | BO S. 73 + 74: Eine spannende Geschichte planen

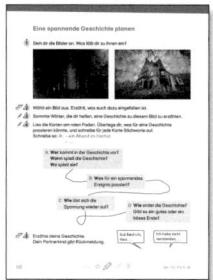
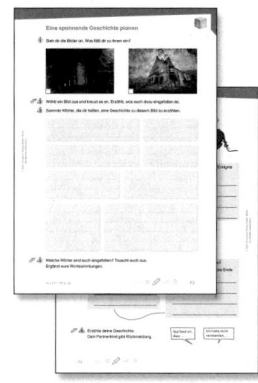

Warum die Stunde?

- Erfundenes verständlich erzählen
- Fantasie anregen
- Eigene Ideen entwickeln und aufschreiben
- Die Planung einer Geschichte anregen

Vorbereitung

- Bilder vergrößert mitbringen

Lernziele/Kompetenzen

🌑 Vorstellungen zu Bildern entwickeln
🌓 Nach Anregungen eigene Texte strukturieren
🌗 Selbst einen erzählenden Text entwickeln und aufschreiben (s. BB S. 69 | BO S. 75)

Möglicher Stundenverlauf mit Differenzierungsmöglichkeiten

BB ❶ | BO ❶ erarbeiten: Assoziationen sammeln
- Bilder anschauen und Assoziationen entwickeln
- 🌑 Assoziationen in der Klasse sammeln und an die Tafel schreiben
- 🌗 Bilder alleine anschauen und Stichworte dazu aufschreiben
- Reflexion mit der Klasse

BB ❷ | BO ❷ erarbeiten: Bild beschreiben
- Ein Bild auswählen und dem Partnerkind eigene Assoziationen beschreiben
- 🌑 Stichworte an der Tafel nutzen
- 🌓 Eigene Stichworte machen
- Reflexion mit der Klasse

BB ❸ | BO ❸ erarbeiten: Beschreibungen sammeln
- Stichworte zum ausgewählten Bild notieren
- Möglichst viele Wörter verschiedener Wortarten sammeln, sowohl beschreibend als auch assoziativ
- 🌑 Stichworte an der Tafel als Inspiration nutzen
- 🌗 Alleine arbeiten
- Reflexion mit der Klasse

BO ❹ erarbeiten: Beschreibungen ergänzen
- Mit einem Partnerkind die Notizen vergleichen
- Ideen besprechen
- Wortsammlungen ggf. ergänzen
- Reflexion mit der Klasse

BB ❹ | BO ❺ erarbeiten: Gliederung erstellen
- Fragen am roten Faden lesen
- Konzept „roter Faden" besprechen: Eine Geschichte braucht eine schlüssige Struktur, um verstanden zu werden
- Fragen stichpunktartig beantworten und Struktur für eigene Geschichte entwerfen
- Reflexion mit der Klasse

BB ❺ | BO ❻ erarbeiten: Erzählungen reflektieren
- Erarbeitete Struktur mit einem Partnerkind besprechen
- Feedback zu den Ideen des Partnerkindes geben
- Ggf. die Geschichte überarbeiten und unklare Punkte verbessern
- Reflexion mit der Klasse

Weiterführende Aufgaben

AH, AH Fö, FB: S. 38

IAÜ: –

AP: –

AR: –

BB S. 69 | BO S. 75 + 76: Eine spannende Geschichte schreiben

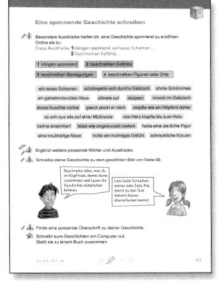
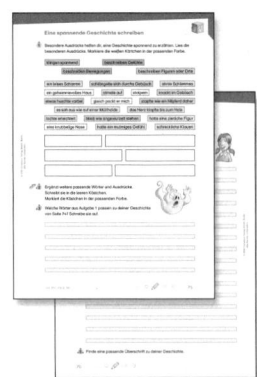

Warum die Stunde?

- Eigene Texte schreiben
- Spannungskurve entwickeln
- Texte anhand von Stichworten schreiben

Vorbereitung

- Ggf. bereits vorhandene Wörtersammlung für spannende Ausdrücke mitbringen

Lernziele/Kompetenzen

🔶 Vorstellungen zu einem Text entwickeln
🔷 Eigene Texte nach festgelegter Struktur schreiben
🔺 Selbst einen erzählenden Text entwickeln und aufschreiben

Möglicher Stundenverlauf mit Differenzierungsmöglichkeiten

BB ❶ | BO ❶ erarbeiten: Begriffe ordnen
- Kategorienbezeichnungen und Ausdrücke lesen
- Ausdrücke den Kategorien zuordnen
- 🔶 Die Ausdrücke ohne farbliche Hinterlegung mitbringen und den Kategorien zuordnen lassen
- Lösung mit den Kindern überprüfen

BB ❷ | BO ❷ erarbeiten: Begriffe ergänzen
- Weitere zu den Geschichten passende Ausdrücke ergänzen
- Die Ausdrücke den Kategorien zuordnen
- Lösung mit den Kindern überprüfen

BO ❸ erarbeiten: Passende Begriffe auswählen
- Wörter genau lesen
- Auswählen, welche Wörter zur Geschichte von BO S. 74 passen
- Wörter markieren
- Reflexion mit der Klasse

BB ❸ | BO ❹ erarbeiten: Geschichte schreiben
- Gesammelte Ausdrücke und Gliederung zu der Geschichte durchlesen
- Geschichte schreiben
- Vollständigkeit und Einhaltung der Struktur überprüfen
- Lösung mit den Kindern überprüfen

BB ❹ | BO ❺ erarbeiten: Überschrift finden
- Text noch einmal lesen
- Passende Überschrift finden
- Reflexion mit der Klasse

BB 🐾 erarbeiten: Geschichten abtippen
- Geschichten am Computer schreiben
- Texte zu einem Buch zusammenstellen
- 🔶 Mit Partnerkind die Texte falls nötig verbessern
- 🔺 Geschichten illustrieren
- Reflexion mit der Klasse

Weiterführende Aufgaben

AH, AH Fö, FB: S. 39

IAÜ: –

AP: –

AR: –

Weitere Ideen zur Arbeit mit der Seite

- Buch aus den Geschichten erstellen (vgl. BB 🐾)
- Gemeinsam mit der Klasse eine Wörtersammlung mit spannenden Ausdrücken und besonderen Ausdrücken für Gefühle, Personen oder Orte erstellen

BB S. 70 + 71 | BO S. 77 + 78: Gewusst wie: Texte überarbeiten

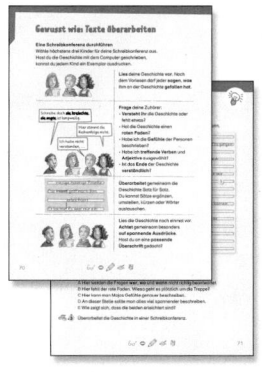 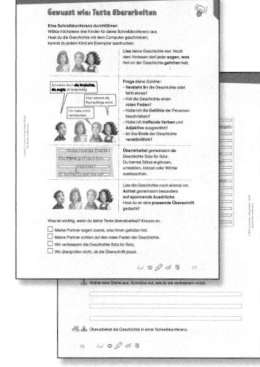

Warum die Stunde?

- Texte genau lesen
- Verbesserungsbedürftige Stellen finden
- Passende Verbesserungen schreiben

Lernziele/Kompetenzen

- Sinnentnehmend lesen
- Den Ablauf einer Schreibkonferenz kennenlernen
- Text schrittweise überarbeiten
- Arbeitsergebnisse präsentieren
- Verschiedene Lösungsansätze vergleichen

Möglicher Stundenverlauf mit Differenzierungsmöglichkeiten

BB ❶ | BO ❶ erarbeiten: Text lesen
- Geschichte genau lesen
- Gekennzeichnete Stellen erneut lesen
- Reflexion mit der Klasse

BB ❷ | BO ❷ erarbeiten: Fehler bestimmen
- Tipps lesen
- Gekennzeichnete Stellen den Tipps zuordnen (A-1, B-2, C-3, D-4, E-5)
- , Im Tandem arbeiten
- Reihenfolge der Tipps verändern
- Lösung mit den Kindern überprüfen

BO ❸ erarbeiten: Fehler verbessern
- Gekennzeichnete Stellen erneut lesen
- Eine der Stellen auswählen
- Stelle verbessert aufschreiben und dabei den Tipp beachten
- Mehrere Stellen verbessern
- Lösung mit den Kindern überprüfen

BB ❸ | BO ❹ erarbeiten: Text überarbeiten
- Schreibkonferenz veranstalten
- Gekennzeichnete Stellen untersuchen
- Verbesserung der Stellen
- Lösung mit den Kindern überprüfen

Weitere Ideen zur Arbeit mit der Seite

- Schreibkonferenzen mit selbst geschriebenen Texten durchführen

BB S. 72 | BO S. 79: Wörtliche Rede

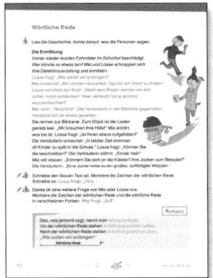 

Warum die Stunde?

- Wörtliche Rede kennenlernen
- Kennzeichen von wörtlicher Rede erkennen

Lernziele/Kompetenzen

- Sinnentnehmendes Lesen trainieren
- Wörtliche Rede erkennen
- Wörtliche Rede angemessen kennzeichnen

Möglicher Stundenverlauf mit Differenzierungsmöglichkeiten

BB ❶ | BO ❶ erarbeiten: Text lesen
- Text leise lesen, dann mit Betonung vorlesen
- Text mit verteilten Rollen vorlesen (Lasse, Mia, Erzähler/-in, Verkäuferin)
- Wörtliche Rede im Text erkennen
- Lehrkraft liest Text sinngestaltend vor
- Reflexion mit der Klasse

BB ❷ | BO ❷ erarbeiten: Wörtliche Rede markieren
- Wörtliche Rede im Text kennzeichnen
- Zeichen der wörtlichen Rede und wörtliche Rede in unterschiedlichen Farben markieren
- , Im Tandem arbeiten
- Nur einen Teil des Textes bearbeiten
- Den ganzen Text abschreiben
- Lösung mit den Kindern überprüfen

BB ❸ | BO ❸ erarbeiten: Fragen ausdenken
- Passende Fragen überlegen
- Text weiterschreiben
- Nur eine Frage ausdenken
- Gemeinsam an der Tafel überlegen
- Falllösung schreiben
- Lösung mit den Kindern überprüfen

Weiterführende Aufgaben

AH, AH Fö, FB: S. 40

IAÜ: ✓

AP: ✓

AR: ✓

Weitere Ideen zur Arbeit mit der Seite

- Szene vorspielen
- Wörtliche Rede bei eigenen Geschichten anwenden

BB S. 73 | BO S. 80: Begleitsätze

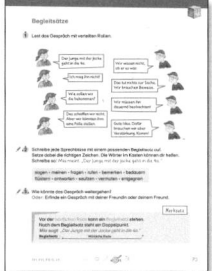 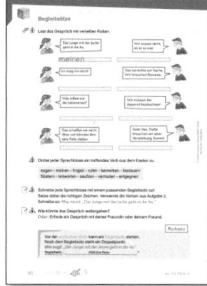

Warum die Stunde?

- Wissen über wörtliche Rede erweitern
- Dialogsituationen kennen
- Gespräche in einem Text darstellen

Lernziele/Kompetenzen

- Sinnentnehmendes Lesen trainieren
- Begleitsätze und wörtliche Rede unterscheiden
- Passende Verben für Begleitsätze wählen
- Gespräche als Texte schreiben

Möglicher Stundenverlauf mit Differenzierungsmöglichkeiten

BB ❶ | BO ❶ erarbeiten: Gespräch lesen
- Sprechblasen still lesen
- Mit verteilten Rollen vorlesen
- Gespräch vor der Klasse vorspielen
- Reflexion mit der Klasse

BB ❷ | BO ❷ + ❸ erarbeiten: Begleitsätze formulieren
- Verben lesen
- Den Aussagen passende Verben zuordnen
- Begleitsätze formulieren
- Auf die korrekte Verwendung der Zeichen für wörtliche Rede achten
- Jeweils eins der Kinder bearbeiten lassen und mit Partnerkind zusammentragen
- Begleitsätze durch Adjektive ergänzen lassen
- Lösung mit den Kindern überprüfen

BB ❸ | BO ❹ erarbeiten: Gespräch fortführen
- Logische Fortführung des Gesprächs überlegen
- Gespräch weiterschreiben
- Im Tandem arbeiten
- Eigenes Gespräch mit Freund/-in ausdenken und aufschreiben
- Reflexion mit der Klasse

Weiterführende Aufgaben

AH, AH Fö, FB: S. 41

IAÜ: ✓

AP: –

AR: ✓

Weitere Ideen zur Arbeit mit der Seite

- Plakat zur wörtlichen Rede gestalten und im Klassenraum aufhängen
- Wortfeld „sagen" vertiefen und eine Wörtersammlung für die Klasse erarbeiten

BB S. 74 | BO S. 81: Wörter mit ß ⊖·

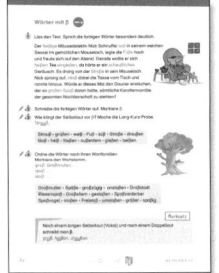 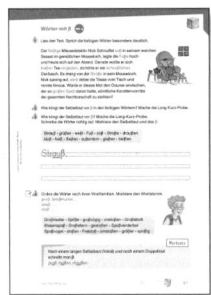

Warum die Stunde?

- Laut **ß** wiederholen
- Lautliche und rechtschriftliche Besonderheiten von Wörtern mit **ß** kennen

Vorbereitung

- Einige Wörter mit **ß** an die Tafel schreiben (möglichst nicht die aus dem Buch)

Lernziele/Kompetenzen

- Wissen über die Rechtschreibung trainieren
- Rechtschreibstrategie Lang-Kurz-Probe anwenden
- Rechtschreibwichtige Wörter normgerecht schreiben

Möglicher Stundenverlauf mit Differenzierungsmöglichkeiten

 Wörter an der Tafel vorlesen, ß markieren

BB **1** | BO **1** erarbeiten: Text lesen
- Lehrkraft liest den Text sinngestaltend vor
- Text leise lesen, farbig markierte Wörter sprechen
- Nur die farbig markierten Wörter lesen
- Reflexion mit der Klasse

BB **2** erarbeiten: Wörter abschreiben
- Farbig markierte Wörter abschreiben
- **ß** in den Wörtern markieren
- Aufgabe auch für BO stellen
- Lang-Kurz-Probe für die Wörter machen (vgl. BO **2**)
- Lösung mit den Kindern überprüfen

BB **3** | BO **3** erarbeiten: Lang-Kurz-Probe machen
- Wörter abschreiben
- Länge des Selbstlautes mit der Lang-Kurz-Probe ermitteln
- Selbstlaute und **ß** in den Wörtern markieren
- Anzahl der Wörter reduzieren
- Wörter an die Tafel schreiben und **ß** in den Wörtern markieren lassen

- In der Wörterliste weitere Wörter mit **ß** suchen, Lang-Kurz-Probe machen und Selbstlaute und **ß** markieren
- Lösung mit den Kindern überprüfen

BB **4** | BO **4** erarbeiten: Wörter ordnen
- Wörter lesen und Wortstämme erkennen
- Wörter den Wortfamilien zuordnen
- Wortstämme markieren (groß, spaß, stoß)
- Achtung: auf die Möglichkeit eines veränderten Wortstammes hinweisen, z. B. größer
- Nur Wörter einer Wortfamilie finden
- Anzahl der Wörter reduzieren
- Zu jeder Wortfamilie weitere Wörter finden
- Lösung mit den Kindern überprüfen

Weiterführende Aufgaben

AH, AH Fö, FB: S. 42

IAÜ: ✓

AP: –

AR: ✓

Weitere Ideen zur Arbeit mit der Seite

- Knickdiktate mit Wörtern mit ß schreiben

BB S. 75 | BO S. 82: Wörter trennen

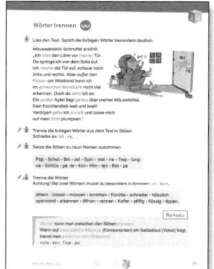 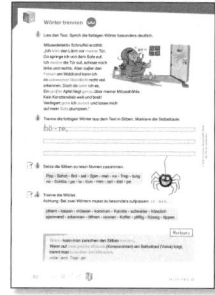

Warum die Stunde?

- Bewusstmachen von schwierigen Stellen bei der Silbentrennung
- Strategie Silben trennen trainieren und anwenden

Lernziele/Kompetenzen

- Silben richtig trennen
- Rechtschreibstrategie trainieren: in Silben sprechen, genau hinhören
- Rechtschreibstrategien normgerecht schreiben

Möglicher Stundenverlauf mit Differenzierungsmöglichkeiten

BB ❶ | BO ❶ erarbeiten: Text lesen
- Text leise lesen, dann vorlesen
- Besonders auf die Betonung der farbig markierten Wörter achten
- Lehrkraft liest den Text sinngestaltend vor
- Reflexion mit der Klasse

BB ❷ | BO ❷ erarbeiten: Silben trennen
- Farbig markierte Wörter abschreiben
- Wörter in Silben teilen
- Vokale in den Silben markieren
- Anzahl der Wörter reduzieren
- Weitere mehrsilbige Wörter im Text finden und in Silben teilen
- Lösung mit den Kindern überprüfen

BB ❸ | BO ❸ erarbeiten: Silben zusammensetzen
- Großschreibung von Nomen rekapitulieren
- Differenzieren, welche Silben Wortanfänge und -enden sind
- Wortanfänge aufschreiben
- Passende Enden für die Nomen finden
- Nur sechs Nomen finden

- Weitere Silben an die Tafel schreiben und zu Nomen zusammensetzen
- Lösung mit den Kindern überprüfen

BB ❹ | BO ❹ erarbeiten: Silben trennen
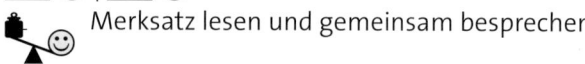
Merksatz lesen und gemeinsam besprechen
- Wörter lesen
- Schwierigkeit erkennen: Silbentrennung bei Doppelkonsonanten
- Wörter mit getrennten Silben aufschreiben
- Anzahl der Wörter reduzieren
- Merksatz abschreiben
- Lösung mit den Kindern überprüfen

Weiterführende Aufgaben

AH, AH Fö, FB: S. 43

IAÜ: ✓

AP: –

AR: ✓

Weitere Ideen zur Arbeit mit der Seite

- Merksatz als Plakat in der Klasse aufhängen

BB S. 76 + 77 | BO S. 83–86: Das kann ich schon

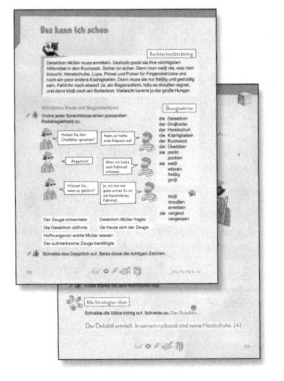
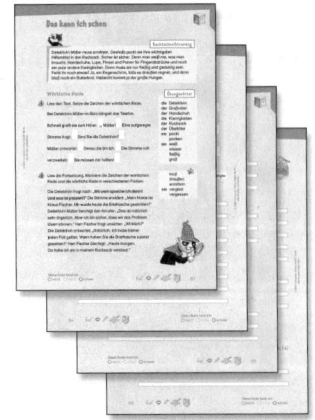

Übungsziele auf diesen Seiten

- Selbstständiges Lösen von Aufgaben
- Fachliche Inhalte aus den Bereichen Rechtschreiben und Sprache untersuchen des Kapitels wiederholen und festigen

Lernziele/Kompetenzen

- Selbstständig üben
- Sprachliche Strukturen erkennen
- Übungen zur Selbstkontrolle nutzen
- Grammatisches Wissen anwenden und üben

Arbeitsvorschläge

> Auf den Das-kann-ich-schon-Seiten befinden sich mehrere Rechtschreibübungen. Die Aufgabenformate gleichen denen auf den entsprechenden Seiten im Kapitel.

BO **1** erarbeiten: Zeichen setzen
- Text lesen
- Wörtliche Rede erkennen und Redezeichen setzen

BO **2** erarbeiten: Wörtliche Rede markieren
- Fortsetzung lesen
- Wörtliche Rede erkennen und markieren
- ● Aufgabe weglassen

BB **1** + **2** | BO **3** + **4** erarbeiten: Begleitsätze zuordnen
- Sprechblasen und Begleitsätze lesen
- Den Sprechblasen passende Begleitsätze zuordnen
- Redezeichen setzen
- ● Redezeichen und wörtliche Rede in verschiedenen Farben markieren

BB **3** | BO **5** erarbeiten: Silben trennen
- Wörter leise sprechen und die Silben klatschen
- Wörter in Silben getrennt aufschreiben
- Untrennbares Wort finden: bloß

BB **4** | BO **6** erarbeiten: Dreisilbige Wörter finden
- Dreisilbige Wörter in der Wörterliste suchen
- Wörter in Silben getrennt aufschreiben
- ● Nur drei dreisilbige Wörter finden
- ● Neun dreisilbige Wörter finden

BB **5** | BO **7** erarbeiten: Silben trennen
- Die Gegenstände in der Abbildung benennen
- Wörter nach Silben getrennt aufschreiben
- Besonderheit der Doppelkonsonanten beachten

BB **6** | BO **8** erarbeiten: Wörter ordnen
- Wortstämme erkennen
- Wörter ihren Wortfamilien zuordnen

BB **7** | BO **9** erarbeiten: Wortfamilie finden
- Wörter mit dem Wortstamm fuß finden
- ● In der Wörterliste recherchieren
- ● Ohne Hilfsmittel Wörter finden

BB | BO Alle Strategien üben

- Fehler mithilfe der Rechtschreibstrategien verbessern, als Hilfe die Übersicht auf der STARK/Grammatikkarte nutzen
- Strategien über die korrigierten Wörter schreiben

Weiterführende Aufgaben

AH, AH Fö, FB: S. 44

IAÜ: –

AP: –

AR: –

Weitere Ideen zur Arbeit mit der Seite

- Rechtschreibtraining als Abschreibtext nutzen
- Übungswörter mit verschiedenen Lerntechniken trainieren: Abschreiben, Schleichdiktat, nach Alphabet ordnen, mit jedem Wort einen Satz bilden und aufschreiben, als Partnerdiktat

3.5 Digital unterwegs

Schwerpunkte des Kapitels

Thematisch:

- Digitalisierung und technischer Fortschritt
- Richtiger Umgang mit Technik
- Möglichkeiten und Risiken der digitalen Welt

nach Lernbereichen:

Lesen

- Witze und ein Gedicht lesen BB S. 80 | BO S. 87
- Kinderbuchauszug lesen BB S. 81 | BO S. 88
- In einem Lexikon lesen BB S. 82 | BO S. 89
- Zwischenüberschriften finden BB S. 83 | BO S. 90

Sprechen

- Ein Diagramm lesen BB S. 84 | BO S. 91
- Meinungen begründen BB S. 85 | BO S. 92

Texte schreiben

- Am Computer schreiben BB S. 86 | BO S. 93
- Eine Freundebuch-Seite gestalten BB S. 87 | BO S. 94

Sprache untersuchen

- Nomen und Nomen zusammensetzen BB S. 88 | BO S. 95/96
- Verben in Gegenwart und Vergangenheit BB S. 89 | BO S. 97/98

Richtig schreiben

- Gewusst wie: Fehlerwörter üben BB S. 90/91 | BO S. 99/100

Strategieseiten

- Schwierige Wörter merken BB S. 92 | BO S. 101
- STARK: Alle Strategien üben BB S. 93 | BO S. 102

Lerninhalte	BB	BO	AH/FH/FB	Kopier-vorlagen	Digitale Differenzierung
Auftaktbild: Themenfeld Digitalität (Wortschatzarbeit)	S. 78/79	–	–	35	AP
Witze und ein Gedicht lesen	S. 80	S. 87	–	–	AP
Ein Kinderbuch lesen	S. 81	S. 88	–	–	–
In einem Lexikon lesen	S. 82	S. 89	S. 45	36	–
Zwischenüberschriften finden	S. 83	S. 90	S. 46	–	–
Ein Diagramm lesen	S. 84	S. 91	–	37	–
Meinungen begründen	S. 85	S. 92	–	–	AP
Am Computer schreiben	S. 86	S. 93	S. 47	–	–
Eine Freundebuch-Seite gestalten	S. 87	S. 94	–	38	–
Nomen und Nomen zusammensetzen	S. 88	S. 95/96	S. 48	39	AR, IAÜ
Verben in Gegenwart und Vergangenheit	S. 89	S. 97/98	S. 49	40	AR, IAÜ
Gewusst wie: Fehlerwörter üben	S. 90/91	S. 99/100	–	–	–
Schwierige Wörter merken	S. 92	S. 101	S. 50	–	AP, AR, IAÜ
Strategie: STARK: Alle Strategien üben	S. 93	S. 102	S. 51	–	–
Das kann ich schon: Rechtschreibtraining, Übungswörter, Nomen und Nomen zusammensetzen, Fremdwörter merken, Verben in Gegenwart und Vergangenheit	S. 94/95	S. 103–106	S. 52	–	–

Zur Arbeit mit der Auftaktseite

- Erst Einzelarbeit, dann 👥, dann in Klasse besprechen (Wiederholungen vermeiden)
- Randwörter lesen, ggf. klären, im Bild suchen; Nomen mit Artikel nennen
- Wortschatz erweitern
- Spiel: Ich sehe was, was du nicht siehst ...

Wortschatzarbeit

- Erst Einzelarbeit, dann 👥, dann in Klasse besprechen (Wiederholungen vermeiden)
- Evtl. weitere Wörter zum Themenkreis **Digitalität:** der Laptop, die Tastatur, das Internet, der Bildschirm, das Smartphone, suchen, finden, lesen, zeigen, senden, alt, neu, modern, technisch

Rechtschreibwortschatz des Kapitels üben und festigen

→ „Wörter der Woche" in Portionen an der Tafel täglich üben, z. B.: der Laptop, der Computer, das Internet, das Smartphone, das Netzwerk, der Bildschirm, surfen, recherchieren, senden, alt, neu, modern, technisch

→ Wörter regelmäßig am Computer schreiben
→ Bilder am Rand der Collage benennen, deutlich sprechen
→ Lernwörterheft fortführen
→ Übungswörter (s. BB S. 94 | BO S. 103) drei- bis fünfmal abschreiben
→ Wörter täglich individuell üben (z. B. als Wendediktat)

BB S. 80 + 81 | BO S. 87 + 88: Witze und ein Gedicht lesen / Ein Kinderbuch lesen

 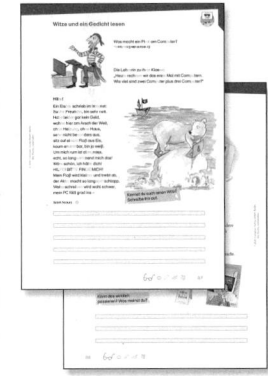

Ziele des Leseunterrichts auf diesen Seiten

- 🖤 Unterschiedliche Texte lesen
- 🖤 Charakteristische Merkmale verschiedener Textgattungen kennen (Reime in Gedichten, unerwartete Momente in Witzen)
- ♟ Texte mit Betonung vorlesen (Gedicht, wörtliche Rede)

Vorbereitung

- Ggf. ein Exemplar von „Der Tag, an dem die Oma das Internet kaputt gemacht hat" mitbringen

Literaturempfehlungen

- Naoura, Salah: Hilfe! Aus: Glücksvogel. Geschichten, Gedichte und Bilder. Beltz und Weinberg in der Verlagsgruppe Beltz, Weinheim und Basel, 2013
- Kling, Mark-Uwe: Der Tag, an dem die Oma das Internet kaputt gemacht hat. Carlsen Verlag, Hamburg 2018

Arbeitsvorschläge

Text 1: Witze

- Witze vorlesen
- Scherzfrage stellen und von den Kindern beantworten lassen
- Erklären, was an den Witzen lustig ist: Wortspiele, unerwartete Wendungen
- Die Kinder erzählen weitere Witze
- ♟ Bereits bekannte Witze aufschreiben
- ♟ Witze zum Thema Technik im Internet suchen

Text 2: Gedicht

- Text leise lesen, dann vorlesen
- Lehrkraft liest Text mit starker Betonung vor
- Letztes Wort ergänzen
- Thema des Textes erkennen
- Ggf. unbekannte Wörter klären
- 🖤, 👧 Im Tandem lesen
- ♟ Nur Reimwörter vorlesen

Text 3: Kinderbuchauszug

- Text leise erlesen, dann abschnittweise vorlesen
- Erklärung des Internets im Text besprechen: Ist das Internet wirklich wie eine Pinnwand? Gibt es noch andere Sachen, mit denen man es vergleichen könnte?
- Weitere Fragen zum Text besprechen: Könnte eine Person das Internet kaputt machen?
- ♟ Text mit verteilten Rollen vorlesen (Oma, Max, Tiffany, Erzähler)

Weiterführende Aufgaben

AH, AH Fö, FB: −

IAÜ: −

AP: ✓

AR: −

Weitere Ideen zur Arbeit mit der Seite

- Eine Witzewand mit den aufgeschriebenen Witzen gestalten

BB S. 82 | BO S. 89: In einem Lexikon lesen

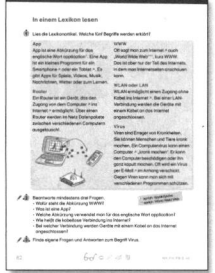

Warum die Stunde?

- Sinnverstehendes Lesen trainieren
- Genaues Lesen trainieren
- Gezielt Informationen suchen

Vorbereitung

- Verschiedene Lexika mitbringen

Lernziele/Kompetenzen

- Lexikonartikel verstehen
- Merkmale von Lexikonartikeln erkennen
- Gezielt Informationen suchen

Möglicher Stundenverlauf mit Differenzierungsmöglichkeiten

BB ❶ | BO ❶ erarbeiten: Text lesen
- Text leise erlesen, dann laut lesen
- Wörter mit schwieriger Aussprache besprechen
- Frage beantworten: Virus, App, Router, WWW, WLAN oder LAN
- 🐞 Anzahl der Texte reduzieren
- 🐜 Unbekannte Wörter am Computer recherchieren
- Reflexion mit der Klasse

BB ❷ | BO ❷ erarbeiten: Fragen beantworten
- Fragen lesen
- Lexikonartikel erneut lesen und gezielt nach Antworten suchen
- Antworten notieren
- 🐞 Seite als Kopien mitbringen und die Antworten in verschiedenen Farben markieren (vgl. BO)
- 🐜 Fragen in ganzen Sätzen beantworten
- 🐜, 🐛 Einem Partnerkind weitere Fragen stellen
- Lösung mit den Kindern überprüfen

BB ❸ | BO ❸ erarbeiten: Frage finden
- Lexikonartikel zum Begriff Virus erneut lesen
- Frage zu dem Artikel finden
- Frage beantworten
- 🐛 Frage von Partnerkind beantworten lassen
- 🐜 Zu weiteren Begriffen
- Lösung mit den Kindern überprüfen

Weiterführende Aufgaben

AH, AH Fö, FB: S. 45

IAÜ: –

AP: –

AR: –

Weitere Ideen zur Arbeit mit der Seite

- Fragen zu mehreren Begriffen stellen und die Antworten im Lexikon finden (z. B. Wörter von der Auftaktseite)
- Klassenlexikon mit Fachbegriffen erstellen

BB S. 83 | BO S. 90: Zwischenüberschriften finden

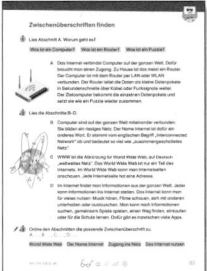 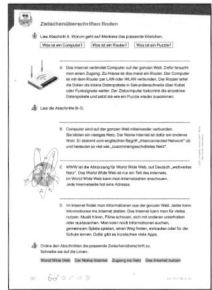

Warum die Stunde?

- Genaues Lesen trainieren
- Kernaussagen erkennen

Vorbereitung

- Abschnitte und Überschriften vergrößert ausdrucken

Lernziele/Kompetenzen

🔵 Sinnentnehmendes Lesen trainieren
🔵 Strukturierung von Texten in Abschnitte nachvollziehen
🔵 Kernaussagen von Sinnabschnitten benennen

Möglicher Stundenverlauf mit Differenzierungsmöglichkeiten

BB ❶ | BO ❶ erarbeiten: Fragen zuordnen
- Abschnitt A leise erlesen
- Fragen lesen
- Passende Frage dem Abschnitt zuordnen: Was ist ein Router?
- Ggf. unbekannte Wörter klären
- Lösung mit den Kindern überprüfen

BB ❷ | BO ❷ erarbeiten: Abschnitte lesen
- Abschnitte leise lesen
- Ggf. unbekannte Wörter klären
- 🔵, 👧 In Gruppen von drei Kindern arbeiten, jedes Kind liest einen Abschnitt
- Reflexion mit der Klasse

BB ❸ | BO ❸ erarbeiten: Überschriften zuordnen
- Abschnitte erneut lesen und zusammenfassen
- Passende Zwischenüberschriften zuordnen (A: Zugang ins Netz, B: Der Name Internet, C: World Wide Web, D: Das Internet nutzen)
- 🔵 In Gruppen arbeiten: Jedes Kind bearbeitet nur einen Abschnitt
- 👧 Seite ohne Zwischenüberschriften kopieren und die Kinder finden eigene Zwischenüberschriften
- Lösung mit den Kindern überprüfen: an der Tafel Abschnitte und Überschriften zuordnen

Weiterführende Aufgaben

AH, AH Fö, FB: S. 46

IAÜ: –

AP: –

AR: –

BB S. 84 | BO S. 91: Ein Diagramm lesen

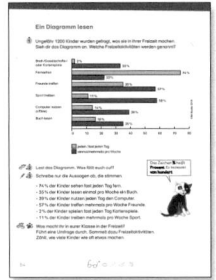
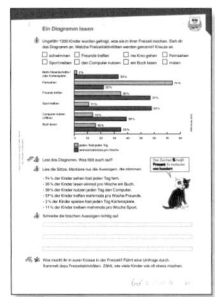

Warum die Stunde?

- Darstellungsform „Diagramm" kennenlernen
- Umfrageergebnisse in Diagrammen darstellen
- Informationen aus Abbildungen entnehmen

Vorbereitung

- Diagramm vergrößert kopieren und an der Tafel präsentieren

Lernziele/Kompetenzen

- Ein Diagramm lesen
- Thema eines Diagramms erkennen
- Einem Diagramm gezielt Informationen entnehmen
- Diagramme erstellen

Möglicher Stundenverlauf mit Differenzierungsmöglichkeiten

BB ❶ | BO ❶ erarbeiten: Diagramm erschließen
- Diagramm ansehen, Beschriftung der Achsen lesen
- Thema des Diagramms nennen: Häufigkeit von Freizeitaktivitäten
- Die genannten Freizeitaktivitäten aufzählen
- ●, 😺 Im Tandem arbeiten
- Lösung mit den Kindern überprüfen

BB ❷ | BO ❷ erarbeiten: Diagramm erschließen
- Diagramm erneut lesen
- Besonders auffällige Säulen nennen
- Lösung mit den Kindern überprüfen

BB ❸ | BO ❸ erarbeiten: Korrekte Aussagen auswählen
- Sätze leise lesen
- Korrekte Aussagen finden

- ●, 😺 Im Tandem arbeiten
- Eine weitere richtige und eine falsche Aussage aufschreiben und ein Partnerkind richtig und falsch bestimmen lassen
- Falsche Aussagen korrigieren (vgl. BO ❹)
- Lösung mit den Kindern überprüfen

BB 👣 | BO 👣 erarbeiten: Umfrage durchführen
- Häufige Freizeitaktivitäten der Klasse sammeln
- Aufgaben verteilen: Umfrage leiten, Diagramm erstellen, Liste führen
- Umfrage für die Freizeitaktivitäten aus dem Buch durchführen
- ●, 👣 Kinder führen eigene Umfragen zu verschiedenen Themen durch
- Reflexion mit der Klasse

Weitere Ideen zur Arbeit mit der Seite

- Weitere Diagramme über die Klasse erstellen

BB S. 85 | BO S. 92: Meinungen begründen

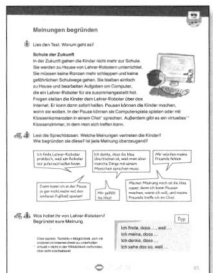 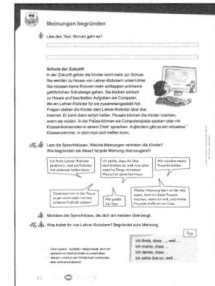

Warum die Stunde?

- Unterschiedliche Antwortmöglichkeiten auf eine Frage verstehen
- Die eigene Meinung überzeugend begründen

Lernziele/Kompetenzen

- 🔴 Genau lesen
- 🔵 Konfliktpotenzial erkennen
- 🔵 Unterschiedliche Meinungen nachvollziehen
- 🔵 Eigene Meinung angemessen vertreten
- 🔵 Mithilfe von Informationen eine eigene Meinung bilden

Möglicher Stundenverlauf mit Differenzierungsmöglichkeiten

BB ❶ | BO ❶ erarbeiten: Text erschließen
- Text leise lesen, dann vorlesen
- Inhalt des Textes zusammenfassen
- 🔴, 👧👦 Text mündlich zusammenfassen
- 🔵 Zusammenfassung in ganzen Sätzen schreiben
- Lösung mit den Kindern überprüfen

BB ❷ | BO ❷ erarbeiten: Fragen beantworten
- Sprechblasen leise lesen, dann mit verteilten Rollen vorlesen
- Begründungen erkennen – auf Tipp hinweisen
- Überzeugungskraft der Argumente mit anderen Kindern diskutieren, Sprechblasen vergleichen
- Lösung mit den Kindern überprüfen

BO ❸ erarbeiten: Überzeugendste Aussage wählen
- Die Sprechblase mit dem nach persönlicher Wahrnehmung überzeugendsten Argument markieren
- 🔴, 👧👦 Auswahl mit Partnerkind besprechen
- Reflexion mit der Klasse

BB ❸ | BO ❹ erarbeiten: Frage diskutieren
- Eigene Meinung zu Lehrer-Robotern bilden
- Argumente stichwortartig notieren
- Meinung den anderen Kindern vortragen
- 🔵 Meinung in ganzen Sätzen aufschreiben
- Reflexion mit der Klasse

Weiterführende Aufgaben

AH, AH Fö, FB: –

IAÜ: –

AP: ✓

AR: –

Weitere Ideen zur Arbeit mit der Seite

- Die Kinder führen eine Podiumsdiskussion mit den gesammelten Argumenten

BB S. 86 | BO S. 93: Am Computer schreiben

 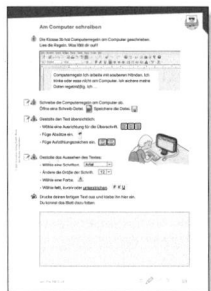

Warum die Stunde?

- Sinn von Computerregeln verstehen
- Formatieren üben
- Routine in der Arbeit mit Textverarbeitung entwickeln

Vorbereitung

- Sicherstellen, dass ausreichend Arbeitsplätze am Computer zur Verfügung stehen
- Computer der Lehrkraft mit einem Beamer verbinden

Lernziele/Kompetenzen

- Am Computer schreiben
- Texte angemessen formatieren
- Mit Textverarbeitungsprogrammen umgehen können

Möglicher Stundenverlauf mit Differenzierungsmöglichkeiten

BB ① | BO ① erarbeiten: Regeln lesen
- Regeln leise lesen, dann vorlesen
- Auffälliges beim Lesen beschreiben: Die Regeln sind als Fließtext geschrieben, statt untereinander, die Überschrift ist nicht klar erkennbar
- Lösung mit den Kindern überprüfen

BB ② | BO ② erarbeiten: Regeln abschreiben
- Geeignetes Textverarbeitungsprogramm öffnen
- Computerregeln abtippen
- Dateien mit geeignetem Namen speichern
- , Im Tandem arbeiten
- Eigene Regeln ergänzen
- Reflexion mit der Klasse

BB ③ | BO ③ erarbeiten: Text formatieren
- Seitenlayout geeignet gestalten
- Text übersichtlicher darstellen: Überschrift absetzen, Regeln als Aufzählung gestalten
- Lehrkraft geht beim Bearbeiten herum, um Hilfe bei Schwierigkeiten anzubieten
- , Im Tandem arbeiten

- Lehrkraft führt die Schritte am Beamer vor, Kinder machen sie nach
- Reflexion mit der Klasse

BB ④ | BO ④ erarbeiten: Text formatieren
- Text weiter gestalten
- Schrift dem Zweck angemessen formatieren
- Änderungen vorgeben
- Reflexion mit der Klasse

BO erarbeiten: Text drucken
- Texte ausdrucken und an die gekennzeichnete Stelle im Ordner kleben
- Reflexion mit der Klasse

Weiterführende Aufgaben

AH, AH Fö, FB: S. 47

IAÜ: –

AP: –

AR: –

Weitere Ideen zur Arbeit mit der Seite

- Texte ausdrucken und in der Klasse aufhängen oder in die Hefte einkleben (vgl. BO)

BB S. 87 | BO S. 94: Eine Freundebuch-Seite gestalten

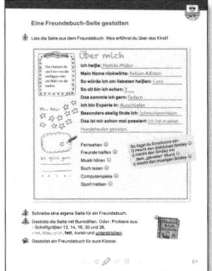 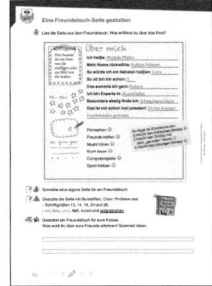

Warum die Stunde?

- Freundebücher kennenlernen
- Verbundenheit der Klasse stärken
- Steckbriefe ausfüllen und gestalten können
- Eine Freundebuch-Seite am Computer gestalten

Vorbereitung

- Material für Freundebuch mitbringen: leeres Buch mit Blanko-Seiten, vorgedrucktes Freundebuch oder harte Pappe für den Umschlag
- Sicherstellen, dass ausreichend Arbeitsplätze am Computer zur Verfügung stehen

Lernziele/Kompetenzen

- Steckbriefe lesen
- Steckbriefe ausfüllen
- Sich selbst beschreiben
- Informationen strukturiert darstellen

Möglicher Stundenverlauf mit Differenzierungsmöglichkeiten

Fragen, wer das Konzept „Freundebuch" kennt, wer ein eigenes Freundebuch besitzt, welche Erfahrungen die Kinder damit haben

BB ❶ | BO ❶ erarbeiten: Texte verstehen
- Text lesen
- Mündlich Informationen wiedergeben
- Im Tandem arbeiten
- Reflexion mit der Klasse

BB ❷ | BO ❷ erarbeiten: Freundebuch-Seite schreiben
- Seite noch einmal genau lesen
- Eigene Informationen in einer Freundebuch-Seite darstellen
- Freundebuch-Seite wie im Buch gestalten
- Eigene Kategorien für die Seite ausdenken und aufschreiben
- Reflexion mit der Klasse

BB ❸ | BO ❸ erarbeiten: Freundebuch-Seite gestalten
- Seite mit Bildern, Buntstiften, ggf. eingeklebten Fotos u. ä. ausgestalten
- Vorgedruckte Freundebuch-Seiten mitbringen und jedes Kind füllt eine Seite aus
- Freundebuch-Seiten am Computer gestalten
- Reflexion mit der Klasse

BB 👥 | BO 👥 erarbeiten: Freundebuch gestalten
- Gemeinsam Kategorien für die Freundebuch-Seiten überlegen
- Jedes Kind gestaltet eine Freundebuch-Seite
- Klassen-Freundebuch gestalten
- Seiten am Computer gestalten
- Reflexion mit der Klasse

Weitere Ideen zur Arbeit mit der Seite

- Die Kinder anregen, eigene Freundebücher zu gestalten und ihren Freunden zu leihen

BB S. 88 | BO S. 95 + 96: Nomen und Nomen zusammensetzen

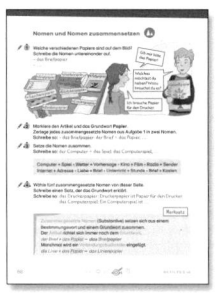
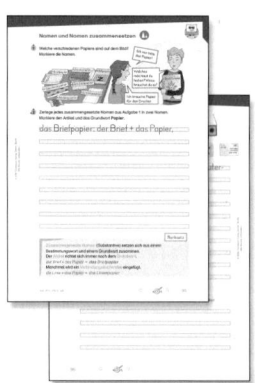

Warum die Stunde?

- Wiederholung der Wortart Nomen
- Nomen zusammensetzen und teilen können
- Grundwort und Bestimmungswort erkennen

Vorbereitung

- Ggf. bereits erstelltes Plakat zum Thema Nomen an die Tafel hängen
- Papiersorten mitbringen und wie im Buch beschriften

Lernziele/Kompetenzen

- Eigenschaften von Nomen kennen
- Rechtschreibstrategie Groß/klein? trainieren
- Gelerntes Wissen anwenden

Möglicher Stundenverlauf mit Differenzierungsmöglichkeiten

BB ❶ | BO ❶ erarbeiten: Namen aufschreiben
- Bild ansehen und Sprechblasen und Namen lesen
- Namen der Papiere aufschreiben
- Begriffe „Grundwort" und „Bestimmungswort" klären
- Situation aus dem Bild spielen
- ● Aufgabe kopieren, Namen markieren statt sie aufzuschreiben (vgl. BO ❶)
- Lösung mit den Kindern überprüfen

BB ❷ | BO ❷ erarbeiten: Nomen zerlegen
- Zusammengesetzte Nomen in zwei Nomen teilen
- Grundwort und Bestimmungswort erklären
- Artikel und Grundwörter kennzeichnen
- ●, 👫 Im Tandem arbeiten
- Lösung mit den Kindern überprüfen

BB ❸ | BO ❸ erarbeiten: Nomen zusammensetzen
- Nomen lesen
- Zusammengesetzte Nomen aus jeweils zwei Nomen bilden
- Artikel und Grundwörter markieren

- ● Anzahl der Wörter reduzieren
- ● Weitere zusammengesetzte Nomen bilden
- ● Zusammensetzbare Nomen in Paaren für Partnerkind aufschreiben
- Lösung mit den Kindern überprüfen

BB ❹ | BO ❹ erarbeiten: Erklärungen für das Grundwort aufschreiben
- Zusammengesetzte Nomen auf der Seite erneut lesen
- Fünf Nomen auswählen
- Erklärungen für die zusammengesetzten Nomen schreiben
- ● Drei Erklärungen aufschreiben
- ● Sieben Erklärungen aufschreiben
- ● Erklärungen aufschreiben und ein Partnerkind die zusammengesetzten Nomen finden lassen
- Lösung mit den Kindern überprüfen

Weiterführende Aufgaben

AH, AH Fö, FB: S. 48

IAÜ: ✓

AP: —

AR: ✓

BB S. 89 | BO S. 97 + 98: Verben in Gegenwart und Vergangenheit

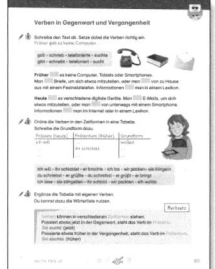
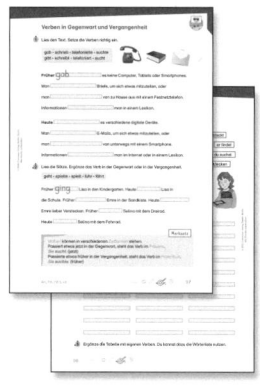

Warum die Stunde?

- Wortart Verb wiederholen
- Verschiedene Zeitformen erkennen (Präsens und Präteritum)
- Bedeutung von verschiedenen Zeitformen erkennen

Vorbereitung

- Ggf. bereits erstelltes Plakat zu Verben an die Tafel hängen

Lernziele/Kompetenzen

- Verben kennen
- Ausdrucksfähigkeit erweitern
- Texte im Präteritum schreiben

Möglicher Stundenverlauf mit Differenzierungsmöglichkeiten

BB ❶ | BO ❶ erarbeiten: Verben einsetzen
- Text und Verbformen lesen
- Passende Verbformen in die Lücken einsetzen
- Jeweils den letzten Satz der Abschnitte weglassen
- Lösung mit den Kindern überprüfen

BO ❷ erarbeiten: Verben einsetzen
- Sätze und Verbformen lesen
- Passende Verbformen in die Lücken einsetzen
- Anzahl der Sätze reduzieren
- Sätze analog zur Aufgabe schreiben lassen (Früher … Heute …)
- Lösung mit den Kindern überprüfen

BO ❸ erarbeiten: Verben zuordnen
- Verben lesen
- Infinitive und Zeitformen einander zuordnen
- Lösung mit den Kindern überprüfen

BB ❷ | BO ❹ erarbeiten: Verben ordnen
- Verbformen lesen
- Verbformen in die richtigen Spalten der Tabelle einordnen
- Infinitive ergänzen
- Lösung mit den Kindern überprüfen

BB ❸ | BO ❺ erarbeiten: Tabelle ergänzen
- Weitere Verben im Infinitiv und in den beiden Zeitformen in die Tabelle einordnen
- Für Partnerkind jeweils eine der Zeitformen angeben, einordnen und ergänzen lassen
- Lösung mit den Kindern überprüfen

Weiterführende Aufgaben

AH, AH Fö, FB: S. 49

IAÜ: ✓

AP: –

AR: ✓

Weitere Ideen zur Arbeit mit der Seite

- Merkplakat zu Verben erstellen oder ergänzen

BB S. 90 + 91 | BO S. 99 + 100: Gewusst wie: Fehlerwörter üben

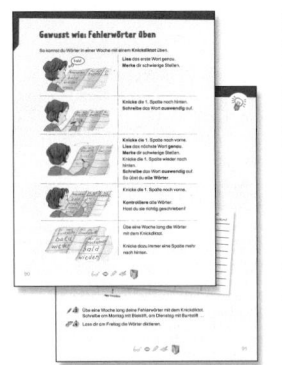
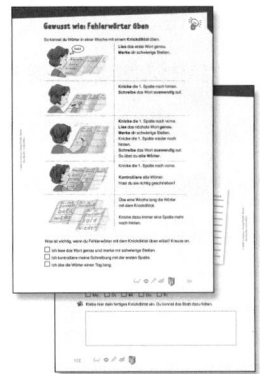

Warum die Stunde?

- Eigene Rechtschreibschwierigkeiten reflektieren
- Alternative zur Trainingskarte kennenlernen
- Methode Knickdiktat kennenlernen
- Rechtschreibkenntnisse trainieren

Vorbereitung

- Ggf. vorgedruckte Tabellen für Knickdiktate mitbringen

Lernziele/Kompetenzen

- Häufige Fehler erkennen
- Schwierige Wörter richtig schreiben
- Eigene Rechtschreibung trainieren

Möglicher Stundenverlauf mit Differenzierungsmöglichkeiten

Gewusst wie-Seite erlesen und ggf. unverständliche Stellen klären

BB ❶ | BO ❶ erarbeiten: Tabelle zeichnen
- Tabelle mit sechs Spalten zeichnen
- Lösung mit den Kindern überprüfen

BB ❷ | BO ❷ erarbeiten: Fehlerwörter aufschreiben
- Erste Zeile mit „Fehlerwörter" und den Wochentagen beschriften wie in der Aufgabe
- Erste Spalte mit Fehlerwörtern ausfüllen
- Tabellen ausgedruckt mitbringen, Kinder beschriften Spalten und Zeilen
- Lösung mit den Kindern überprüfen

BB ❸ | BO ❸ erarbeiten: Knickdiktat üben
- Knickdiktat eine Woche lang schreiben
- An jedem Wochentag eine Spalte ausfüllen wie in der Aufgabe beschrieben
- Reflexion mit der Klasse

BB ❹ erarbeiten: Wörter richtig schreiben
- Wörter von Partnerkind diktieren lassen
- Diktierte Wörter in die sechste Spalte schreiben
- Lösung mit den Kindern überprüfen

BO 👥 erarbeiten: Knickdiktat aufkleben
- Knickdiktat in den Ordner einkleben
- Reflexion mit der Klasse

Weitere Ideen zur Arbeit mit der Seite

- Regelmäßig Fehlerwörter in Knickdiktaten üben, um die Strategie zu festigen

BB S. 92 + 93 | BO S. 101 + 102: Schwierige Wörter merken Ⓜ / STARK: Alle Strategien üben

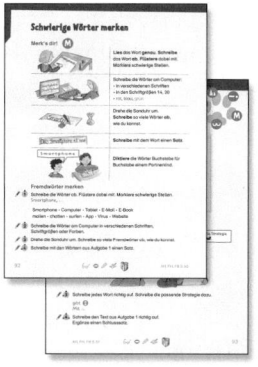 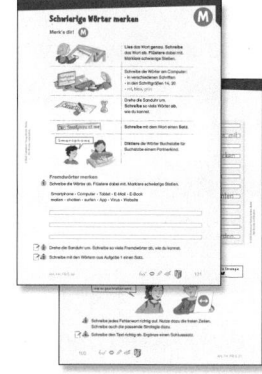

Übungsziele auf diesen Seiten

- Strategie zum individuellen Üben schwieriger Wörter wiederholen
- Festigung durch Wiederholung
- Rechtschreibstrategien kontinuierlich anwenden

Lernziele/Kompetenzen

- 🔴 Richtig abschreiben
- 🟤 Fehler erkennen
- 🟠 Passende Strategien auswählen
- ⚫ Fehler selbstständig korrigieren

Möglicher Stundenverlauf mit Differenzierungsmöglichkeiten

BB ❶ | BO ❶ erarbeiten: Schwierige Wörter schreiben

- Schwierige Wörter leise lesen, dann flüsternd vorlesen
- Schwierige Stellen erkennen und besonders gründlich lesen
- Wörter abschreiben und dabei flüstern
- Schwierige Stellen markieren
- Reflexion mit der Klasse

BB ❷ erarbeiten: Am Computer schreiben

- Wörter erneut lesen
- Wörter am Computer schreiben und dabei das Design verändern
- Reflexion mit der Klasse

BB ❸ | BO ❷ erarbeiten: Fremdwörter abschreiben

- Wörter abschreiben
- Zeit stoppen und möglichst schnell, möglichst viele Wörter abschreiben
- 🔴, ⚫ Sanduhren für unterschiedlich lange Zeiten mitbringen
- Reflexion mit der Klasse

BB ❹ | BO ❸ erarbeiten: Satz schreiben

- Mit jedem schwierigen Wort einen Satz schreiben
- 🔴 Nur mit einigen Wörtern Sätze schreiben
- Reflexion mit der Klasse

BB Seite 93 | BO Seite 102

BB ❶ | BO ❶ erarbeiten: Text lesen

- Text still lesen
- Fehlerwörter genau lesen
- Lösung mit den Kindern überprüfen

BB ❷ | BO ❷ erarbeiten: Rechtschreibung erarbeiten

- Mit Partnerkind über die Fehler sprechen
- Geeignete Strategien zur Verbesserung finden
- ⚫ Aufgabe alleine bearbeiten
- Lösung mit den Kindern überprüfen

BB ❸ | BO ❸ erarbeiten: Strategien anwenden

- Fehlerwörter mithilfe der Strategien korrigiert aufschreiben
- Lösung mit den Kindern überprüfen

BB ❹ | BO ❹ erarbeiten: Text ergänzen

- Text abschreiben und Fehler korrigieren
- ⚫ Mehrere Schlusssätze schreiben und von Partnerkind korrigieren lassen
- Lösung mit den Kindern überprüfen

Weiterführende Aufgaben

AH, AH Fö, FB: S. 50 + 51

IAÜ: ✓

AP: ✓

AR: ✓

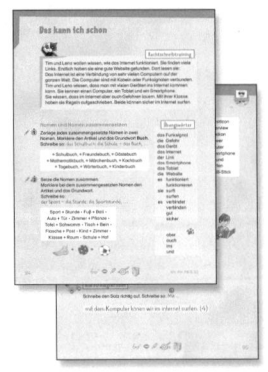 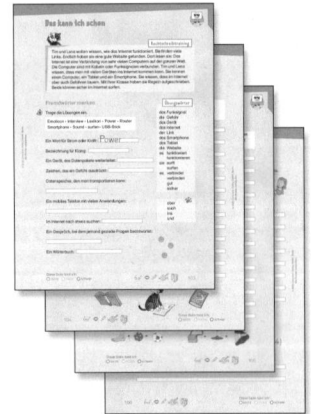

BB S. 94 + 95 | BO S. 103–106: Das kann ich schon

Übungsziele auf diesen Seiten

- Selbstständiges Lösen von Aufgaben
- Fachliche Inhalte aus den Bereichen Rechtschreiben und Sprache untersuchen des Kapitels wiederholen

Vorbereitung

- Arbeitshilfen wie Merksätze und Tinto-Tipps vergrößert präsentieren

Lernziele/Kompetenzen

- Selbstständig üben
- Sprachliche Strukturen erkennen
- Grammatisches Wissen anwenden und vertiefen

Arbeitsvorschläge

> Auf den Das-kann-ich-schon-Seiten befinden sich mehrere Rechtschreib- und Grammatikübungen. Die Aufgabenformate gleichen denen auf den entsprechenden Seiten im Kapitel.

BB ❶ | BO ❷ erarbeiten: Nomen zerlegen
- Nomen lesen
- Beide Bestandteile der Nomen mit Artikeln aufschreiben
- Grundwörter und Artikel kennzeichnen
- Anzahl der Nomen reduzieren
- Weitere zusammengesetzte Nomen mit dem Grundwort **Buch** finden

BB ❷ | BO ❸ erarbeiten: Nomen zusammensetzen
- Nomen lesen
- Zusammengesetzte Nomen aufschreiben
- Grundwörter und Artikel kennzeichnen
- Anzahl der Nomen reduzieren

BB ❸ | BO ❶ erarbeiten: Rätsel lösen
- Rätsel und Lösungen lesen
- Richtige Lösungen finden
- Lösungswörter richtig aufschreiben

BB ❹ | BO ❹ erarbeiten: Verben ordnen
- Verbformen lesen
- Formen in die richtigen Spalten der Tabelle einsetzen
- Infinitive ergänzen
- , Anzahl der Verben variieren

BB | BO Alle Strategien üben
- Fehler mithilfe der Rechtschreibstrategien verbessern, als Hilfe die Übersicht auf der STARK/Grammatikkarte nutzen
- Strategien über die korrigierten Wörter schreiben

Weiterführende Aufgaben

AH, AH Fö, FB: S. 52

IAÜ: –

AP: –

AR: –

Weitere Ideen zur Arbeit mit der Seite

- Rechtschreibtraining als Abschreibtext nutzen
- Übungswörter mit verschiedenen Lerntechniken trainieren: Abschreiben, Schleichdiktat, nach Alphabet ordnen, mit jedem Wort einen Satz bilden und aufschreiben, als Partnerdiktat

3.6 Bei den Wikingern

Schwerpunkte des Kapitels

Thematisch:

- Lebensumstände von Wikingern
- Mythologie der Wikinger

nach Lernbereichen:

Lesen

- Sachtexte und eine Karte lesen BB S. 98 | BO S. 107
- Kinderbuchauszug lesen BB S. 99 | BO S. 108
- Mit W-Fragen einen Text verstehen BB S. 100 | BO S. 109
- Über einen Sachext nachdenken BB S. 101 | BO S. 110

Sprechen

- Ein Lied spielen BB S. 102 | BO S. 111
- Eine Szene spielen BB S. 103 | BO S. 112

Texte schreiben

- Treffende Adjektive finden BB S. 104 | BO S. 113/114
- Personen beschreiben BB S. 105 | BO S. 115/116

Sprache untersuchen

- Pronomen kennenlernen BB S. 106 | BO S. 117
- Satzglieder wiederholen BB S. 107 | BO S. 118

Richtig schreiben

- Wörter mit **aa, ee, oo** BB S. 108 | BO S. 119
- Wörter mit **ss** BB S. 109 | BO S. 120

Strategieseiten

- Wörter in Silben gliedern und abhören BB S. 110 | BO S. 121
- STARK: Alle Strategien üben BB S. 111 | BO S. 122

Lerninhalte	BB	BO	AH/FH/FB	Kopier-vorlagen	Digitale Differenzierung
Auftaktbild: Themenfeld Wikinger (Wortschatzarbeit)	S. 96/97	–	–	41	AP
Sachtexte und eine Karte lesen	S. 98	S. 107	–	–	AP
Ein Kinderbuch lesen	S. 99	S. 108	–	–	–
Mit W-Fragen einen Text verstehen	S. 100	S. 109	S. 53	42	–
Über einen Sachtext nachdenken	S. 101	S. 110	S. 54	–	–
Ein Lied spielen	S. 102	S. 111	–	–	–
Eine Szene spielen	S. 103	S. 112	–	43	–
Treffende Adjektive finden	S. 104	S. 113/114	S. 55	44	–
Personen beschreiben	S. 105	S. 115/116	–	45	–
Pronomen kennenlernen	S. 106	S. 117	S. 56	46	AP, AR, IAÜ
Satzglieder wiederholen	S. 107	S. 118	S. 57	47	AR, IAÜ
Wörter mit **aa**, **ee**, **oo**	S. 108	S. 119	S. 58	48	AR, IAÜ
Wörter mit **ss**	S. 109	S. 120	S. 59	49	AP, IAÜ
Strategie: Wörter in Silben gliedern und abhören	S. 110	S. 121	S. 60	–	AP, IAÜ
Strategie: STARK: Alle Strategien üben	S. 111	S. 122	S. 61	–	–
Das kann ich schon: Rechtschreibtraining, Übungswörter, Wörter mit **aa**, **ee**, **oo**, Pronomen kennenlernen, Wörter in Silben gliedern und abhören, Wörter mit **ss**, Satzglieder wiederholen	S. 112/113	S. 123–126	S. 62	–	–

Zur Arbeit mit der Auftaktseite

- Erst Einzelarbeit, dann , dann in Klasse besprechen (Wiederholungen vermeiden)
- Randwörter lesen, ggf. klären, im Bild suchen; Nomen mit Artikel nennen
- Wortschatz erweitern, Verben: Was machen die Personen im Bild?
- Guckloch aus Papier basteln und bestimmte Teile des Bildes fokussieren

Wortschatzarbeit

- Erst Einzelarbeit, dann , dann in Klasse besprechen (Wiederholungen vermeiden)
- Evtl. weitere Wörter zum Themenkreis **Wikinger:** die Maske, das Holz, das Meer, das Feuer, die Münze, der Hammer, erobern, bauen, finden, essen, brennen, silbern, golden, kunstvoll, wertvoll

Rechtschreibwortschatz des Kapitels üben und festigen

→ „Wörter der Woche" in Portionen an der Tafel täglich üben, z. B.: der Tee, der Aal, das Meer, das Wasser, die Hunderasse, müssen, essen, brennen, leer

→ Wörter der Woche in Silben trennen und mit Silbenbögen aufschreiben
→ Bilder am Rand des Wimmelbilds benennen, deutlich sprechen
→ Lernwörterheft fortführen
→ Übungswörter (s. BB S. 112 | BO S. 123) drei- bis fünfmal abschreiben

BB S. 98 + 99 | BO S. 107 + 108: Sachtexte und eine Karte lesen / Ein Kinderbuch lesen

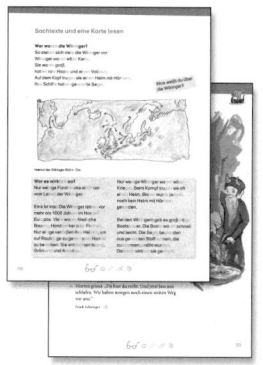 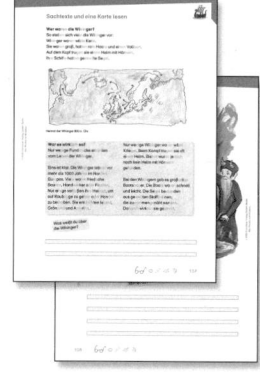

Ziele des Leseunterrichts auf diesen Seiten

- Unterschiedliche Texte lesen
- Eine Karte lesen
- Texten Informationen entnehmen
- Informationen aus verschiedenen Quellen miteinander verknüpfen

Vorbereitung

- Große Weltkarte mitbringen
- Sachbücher über Wikinger mitbringen

Literaturempfehlungen

- Schwieger, Frank: Erik der Wikingerjunge. Gerstenberg Verlag, Hildesheim 2018

Arbeitsvorschläge

Text 1: Sachtexte

Überschriften der Texte lesen und Vermutungen über das Thema des Kapitels anstellen, mit den Kindern über ihr Vorwissen zum Thema Wikinger sprechen
- Texte leise erlesen
- Lehrkraft liest Texte sinngestaltend vor
- Unterschiede zwischen Vorstellungen von Wikingern und ihrer Lebensrealität benennen
- , Im Tandem lesen
- Texte stichpunktartig zusammenfassen und eigenes Vorwissen ergänzen

Text 2: Karte

Über Vorerfahrungen mit Karten sprechen (aus dem Unterricht, aus dem Urlaub …)
- Die Karte mit der Weltkarte vergleichen und räumlich einordnen (Nordeuropa und -amerika)
- Gemeinsam die Pfeile erklären: Schiffsrouten der Wikinger
- Island, Grönland und Amerika auf der Karte entdecken

Text 3: Kinderbuchauszug

Über die Textart „Sagen" sprechen, mithilfe der Überschrift und der Illustration Vermutungen über den Inhalt des Textes anstellen
- Text leise erlesen, dann laut lesen
- Text mit verteilten Rollen vorlesen (Erik, Morten, Erzähler)
- Die Geschichte von Yggdrasill erklären
- Weitere Kinderbücher über Wikinger nennen, die die Kinder kennen
- ; Über weitere nordische Sagen am Computer recherchieren und sie aufschreiben

Weiterführende Aufgaben

AH, AH Fö, FB: —

IAÜ: —

AP: ✓

AR: —

Weitere Ideen zur Arbeit mit der Seite

- Eine Wikinger-Bibliothek für die Klasse anlegen

BB S. 100 | BO S. 109: Mit W-Fragen einen Text verstehen

Warum die Stunde?

- Sinnverstehendes Lesen trainieren
- Selbstständig über einen Text nachdenken
- Textverständnis mithilfe von Fragen sichern

Vorbereitung

- W-Fragen an die Tafel schreiben: Wer? Was? Warum? Wann? Wie? Wo?

Lernziele/Kompetenzen

- Sinnverstehendes Lesen trainieren
- Gezielt Informationen suchen
- Fragen zum Text beantworten
- In Texten Informationen finden und wiedergeben

Möglicher Stundenverlauf mit Differenzierungsmöglichkeiten

BB ❶ | BO ❶ erarbeiten: Text verstehen
- Text leise erlesen, dann laut lesen
- Unbekannte Wörter an der Tafel sammeln und gemeinsam klären
- Unbekannte Wörter alleine klären, z.B. am Computer oder mit Lexika
- Reflexion mit der Klasse

BB ❷ | BO ❷ erarbeiten: Fragen beantworten
- Fragen genau lesen
- Antworten im Text suchen
- Im Tandem arbeiten
- Zeilenangaben zu den Antworten notieren
- Fragen in ganzen Sätzen beantworten
- Lösung mit den Kindern überprüfen

BB | BO erarbeiten: Fragen stellen
- Weitere Fragen zum Text überlegen
- Antworten zu den Fragen notieren
- Einem Partnerkind die Fragen stellen
- Zu jedem Fragewort mehrere Fragen stellen
- Lösung mit den Kindern überprüfen

Weiterführende Aufgaben

AH, AH Fö, FB: S. 53

IAÜ: –

AP: –

AR: –

Weitere Ideen zur Arbeit mit der Seite

- Plakat mit den W-Fragen in der Klasse aufhängen
- W-Fragen zu anderen Texten des Kapitels stellen und Antworten finden

BB S. 101 | BO S. 110: Über einen Text nachdenken

Warum die Stunde?

- Wissen über die Textart „Sachtext" erweitern
- Gedanken über das Leben der Wikinger machen
- Textverständnis vertiefen
- Anregungen für eigene Gedanken nutzen
- Eigene Gedanken festhalten

Vorbereitung

- Zettel mit vorgedruckten Gedankenblasen mitbringen

Lernziele/Kompetenzen

- Sachtexte verstehen
- Über Texte nachdenken
- Gedanken zu einem Text entwickeln
- Unterschiedliche Situationen vergleichen

Möglicher Stundenverlauf mit Differenzierungsmöglichkeiten

BB ❶ | BO ❶ erarbeiten: Gedanken notieren
- Text leise erlesen und Bild betrachten
- Gedanken zum Text in Gedankenblasen aufschreiben
- Reflexion mit der Klasse

BB ❷ | BO ❷ erarbeiten: Gedanken austauschen
- Mit Partnerkind die Gedanken zum Text besprechen
- Unterschiede und Gemeinsamkeiten in den Gedanken feststellen
- Reflexion mit der Klasse

BB ❸ | BO ❸ erarbeiten: Lebensumstände beschreiben
- Über die im Text genannten Lebensumstände der Wikingerkinder sprechen
- Die einzelnen Punkte mit eigenen Lebensumständen vergleichen

- Gemeinsamkeiten und Unterschiede der Lebensformen sammeln
- ● Gemeinsam an der Tafel Gemeinsamkeiten und Unterschiede sammeln
- ▲ Tabelle mit Gemeinsamkeiten und Unterschieden zwischen dem Leben der Wikingerkinder und dem eigenen Leben zeichnen
- Reflexion mit der Klasse

Weiterführende Aufgaben

AH, AH Fö, FB: S. 54

IAÜ: –

AP: –

AR: –

Weitere Ideen zur Arbeit mit der Seite

- In Gruppen Szenen aus dem Leben einer Wikingerfamilie erfinden und vorspielen

BB S. 102 | BO S. 111: Ein Lied spielen

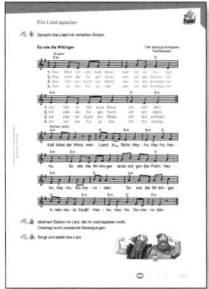

Warum die Stunde?

- Freude an Musik wecken
- Lebendiges Lesen trainieren
- Gemeinsames Singen
- Text szenisch und musikalisch darstellen

Lernziele/Kompetenzen

- Ein Lied lesen
- Unterschiedliche Figuren darstellen
- Lied singen
- Text und Bewegungen in Bezug setzen

Möglicher Stundenverlauf mit Differenzierungsmöglichkeiten

BB ❶ | BO ❶ erarbeiten: Text vorlesen
- Lehrkraft singt das Lied vor
- Text mit verteilten Rollen vorlesen
- Rolle des Refrains klären (er wird nach jeder Strophe wiederholt)
- Lehrkraft liest die Strophen vor, Kinder lesen gemeinsam den Refrain
- Lied mit verteilten Rollen singen
- Lied auswendig lernen
- Reflexion mit der Klasse

BB ❷ | BO ❷ erarbeiten: Bewegungen entwickeln
- Text in Gruppen erneut lesen

- Textstellen finden, zu denen leicht Bewegungen zu machen sind
- Zum Text passende Bewegungen finden
- Reflexion mit der Klasse

BB ❸ | BO ❸ erarbeiten: Lied darstellen
- Lied mehrfach lesen und mit den Bewegungen begleiten
- Lied gruppenweise vor der Klasse vorsingen und spielen
- Lied auswendig vortragen
- Reflexion mit der Klasse

Weitere Ideen zur Arbeit mit der Seite

- Vorträge aufnehmen und zu einer CD zusammenstellen

BB S. 103 | BO S. 112: Eine Szene spielen

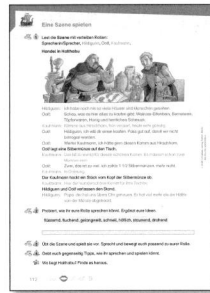

Warum die Stunde?

- Gelesenes szenisch darstellen
- Textverständnis durch eigenes Spiel verbessern
- Kreativer Umgang mit Texten

Vorbereitung

- Ggf. passende Requisiten für die Szene mitbringen (Kämme, Münzen, Honig, Geschirr ...)

Lernziele/Kompetenzen

- Figuren unterscheiden
- Texte selbstständig präsentieren
- Feedback geben
- Texte auswendig vortragen
- Sich in Andere hineinversetzen

Möglicher Stundenverlauf mit Differenzierungsmöglichkeiten

BB ❶ | BO ❶ erarbeiten: Text vorlesen
- Rollen aufteilen (Sprecherin/Sprecher, Hildigunn, Oolf, Kaufmann)
- Eigenen Text zum Üben mehrmals flüsternd vorlesen
- Rollen mit unterschiedlicher Betonung lesen (vgl. BO ❷)
- Weitere Informationen über den Text sammeln: Wo liegt Haithabu? Wie viel weiß man über den Handel unter Wikingern? (vgl. BO 🐾)
- Reflexion mit der Klasse

BB ❷ | BO ❸ erarbeiten: Szene darstellen
- Szene mehrmals mit verteilten Rollen lesen
- Passende Bewegungen und Betonung zu den Rollen erarbeiten

- Szene vor der Klasse vorspielen
- Szene auswendig lernen
- Passende Requisiten zur Hilfe nehmen
- Reflexion mit der Klasse

BB ❸ | BO ❹ erarbeiten: Darstellung reflektieren
Gesprächsregeln für Feedback reflektieren
- Rückmeldung zum Spiel der anderen Kinder geben
- Lob und konstruktive Kritik äußern
- Vor den Vorträgen an der Tafel Kriterien sammeln, auf die die Kinder achten
- Reflexion mit der Klasse

Weitere Ideen zur Arbeit mit der Seite

- Szene weiterschreiben und Fortsetzungen vorspielen

BB S. 104 | BO S. 113 + 114: Treffende Adjektive finden

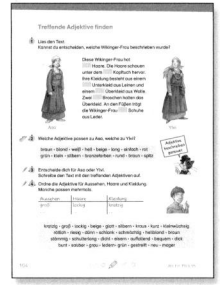
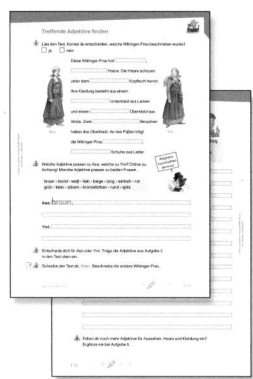

Warum die Stunde?

- Wortart „Adjektiv" kennen
- Relevanz der beschreibenden Funktion von Adjektiven erkennen
- Wortschatz erweitern, um präzise beschreiben zu können

Vorbereitung

- Ggf. schon vorhandenes Plakat zu Adjektiven mitbringen oder Plakat erstellen

Lernziele/Kompetenzen

- Sinnentnehmendes Lesen trainieren
- Merkmale von Adjektiven kennen
- Adjektive für Beschreibungen nutzen
- Adjektive bedeutungsunterscheidend verwenden

Möglicher Stundenverlauf mit Differenzierungsmöglichkeiten

BB ❶ | BO ❶ erarbeiten: Text lesen
- Text vorlesen
- Frage beantworten: Nein
- Besprechen, warum die Beschreibung nicht eindeutig zuzuordnen ist
- 🔵, 👫 Im Tandem arbeiten
- Lösung mit den Kindern überprüfen: Nein

BB ❷ | BO ❷ erarbeiten: Adjektive zuordnen
- Adjektive lesen
- Adjektive den beiden Frauen zuordnen
- 🔵 Anzahl der Wörter reduzieren
- 🔵 Aufgabe an der Tafel gemeinsam bearbeiten
- 🔴 Weitere Adjektive zu den beiden Frauen finden
- Lösung mit den Kindern überprüfen

BB ❸ | BO ❸ + ❹ erarbeiten: Beschreibung verfassen
- Text abschreiben und mit passenden Adjektiven ergänzen

- 🔵 Text als Kopie bereitstellen und nur Adjektive eintragen
- 🔴 Beide Wikingerfrauen beschreiben
- Lösung mit den Kindern überprüfen

BB ❹ | BO ❺ erarbeiten: Adjektive ordnen
- Adjektive lesen
- Passende Adjektive den Kategorien zuordnen
- 🔵, 👫 Gegenseitige Kontrolle
- 🔴 Weitere Adjektive ergänzen (vgl. BO ❻)
- Lösung mit den Kindern überprüfen

Weiterführende Aufgaben

AH, AH Fö, FB: S. 55

IAÜ: –

AP: –

AR: –

Weitere Ideen zur Arbeit mit der Seite

- Andere Kinder aus der Klasse beschreiben, Rätselspiel mit den Texten machen

BB S. 105 | BO S. 115 + 116: Personen beschreiben

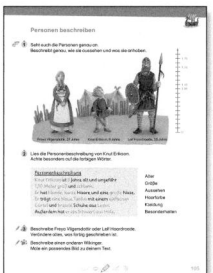 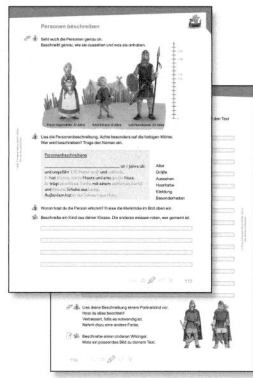

Warum die Stunde?

- Vorstellungskraft trainieren
- Passendes Formulieren üben
- Bilder beschreiben

Vorbereitung

- Ggf. weitere Wikingerbilder mitbringen

Lernziele/Kompetenzen

- Sinnentnehmendes Lesen trainieren
- Menschen passende Adjektive zuordnen
- Texte und Bilder in Bezug setzen
- Personen treffend beschreiben

Möglicher Stundenverlauf mit Differenzierungsmöglichkeiten

BB ❶ | BO ❶ erarbeiten: Beschreibung verfassen
- Bild ansehen, besonders auf das Aussehen der Personen achten
- Personen genau beschreiben (Tipp: von Kopf bis Fuß)
- In Dreiergruppen arbeiten und jeweils eine Person beschreiben
- Beschreibung der Personen in ganzen Sätzen verfassen
- Lösung mit den Kindern überprüfen

BB ❷ | BO ❷ erarbeiten: Beschreibung zuordnen
- Text leise lesen, farbige Wörter erneut lesen
- Beschreibung der richtigen Person auf dem Bild zuordnen: Knut Erikson
- Bild ausdrucken und beschriebene Merkmale im Bild markieren (vgl. BO ❸)
- Lösung mit den Kindern überprüfen

BO 👣 erarbeiten: Beschreibung verfassen
- Ein anderes Kind aus der Klasse beschreiben
- Beschreibung vorlesen
- Andere Kinder raten, wer beschrieben wurde
- Lösung mit den Kindern überprüfen

BB ❸ | BO ❹ erarbeiten: Beschreibung verfassen
- Aufgabe stichpunktartig bearbeiten
- Beschreibungen zu beiden Personen verfassen
- Beschreibung mit Partnerkind überarbeiten (vgl. BO ❺)
- Lösung mit den Kindern überprüfen

BB 👣 | BO 👣 erarbeiten: Beschreibung verfassen
- Wikinger ausdenken und malen
- Beschreibung zu diesem Wikinger verfassen
- Personenbeschreibung von Knut Erikson nutzen und farbig geschriebene Wörter verändern
- Lösung mit den Kindern überprüfen

Weitere Ideen zur Arbeit mit der Seite

- Memory-Spiel basteln, indem jedes Kind eine Person beschreibt und ein Bild von dieser Person malt

BB S. 106 | BO S. 117: Pronomen kennenlernen

 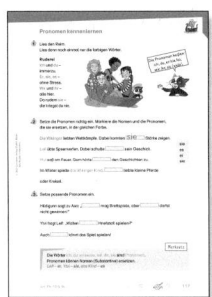

Warum die Stunde?

- Wortart „Pronomen" kennenlernen
- Rhythmisches Vorlesen üben
- Mithilfe von Merksprüchen grammatisches Wissen sichern

Lernziele/Kompetenzen

- Pronomen erkennen
- Texte betont vorlesen
- Anwendung von Pronomen
- Grammatisches Wissen und Ausdrucksfähigkeit erweitern

Möglicher Stundenverlauf mit Differenzierungsmöglichkeiten

BB 1 | BO 1 erarbeiten: Text lesen
- Reim lesen, dann farbige Wörter erneut lesen
- Lehrkraft liest den Text betont vor

BB 2 | BO 2 erarbeiten: Passende Pronomen finden
- Text, Merksatz und Tinto-Tipp
- Passende Pronomen in den Text einsetzen
- Nomen und dazugehörige Pronomen markieren
- , Im Tandem arbeiten
- Lösung mit den Kindern überprüfen

BB 3 | BO 3 erarbeiten: Passende Pronomen finden
- Sätze lesen
- Passende Pronomen in die Lücken einsetzen
- Sätze abschreiben
- Lösung mit den Kindern überprüfen

Weiterführende Aufgaben

AH, AH Fö, FB: S. 56

IAÜ: ✓

AP: ✓

AR: ✓

Weitere Ideen zur Arbeit mit der Seite

- Erzählkreis machen: Jedes Kind erzählt einige Sätze über sein Wochenende/seine letzten Ferien/seine Familie o. ä. und versucht, möglichst viele passende Pronomen zu verwenden
- Wikingerfamilie (Vater, Mutter, Sohn, Tochter) als Rätsel nur mit Pronomen beschreiben. Den Text von BB S. 101 | BO S.110 verwenden, um Beispiele für Tätigkeiten zu finden

BB S. 107 | BO S. 118: Satzglieder wiederholen

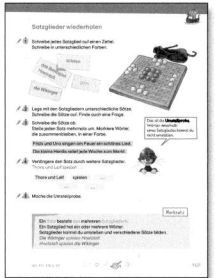 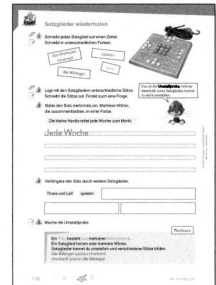

Warum die Stunde?

- Satzglieder erkennen
- Umstellprobe anwenden können
- Satzarten unterscheiden können (Aussagen, Fragen)

Vorbereitung

- Karten mit Satzgliedern vorbereiten und an die Tafel hängen

Lernziele/Kompetenzen

- Satzglieder unterscheiden
- Gelerntes Wissen vertiefen
- Abwechslungsreiches Formulieren üben

Möglicher Stundenverlauf mit Differenzierungsmöglichkeiten

 Die bisher besprochenen Satzglieder und die Umstellprobe wiederholen

BB 1 | BO 1 erarbeiten: Satzglieder aufschreiben
- Satzglieder auf einzelne Zettel schreiben
- Zettel vorgedruckt mitbringen

BB 2 | BO 2 erarbeiten: Sätze bilden
- Satzglieder zu Sätzen zusammenstellen
- Aussagesätze und Frage bilden
- Positionen der Wörter genau beobachten
- Sätze aufschreiben
- Mögliche Sätze an der Tafel sammeln
- Aufgabe in Einzelarbeit bearbeiten
- Lösung mit den Kindern überprüfen

BB 3 | BO 3 erarbeiten: Satzglieder finden
- Satz mehrmals lesen
- Umstellprobe machen
- Satzglieder auf Zettel schreiben und die Umstellprobe machen
- Lösung mit den Kindern überprüfen

BB 4 | BO 4 erarbeiten: Satzglieder finden
- Satzglieder aufschreiben
- Nur ein weiteres Satzglied aufschreiben
- Mehrere Möglichkeiten für weitere Satzglieder aufschreiben
- Lösung mit den Kindern überprüfen

BB 5 | BO 5 erarbeiten: Umstellprobe machen
- Satzglieder zu mehreren möglichen Sätzen zusammenstellen
- Eine Frage bilden
- Im Tandem bearbeiten
- Lösung mit den Kindern überprüfen

Weiterführende Aufgaben

AH, AH Fö, FB: S. 57

IAÜ: ✓

AP: –

AR: ✓

Weitere Ideen zur Arbeit mit der Seite

- Regelmäßig Karten mit Satzgliedern an der Tafel präsentieren und umstellen lassen
- Einen Satz mit möglichst vielen Satzgliedern bilden

BB S. 108 | BO S. 119: Wörter mit aa, ee, oo M

 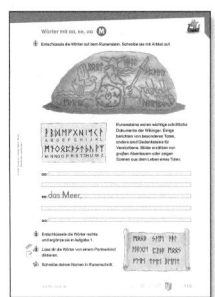

Warum die Stunde?

- Geheimschrift entschlüsseln
- Wörter mit doppelten Vokalen kennen

Lernziele/Kompetenzen

- Schwierige Wörter lesen
- Merkwörter richtig schreiben
- Rechtschreibung spielerisch trainieren

Möglicher Stundenverlauf mit Differenzierungsmöglichkeiten

BB ❶ | BO ❶ erarbeiten: Wörter entschlüsseln
- Text lesen und Bild anschauen
- Wörter auf dem Runenstein entschlüsseln: Boot, Heer, Meer, Haar, Speer
- Wörter in Tabelle mit aa, oo und ee ordnen
- Passende Artikel zu den Wörtern aufschreiben
- 🔴, 🎎 Im Tandem arbeiten
- Lösung mit den Kindern überprüfen

BB ❷ | BO ❷ erarbeiten: Wörter entschlüsseln
- Wörter lesen und entschlüsseln: Moor, See, Aal, Waage, Paar, Moos, Fee, Tee, Beet
- Wörter in die Tabelle einordnen
- 🔴 Anzahl der Wörter reduzieren
- 🔵 Weitere Wörter mit doppelten Vokalen finden und in die Tabelle ordnen
- Lösung mit den Kindern überprüfen

BB ❸ | BO ❸ erarbeiten: Wörter diktieren lassen
- Partnerdiktat mit den Wörtern machen
- Gemeinsam die Rechtschreibung überprüfen

- 🔴 Nur einige Wörter diktieren lassen
- Reflexion mit der Klasse

BB 🎎 | BO 🐾 erarbeiten: Namen verschlüsseln
- Eigene Namen in Runenschrift aufschreiben
- 🔵 Namensschilder mit Runenschrift gestalten
- 🔵 Weitere Namen in Runenschrift aufschreiben (z. B. Familienmitglieder und Freunde)
- Lösung mit den Kindern überprüfen

Weiterführende Aufgaben

AH, AH Fö, FB: S. 58

IAÜ: ✓

AP: −

AR: ✓

Weitere Ideen zur Arbeit mit der Seite

- Knickdiktat mit den Wörtern schreiben
- Anderen Kindern Botschaften in Runenschrift schreiben

BB S. 109 | BO S. 120: Wörter mit ss ⚊•

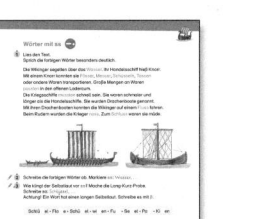
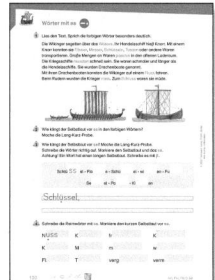

Warum die Stunde?

- Rechtschreibphänomen **ss** kennen
- Rechtschreibstrategien anwenden: mitsprechen, Lang-Kurz-Probe anwenden

Lernziele/Kompetenzen

- 🔴 Genaues Lesen trainieren
- 🔵 Rechtschreibstrategie „Lang/Kurz?" anwenden
- ⚫ Schwierige Wörter sicher schreiben

Möglicher Stundenverlauf mit Differenzierungsmöglichkeiten

BB ❶ | BO ❶ erarbeiten: Text lesen
- Text leise erlesen, dann laut vorlesen
- Farbig markierte Wörter erneut mit deutlicher Betonung lesen
- 🔴 Lehrkraft liest den Text sinngestaltend vor
- Reflexion mit der Klasse

BB ❷ erarbeiten: Wörter abschreiben
- Farbig markierte Wörter abschreiben
- **ss** in den Wörtern markieren
- Reflexion mit der Klasse

BB ❸ | BO ❷ + ❸ erarbeiten: Lang-Kurz-Probe machen
- Wörter lesen
- Lang-Kurz-Probe machen
- **ss** oder **ß** in die Wörter einsetzen
- 🔴 Anzahl der Wörter reduzieren
- ⚫ Weitere Wörter mit **ss** finden
- Lösung mit den Kindern überprüfen

BB ❹ | BO ❹ erarbeiten: Reimwörter finden
- Anfangsbuchstaben lesen
- Wörter in Spalten zu Reimwörtern ergänzen (Nuss, Kuss, Fluss; Kasse, Masse, Tasse; fressen, messen, vergessen; Kissen, wissen, Bissen)
- 🔴 zweite Buchstaben zu den Wörtern angeben
- 🔵 Reimwörter zu den Wörtern aus ❸ finden
- ⚫ Für jede Spalte ein weiteres Reimwort finden
- Lösung mit den Kindern überprüfen

Weiterführende Aufgaben

AH, AH Fö, FB: S. 59

IAÜ: ✓

AP: ✓

AR: –

Weitere Ideen zur Arbeit mit der Seite

- Gedichte mit Reimwörtern mit **ss** schreiben

BB S. 110 + 111 | BO S. 121 + 122: Wörter in Silben gliedern und abhören ⌣/STARK: Alle Strategien üben

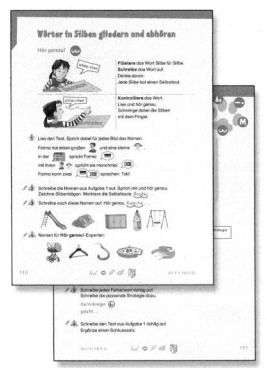
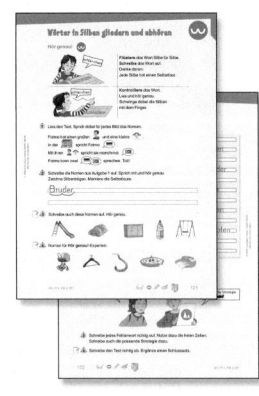

Warum die Stunde?

- Schwierige Wörter in Silben gliedern
- Rechtschreibkompetenzen festigen

Lernziele/Kompetenzen

- Wörter silbisch sprechen
- Bilder und Wörter in Bezug setzen
- Rechtschreibstrategie „Hör genau!" anwenden

Möglicher Stundenverlauf mit Differenzierungsmöglichkeiten

BB 1 | BO 1 erarbeiten: Text lesen
- Text leise lesen, dann vorlesen
- Bilder beim Vorlesen durch Nomen ersetzen
- Text ohne Bilder ausdrucken, dafür die Wörter einsetzen und markieren
- Reflexion mit der Klasse

BB 2 | BO 2 erarbeiten: Silben trennen
- Nomen abschreiben und Silbenbögen einzeichnen
- Lösung mit den Kindern überprüfen

BB 3 + 4 | BO 3 + 4 erarbeiten: Nomen aufschreiben
- Nomen erkennen und aufschreiben
- Nomen leise sprechen und Silben trennen
- Silbenbögen einzeichnen
- Lösung mit den Kindern überprüfen

BB Seite 111 | BO Seite 122

BB 1 | BO 1 erarbeiten: Fehlerwörter erkennen
- Text leise lesen
- Fehlerwörter besonders beachten
- Lösung mit den Kindern überprüfen

BB 2 | BO 2 erarbeiten: Rechtschreibung erarbeiten
- Mit Partnerkind über die Fehler sprechen
- Geeignete Strategien zur Verbesserung finden
- Aufgabe alleine bearbeiten
- Lösung mit den Kindern überprüfen

BB 3 | BO 3 erarbeiten: Strategien anwenden
- Fehlerwörter mithilfe der Strategien korrigiert aufschreiben
- Lösung mit den Kindern überprüfen

BB 4 | BO 4 erarbeiten: Text berichtigen
- Text abschreiben und Fehler korrigieren
- Mehrere Schlusssätze schreiben und von Partnerkind korrigieren lassen
- Lösung mit den Kindern überprüfen

Weiterführende Aufgaben

AH, AH Fö, FB: S. 60 + 61

IAÜ: ✓

AP: ✓

AR: –

BB S. 112 + 113 | BO S. 123–126: Das kann ich schon

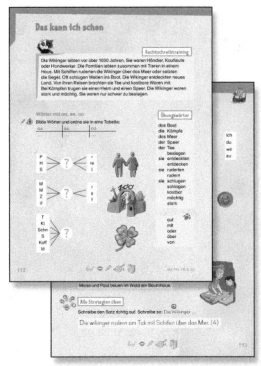 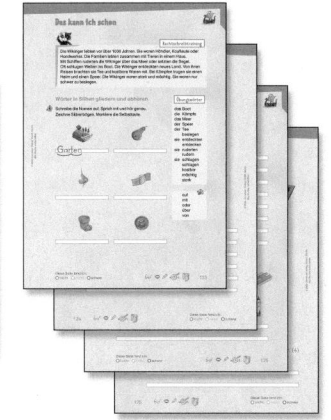

Übungsziele auf diesen Seiten

- Selbstständiges Lösen von Aufgaben
- Fachliche Inhalte aus den Bereichen Rechtschreiben und Sprache untersuchen des Kapitels wiederholen

Vorbereitung

- Arbeitshilfen wie Merksätze und Tinto-Tipps vergrößert präsentieren

Lernziele/Kompetenzen

- Selbstständig üben
- Sprachliche Strukturen erkennen
- Grammatisches Wissen anwenden und vertiefen

Arbeitsvorschläge

Auf den Das-kann-ich-schon-Seiten befinden sich mehrere Rechtschreib- und Grammatikübungen. Die Aufgabenformate gleichen denen auf den entsprechenden Seiten im Kapitel.

BB 1 | BO 2 erarbeiten: Wörter ordnen
- Wörter mit doppelten Vokalen bilden
- Tabelle erstellen und Wörter einordnen
- ● Nur eine der Wortgruppen finden
- ● Nur abgebildete Wörter finden

BB 2 | BO 6 erarbeiten: Pronomen einsetzen
- Merksatz zu Pronomen wiederholen
- Sätze lesen und passende Pronomen einsetzen
- ● Anzahl der Sätze reduzieren
- ● Eigene Sätze zu den Pronomen schreiben

BB 3 | BO 1 erarbeiten: Silben trennen
- Bilder betrachten
- Wörter leise sprechen und in Silben unterteilen
- Silbenbögen einzeichnen

BB 4 | BO 4 erarbeiten: Lang-Kurz-Probe machen
- Wörter leise sprechen und in Silben unterteilen
- Lang-Kurz-Probe machen
- ss und Vokale markieren und Länge der Vokale kennzeichnen
- Wort mit ß erkennen: Straße

BB 5 | BO 3 erarbeiten: Satzglieder umstellen
- Satz in Satzglieder unterteilen
- Satz mit unterschiedlicher Satzstellung mehrmals aufschreiben
- ● Satzglieder auf Karten schreiben und die Satzstellung variieren

BO 5 erarbeiten: Pronomen zuordnen
- Text lesen
- Nomen und die dazugehörigen Pronomen kennzeichnen

BB | BO Alle Strategien üben
- Fehler mithilfe der Rechtschreibstrategien verbessern, als Hilfe die Übersicht auf der STARK/Grammatikkarte nutzen
- Strategien über die korrigierten Wörter schreiben

Weiterführende Aufgaben

AH, AH Fö, FB: S. 62

IAÜ: –

AP: –

AR: –

Weitere Ideen zur Arbeit mit der Seite

- Rechtschreibtraining als Abschreibtext nutzen
- Übungswörter mit verschiedenen Lerntechniken trainieren: Abschreiben, Schleichdiktat, nach Alphabet ordnen, mit jedem Wort einen Satz bilden und aufschreiben, als Partnerdiktat

3.7 Unser Wetter

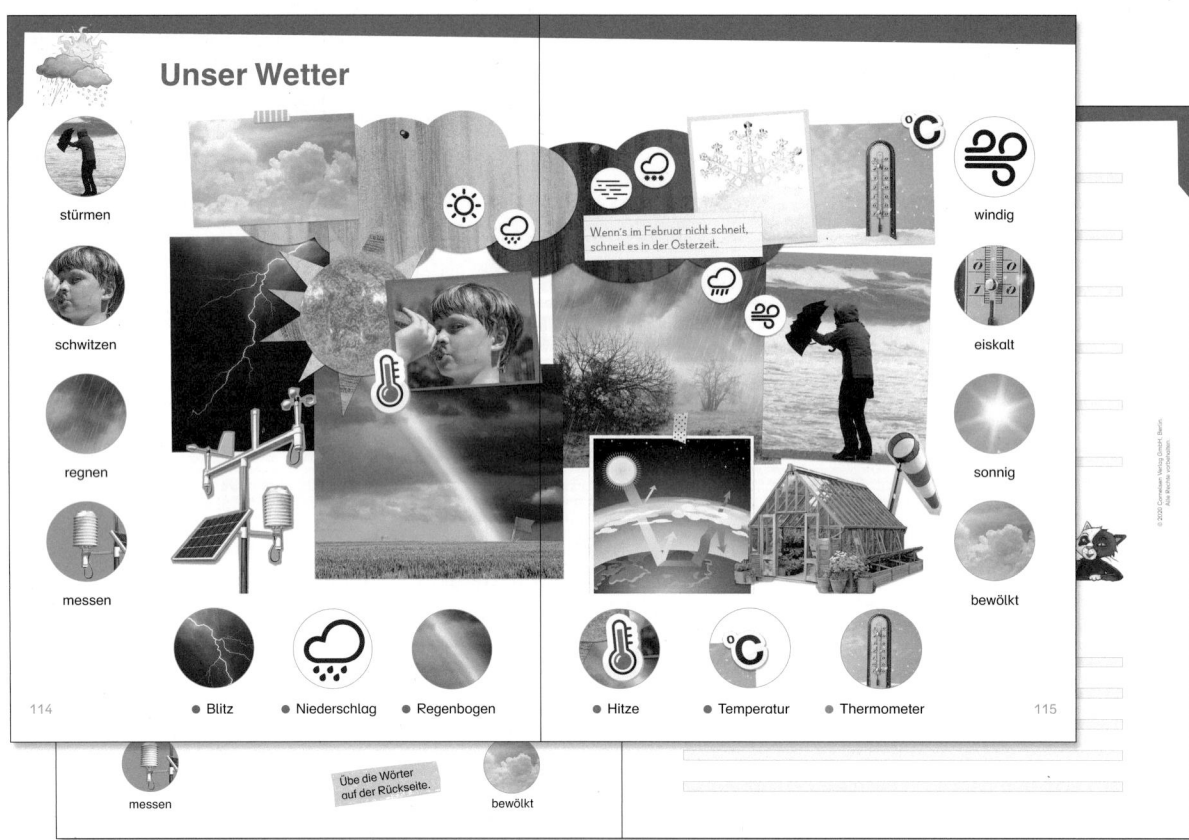

Schwerpunkte des Kapitels

Thematisch:

- Wetterphänomene
- Klima und Natur
- Klimawandel

nach Lernbereichen:

Lesen

- Einen Sachtext und ein Lied lesen BB S. 116 | BO S. 127
- Kinderbuchauszug lesen BB S. 117 | BO S. 128
- Verschiedene Anleitungen verstehen BB S. 118 | BO S. 129
- Eine Anleitung umsetzen BB S. 119 | BO S. 130

Sprechen

- Informationen aus Bild und Text wiedergeben BB S. 120 | BO S. 131
- Ein Gedicht lebendig vortragen BB S. 121 | BO S. 132

Texte schreiben

- Eine Geschichte weiterschreiben BB S. 122 | BO S. 133
- Ein Parallelgedicht schreiben BB S. 123 | BO S. 134

Sprache untersuchen

- Mit Adjektiven vergleichen BB S. 124 | BO S. 135/136
- Adjektive mit **ig** oder **lich** BB S. 125 | BO S. 137/138

Richtig schreiben

- Wörter mit **chs** BB S. 126 | BO S. 139
- Wörter mit **tz** oder **ck** BB S. 127 | BO S. 140

Strategieseiten

- Gewusst wie: Rechtschreibung überprüfen BB S. 128/129 | BO S. 141/142

Lerninhalte	BB	BO	AH/FH/FB	Kopier-vorlagen	Digitale Differenzierung
Auftaktbild: Themenfeld Wetter (Wortschatzarbeit)	S. 114/ 115	–	–	50	AP
Einen Sachtext und ein Lied lesen	S. 116	S. 127	–	–	AP
Ein Kinderbuch lesen	S. 117	S. 128	–	–	–
Verschiedene Anleitungen verstehen	S. 118	S. 129	S. 63/64	–	–
Eine Anleitung umsetzen	S. 119	S. 130	–	–	–
Informationen aus Bild und Text wiedergeben	S. 120	S. 131	–	–	–
Ein Gedicht lebendig vortragen	S. 121	S. 132	–	–	AP
Eine Geschichte weiterschreiben	S. 122	S. 133	–	51	–
Ein Parallelgedicht schreiben	S. 123	S. 134	S. 65	52	–
Mit Adjektiven vergleichen	S. 124	S. 135/ 136	S. 66	53	AR, IAÜ
Adjektive mit **ig** oder **lich**	S. 125	S. 137/ 138	S. 67	54	AR, IAÜ
Wörter mit **chs**	S. 126	S. 139	S. 68	55	IAÜ
Wörter mit **tz** oder **ck**	S. 127	S. 140	S. 69	56	AR, IAÜ
Gewusst wie: Rechtschreibung überprüfen	S. 128/ 129	S. 141/ 142	–	–	–
Das kann ich schon: Rechtschreibtraining, Übungswörter, Mit Adjektiven vergleichen, Adjektive mit **ig** und **lich**, Wörter mit **tz** oder **ck**, Wörter mit **chs**	S. 130/ 131	S. 143–146	S. 70	–	–

Zur Arbeit mit der Auftaktseite

- Erst Einzelarbeit, dann 👧👦, dann in Klasse besprechen (Wiederholungen vermeiden)
- Randwörter lesen, ggf. klären, im Bild suchen; Nomen mit Artikel nennen
- Kinder berichten, was sie außerdem in der Collage sehen
- Eigene Erlebnisse beschreiben
- Spiel: Ich sehe was, das du nicht siehst …

Wortschatzarbeit

- Erst Einzelarbeit, dann 👧👦, dann in Klasse besprechen (Wiederholungen vermeiden)
- Wortarten wiederholen
- Evtl. weitere Wörter zum Themenkreis **Wetter:** die Sonne, die Wolke, der Himmel, der Schnee, der Frost, das Gewitter, leuchten, schneien, frieren, blitzen, donnern, hell, warm, heiß, blau

Rechtschreibwortschatz des Kapitels üben und festigen

→ „Wörter der Woche" in Portionen an der Tafel täglich üben, z. B.: der Ochse, der Luchs, das Gewächshaus, die Pfütze, die Hitze, der Witz, der Augenblick, wachsen, kitzeln, lecken, herrlich, witzig, frostig, mutig, wechselhaft

→ Wörter der Woche in Diktaten üben (Schleichdiktate, Knickdiktate, Wendediktate …)
→ Mit Trainingskarte arbeiten
→ Lernwörterheft fortführen
→ Übungswörter (s. BB S. 130 | BO S. 143) drei- bis fünfmal abschreiben

BB S. 116 + 117 | BO S. 127 + 128: Einen Sachtext und ein Lied lesen / Ein Kinderbuch lesen

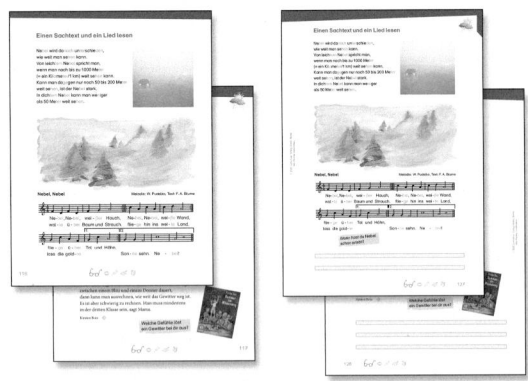

Ziele des Leseunterrichts auf diesen Seiten

- Unterschiedliche Texte sinnentnehmend lesen
- Lied singen
- Einem Text Informationen entnehmen
- Vorstellungen zu Texten entwickeln

Literaturempfehlungen

- Pudelko, Walther; Blume, F: Nebel, Nebel, weißer Hauch. Aus: Musikanten, wir kommen. Bärenreiter Verlag, Kassel 1948
- Boie, Kirsten: Sommer im Möwenweg. Oetinger Verlag, Hamburg 2006

Arbeitsvorschläge

Text 1: Sachtext

 Gemeinsam das Bild beschreiben, Vermutungen über den Inhalt des Textes anstellen: Über persönliche Erfahrungen der Kinder mit Nebel sprechen

- Text leise lesen, dann betont vorlesen
- Verständnis des Textes sicherstellen
- Einen Meter an der Tafel anzeichnen
- Gefahren von Nebel besprechen, zum Beispiel beim Autofahren, auf dem Schulweg ...
- Auf den Schulhof gehen und in zwei Gruppen teilen: Mit einer Gruppe 50 Meter von der anderen entfernen
- Sachtexte über andere Wetterphänomene schreiben

Text 2: Lied

Lehrkraft singt und spielt das Lied vor

- Text im Tandem lesen
- Lied gemeinsam singen
- Text im Chor lesen
- Bewegungen zum Lied entwickeln

Text 3: Kinderbuchauszug

- Text leise erlesen, dann abschnittsweise vorlesen
- Text in eigenen Worten zusammenfassen
- Kinder berichten von eigenen Erfahrungen mit Gewittern
- Bilder zu dem Auszug malen

Weiterführende Aufgaben

AH, AH Fö, FB: –

IAÜ: –

AP: ✓

AR: –

Weitere Ideen zur Arbeit mit der Seite

- Mehrere Möwenweg-Bücher für die Klassenbibliothek mitbringen
- Gewitter- und Nebel-Bilder in der Klasse aufhängen
- Bücher zum Thema „Wetter" mitbringen, z. B. Weißt du, wie die Welt funktioniert?, Der kleine Weltretter

BB S. 118 | BO S. 129: Verschiedene Anleitungen verstehen

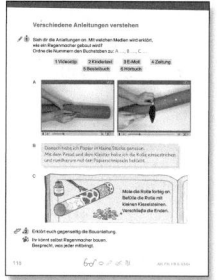 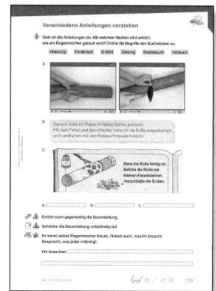

Warum die Stunde?

- Sinnverstehendes Lesen trainieren
- Arbeitsschritte differenziert betrachten
- Medial unterschiedlich umgesetzte Anleitungen verstehen

Vorbereitung

- Zur Veranschaulichung einen Regenmacher basteln und mitbringen
- Papprollen sammeln (z. B. von Küchenpapier, besser dickere Rollen)

Lernziele/Kompetenzen

- Anleitungen verstehen
- Anleitungen umsetzen
- Projekte gemeinsam umsetzen
- Materialien miteinander in Bezug setzen

Möglicher Stundenverlauf mit Differenzierungsmöglichkeiten

Klären, was unter einem Regenmacher zu verstehen ist, mitgebrachten Regenmacher zeigen und überlegen, wodurch das Regengeräusch verursacht wird

BB ❶ | BO ❶ erarbeiten: Anleitungen erschließen
- Bilder genau betrachten und Texte lesen
- Arten der medialen Darstellung unterscheiden
- Medien und Anleitungen einander zuordnen: A = Videoclip, B = Kindertext, C = Bastelbuch
- , Im Tandem arbeiten
- Reflexion mit der Klasse

BB ❷ | BO ❷ erarbeiten: Anleitungen erklären
- Abgebildete Arbeitsschritte erklären
- Arbeitsschritte auf Karten schreiben und an der Tafel in die richtige Reihenfolge bringen
- Anleitung als Text aufschreiben (vgl. BO ❸)
- Reflexion mit der Klasse

BB 🐾 | BO 🐾 erarbeiten: Basteln vorbereiten
- Materialliste erstellen
- Aufgaben verteilen
- Material wird von Lehrkraft mitgebracht
- Verschiedene Materialien zum Befüllen mitbringen (Reis, Sand, Erbsen, Steine, Nägel ...), Unterschiede im Klang beschreiben
- Reflexion mit der Klasse

Weiterführende Aufgaben

AH, AH Fö, FB: S. 63 + 64

IAÜ: –

AP: –

AR: –

Weitere Ideen zur Arbeit mit der Seite

- Lieder (über Regen) singen und mit Regenmachern begleiten

BB S. 119 | BO S. 130: Eine Anleitung umsetzen

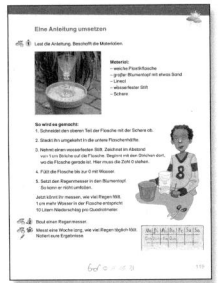 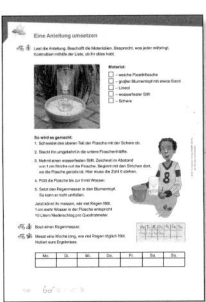

Warum die Stunde?

- Textart „Anleitung" kennen
- Arbeitsschritte voneinander unterscheiden
- Experimente vorbereiten und durchführen

Vorbereitung

- Materialien mitbringen oder das Mitbringen der Materialien als Hausaufgabe stellen

Lernziele/Kompetenzen

- Sinnentnehmendes Lesen trainieren
- Aufgaben aufteilen
- Absprachen treffen
- Anweisungen schrittweise befolgen

Möglicher Stundenverlauf mit Differenzierungsmöglichkeiten

BB 1 | BO 1 erarbeiten: Basteln vorbereiten
- Anleitung still lesen, dann in der Gruppe vorlesen
- Materialliste durchgehen und alle Materialien sammeln
- Verständnis der Anleitung sicherstellen
- Schwierige Stellen in der Anleitung besprechen
- Reflexion mit der Klasse

BB 2 | BO 2 erarbeiten: Regenmesser basteln
- Anleitung erneut lesen
- Mithilfe der Anleitung eigene Regenmesser bauen
- Regenmesser dekorieren (wasserfest)
- Lösung mit den Kindern überprüfen

BB | BO erarbeiten: Regen messen
- Regenmesser nach draußen stellen
- Jeden Tag den Regen messen und Ergebnisse notieren
- Ergebnisse der unterschiedlichen Regenmesser vergleichen
- Ggf. Regenmesser zu Hause bauen und unterschiedliche Ergebnisse vergleichen (Achtung: möglicherweise nicht ratsam, je nach Zusammensetzung der familiären Hintergründe der Kinder)
- Lösung mit den Kindern überprüfen

Weitere Ideen zur Arbeit mit der Seite

- Weitere Experimente zum Thema Wetter durchführen
- Andere Messgeräte bauen, z. B. Anemometer, Thermometer

BB S. 120 | BO S. 131: Informationen aus Bild und Text wiedergeben

 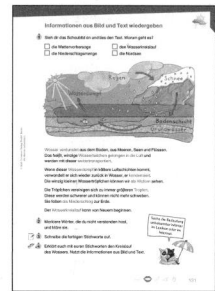

Warum die Stunde?

- Bild und Text in Bezug setzen
- Präsentationen vor der Klasse üben

Lernziele/Kompetenzen

Inhalte anhand von unterschiedlichen Materialien erschließen

Textverständnis selbstständig erarbeiten

Gelesenes strukturiert vortragen

Möglicher Stundenverlauf mit Differenzierungsmöglichkeiten

Gespräch: Wie kann Wasser sein? Wo/Wie wird es sichtbar? Z.B. beschlagene Fensterscheiben

BB ❶ | BO ❶ erarbeiten: Materialien erschließen
- Schaubild anschauen und beschreiben
- Text leise erlesen, dann abschnittsweise vorlesen
- Thema der Materialien benennen: der Wasserkreislauf
- Unbekannte Wörter klären (vgl. BO ❷)
- Lösung mit den Kindern überprüfen

BB ❷ | BO ❸ erarbeiten: Stichworte aufschreiben
- Farbig markierte Stichwörter erneut lesen und abschreiben
- Reflexion mit der Klasse

BB ❸ | BO ❹ erarbeiten: Wasserkreislauf erklären
- Stichworte nutzen und den Wasserkreislauf in eigenen Worten erklären
- Materialien für den Vortrag nutzen
- Vor der Klasse vortragen
- Reflexion mit der Klasse

Weitere Ideen zur Arbeit mit der Seite

- Plakat zum Wasserkreislauf erstellen und in der Klasse aufhängen
- Wasserkreislauf in einem großen Einmachglas nachbauen und Vorgang der Verdunstung beobachten

BB S. 121 | BO S. 132: Ein Gedicht lebendig vortragen

 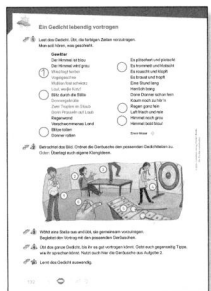

Warum die Stunde?

- Gedicht rhythmisch lesen
- Mit Stimme und Betonung experimentieren
- Inhalt mit Geräuschen begleiten
- Lebendige Vorstellungen zum Text entwickeln

Vorbereitung

- Instrumente mitbringen: Trommeln, Regenmacher, leere Glasflaschen, Xylophon ...

Lernziele/Kompetenzen

- Sinnentnehmendes Lesen trainieren
- Eigenschaften von Gedichten kennen
- Präsentation musikalisch begleiten

Möglicher Stundenverlauf mit Differenzierungsmöglichkeiten

BB ❶ | BO ❶ erarbeiten: Betonungen üben
- Gedicht leise erlesen
- Gedicht laut lesen und betonen
- Einzelne Passagen lautmalerisch vorlesen: Inhalt durch Betonungen verdeutlichen
- 👥 Ganzes Gedicht lautmalerisch vorlesen
- Reflexion mit der Klasse

BB ❷ | BO ❷ + ❸ erarbeiten: Vortrag üben
- Bild ansehen und beschreiben
- Dargestellte Geräusche nachmachen und eigene zum Text passende Ideen entwickeln
- Textstellen vortragen und mit Geräuschen begleiten
- ● Abgebildete Geräusche den Textabschnitten zuordnen (vgl. BO ❷)
- Reflexion mit der Klasse

BB ❸ | BO ❹ erarbeiten: Vortrag üben
- Gedicht komplett vortragen und mit Geräuschen begleiten

- Besonders auf die Betonung achten
- Feedback zu den Vorträgen geben
- Reflexion mit der Klasse

BO 👥 erarbeiten: Gedicht auswendig lernen
- Gedicht mehrmals gründlich lesen und auswendig lernen
- ● Nur einzelne Passagen auswendig lernen
- 👥 🎭 Gedicht in Gruppen vortragen, ein Kind spricht, die anderen begleiten den Vortrag mit Geräuschen
- Lösung mit den Kindern überprüfen

Weiterführende Aufgaben

AH, AH Fö, FB: S. –

IAÜ: –

AP: ✓

AR: –

Weitere Ideen zur Arbeit mit der Seite

- Vorträge aufnehmen
- Andere Gedichte vertonen

BB S. 122 | BO S. 133: Eine Geschichte weiterschreiben

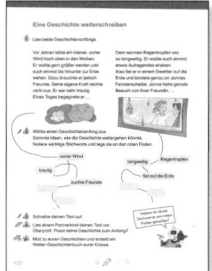
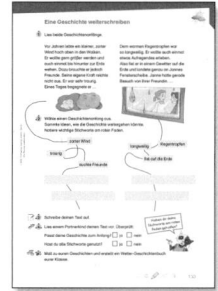

Warum die Stunde?

- Lebendige Vorstellungen zu Texten entwickeln
- Vertieft Gedanken zu Geschichten machen
- Fantasie anregen

Lernziele/Kompetenzen

- Sinnentnehmendes Lesen trainieren
- Nach Anregung Texte schreiben
- Eine Geschichte selbstständig weiterdenken
- Eigene Ideen entwickeln

Möglicher Stundenverlauf mit Differenzierungsmöglichkeiten

BB ❶ | BO ❶ erarbeiten: Texte lesen
- Geschichtenanfänge leise erlesen
- Nur einen Anfang lesen
- Reflexion mit der Klasse

BB ❷ | BO ❷ erarbeiten: Stichworte aufschreiben
- Einen der Texte auswählen
- Geschichte selbstständig weiterdenken
- Im Tandem arbeiten
- Einige Stichworte als Denkanstoß an der Tafel sammeln
- Eigenen Geschichtenanfang ausdenken und Stichworte notieren
- Stichworte zu beiden Geschichten aufschreiben
- Reflexion mit der Klasse

BB ❸ | BO ❸ erarbeiten: Text schreiben
- Anhand der Stichworte eine Geschichte weiterschreiben

- Eigene Geschichte schreiben
- Beide Anfänge weiterführen
- Lösung mit den Kindern überprüfen

BB ❹ | BO ❹ erarbeiten: Text überarbeiten
- Mit Partnerkind den Text überarbeiten: Wird der Anfang passend fortgeführt?
- Text alleine überarbeiten
- Lösung mit den Kindern überprüfen

BB 👣 | BO 👣 erarbeiten: Geschichten illustrieren
- Bilder zu den eigenen Geschichten malen
- Geschichten als Bildergeschichten darstellen
- Reflexion mit der Klasse

Weitere Ideen zur Arbeit mit der Seite

- Buch aus den illustrierten Geschichten machen (vgl. 👣)
- Texte in Rechtschreibkonferenzen überarbeiten: Passt das Tempus? Gibt es eine logische Abfolge von Ereignissen? Sind die Figuren voneinander zu unterscheiden?

⬛ BB S. 123 | ⬛ BO S. 134: Ein Parallelgedicht schreiben

Warum die Stunde?

- Gedicht rhythmisch lesen
- Den Aufbau von Gedichten untersuchen
- Eigene Texte nach einem Vorbild schreiben

Lernziele/Kompetenzen

- 🔴 Sinnentnehmend lesen
- 🔵 Charakteristika von Texten erkennen
- 🔴 Eigene Texte mithilfe von Anregungen schreiben
- 🔵 Einen Text mit vorgegebener Struktur schreiben

Möglicher Stundenverlauf mit Differenzierungsmöglichkeiten

BB ❶ | BO ❶ erarbeiten: Gedicht vorlesen
- Lehrkraft liest das Gedicht sinngestaltend vor
- Kinder lesen das Gedicht mehrmals vor
- Ggf. unbekannte Wörter klären
- Reflexion mit der Klasse

BB ❷ | BO ❷ erarbeiten: Gedichtaufbau beschreiben
- Gedicht noch einmal leise lesen
- Aufbau des Gedichts beschreiben: Verse und Strophen zählen, Besonderheiten finden: Wiederholung des Satzes „Ich bin der Wind", unterschiedliche Satzarten erkennen, Lautmalereien wie „Huii" erkennen, direktes Adressieren der Leser feststellen
- Lösung mit den Kindern überprüfen

BB ❸ | BO ❸ erarbeiten: Parallelgedicht schreiben
- Einen der Themenvorschläge auswählen
- Ideen für ein Parallelgedicht sammeln
- 👧👦 Parallelgedicht schreiben: Die Ergebnisse aus Aufgabe 2 als Hilfe nutzen
- 🔴 Nur einzelne Parallelstrophen schreiben
- 🔵 Aufgabe in Einzelarbeit lösen
- Reflexion mit der Klasse

Weiterführende Aufgaben

AH, AH Fö, FB: S. 65

IAÜ: –

AP: –

AR: –

Weitere Ideen zur Arbeit mit der Seite

- Am Beispiel der Illustration im Buch Bilder zu den Parallelgedichten malen

BB S. 124 | BO S. 135 + 136: Mit Adjektiven vergleichen

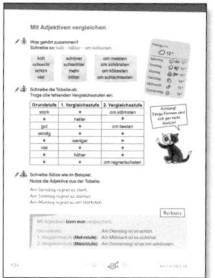

Warum die Stunde?

- Wortart „Adjektiv" wiederholen
- Vergleichsformen von Adjektiven kennen und bilden können

Vorbereitung

- Ggf. bereits erstelltes Plakat zu Adjektiven mitbringen

Lernziele/Kompetenzen

- ⬤ Adjektive lesen
- ◗ Vergleichsformen von Adjektiven zuordnen
- ⬤ Selbstständig Komparative und Superlative bilden
- ◗ Gelerntes direkt anwenden

Möglicher Stundenverlauf mit Differenzierungsmöglichkeiten

BB **1** | BO **1** erarbeiten: Adjektive ordnen
- Adjektive lesen
- Vergleichsformen einander zuordnen
- ⬤ Anzahl der Adjektive reduzieren
- ◗ Weitere Adjektive überlegen und mit Vergleichsformen aufschreiben
- Lösung mit den Kindern überprüfen

BB **2** | BO **2** erarbeiten: Adjektivformen ergänzen
- Fehlende Adjektivformen in der Tabelle ergänzen
- ⬤, 👥 Im Tandem arbeiten
- ⬤ Anzahl der Zeilen reduzieren
- Lösung mit den Kindern überprüfen

BB **3** | BO **3** erarbeiten: Sätze aufschreiben
- Adjektivformen in Sätzen verwenden
- Wetterkarte nutzen, um Ideen für Sätze zu bekommen

- ⬤ Nur zu einigen Adjektiven Sätze schreiben
- ◗ Zu allen Adjektiven Sätze schreiben
- Lösung mit den Kindern überprüfen

BO **4** erarbeiten: Adjektiv suchen
- In der Wörterliste ein weiteres Adjektiv finden
- Sätze mit dem Adjektiv bilden
- ⬤ Aufgabe auch für BO stellen
- ◗ Mehrere Adjektive finden
- Lösung mit den Kindern überprüfen

Weiterführende Aufgaben

AH, AH Fö, FB: S. 66

IAÜ: ✓

AP: −

AR: ✓

Weitere Ideen zur Arbeit mit der Seite

- Plakat zu Adjektiven um Informationen zur Steigerung erweitern

BB S. 125 | BO S. 137 + 138: Adjektive mit ig oder lich ↔

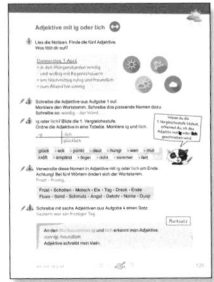

Warum die Stunde?

- Eigenschaften von Adjektiven wiederholen
- Rechtschreibschwierigkeiten überwinden

Vorbereitung

- **-ig** und **-lich** sowie einige Wortstämme auf Karten mitbringen

Lernziele/Kompetenzen

- ● Adjektive erkennen
- ● Wortfamilien bilden
- ● Adjektive bilden können

Möglicher Stundenverlauf mit Differenzierungsmöglichkeiten

BB ❶ | BO ❶ erarbeiten: Adjektive finden
- Notizen leise erlesen
- Adjektive erkennen: windig, wolkig, ruhig, freundlich, sonnig
- Gemeinsamkeiten der Adjektive finden: enden auf **-ig** oder **-lich**
- ●, 👧 Im Tandem arbeiten
- Lösung mit den Kindern überprüfen

BB ❷ | BO ❷ erarbeiten: Wortstamm finden
- Mitgebrachte Karten zu sinnvollen Adjektiven zusammensetzen
- Wortstämme der Adjektive markieren
- Verwandte Nomen aufschreiben: windig – der Wind, wolkig – die Wolke, ruhig – die Ruhe, freundlich – die Freundlichkeit, sonnig – die Sonne
- ● Nur für drei Adjektive bearbeiten
- Lösung mit den Kindern überprüfen

BB ❸ | BO ❸ erarbeiten: Adjektive ordnen
- Adjektive lesen
- Komparative der Adjektive bilden und richtige Endungen ergänzen
- Adjektive nach Endungen ordnen
- ● Nur eine Zeile bearbeiten

- ● Weitere Adjektive ohne Endungen an die Tafel schreiben und ordnen
- ● Weitere Adjektive in der Wörterliste finden
- Lösung mit den Kindern überprüfen

BB ❹ | BO ❹ erarbeiten: Adjektive bilden
- Verwandte Adjektive zu den Nomen bilden
- Wortstämme (falls nötig) verändern: Tag – täglich, Fluss – flüssig, Angst – ängstlich, Gefahr – gefährlich, Name – nämlich
- ● Anzahl der Nomen reduzieren
- Lösung mit den Kindern überprüfen

BB ❺ | BO ❺ erarbeiten: Sätze bilden
- Sätze mit den Adjektiven bilden
- ● Nur drei Sätze schreiben
- ● Zu allen Adjektiven Sätze schreiben
- ● Mehrere Sätze mit Vergleichsformen schreiben
- Lösung mit den Kindern überprüfen

Weiterführende Aufgaben

AH, AH Fö, FB: S. 67

IAÜ: ✓

AP: –

AR: ✓

BB S. 126 | BO S. 139: Wörter mit chs M

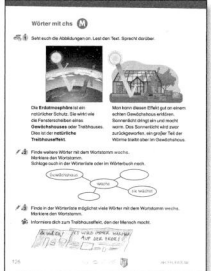 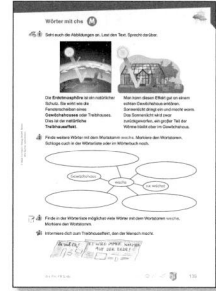

Warum die Stunde?

- Wörter mit **chs** richtig schreiben
- Recherchen zu aktuell relevanten Themen durchführen
- Sensibilisierung bezüglich globaler Erwärmung

Vorbereitung

- Verständliche Zeitungsartikel zum Treibhauseffekt sammeln, Zeitschriften zum Thema mitbringen
- Wörterbücher bereithalten

Lernziele/Kompetenzen

- Komplexe Sachverhalte mithilfe unterschiedlicher Materialien verstehen
- Texte und Bilder in Bezug setzen
- Rechtschreibstrategie „Merkwörter" anwenden

Möglicher Stundenverlauf mit Differenzierungsmöglichkeiten

 Eventuelles Vorwissen zum Thema „Globale Erwärmung/Treibhauseffekt" besprechen

BB ❶ | BO ❶ erarbeiten: Materialien erschließen
- Abbildungen anschauen und beschreiben
- Vermutungen über den Inhalt der Texte anstellen
- Texte lesen
- Ggf. unbekannte Wörter klären
- In Einzelarbeit bearbeiten
- Reflexion mit der Klasse

BB ❷ | BO ❷ erarbeiten: Wortfamilie ergänzen
- Wörter mit dem Wortstamm **wachs** finden, z. B. wachsen, Wachstum, Kerzenwachs, wächsern
- In Wörterliste und Wörterbüchern recherchieren
- Aufgabe gemeinsam an der Tafel bearbeiten
- Lösung mit den Kindern überprüfen

BB ❸ | BO ❸ erarbeiten: Wortfamilie ergänzen
- Wörter mit dem Wortstamm **wechs** in der Wörterliste suchen

- Mind-Map mit Tieren mit **chs** erstellen: Lachs, Luchs, Fuchs, Echse, Dachs, Ochse
- Lösung mit den Kindern überprüfen

BB | BO erarbeiten: Informationen finden
- In Zeitungen und im Internet zum Treibhauseffekt recherchieren
- Ergebnisse in der Klasse besprechen
- Ggf. Lösungsvorschläge sammeln
- Aufgabe weglassen
- Informationsplakate erstellen
- Reflexion mit der Klasse

Weiterführende Aufgaben

AH, AH Fö, FB: S. 68

IAÜ: ✓

AP: –

AR: –

Weitere Ideen zur Arbeit mit der Seite

- Informationsveranstaltung zum Thema „Treibhauseffekt" für andere Klassen planen

BB S. 127 | BO S. 140: Wörter mit tz oder ck

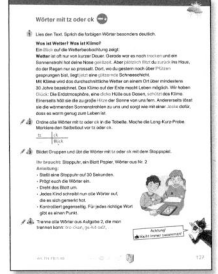
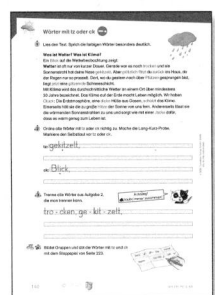

Warum die Stunde?

- Wörter mit **tz** und **ck** richtig schreiben
- Rechtschreibstrategien anwenden

Vorbereitung

- Materialien für Stoppspiel mitbringen

Lernziele/Kompetenzen

🔵 Sinnentnehmendes Lesen trainieren
🔵 Rechtschreibstrategie „Lang/kurz?" anwenden können
⚫ Schwierige Wörter richtig schreiben

Möglicher Stundenverlauf mit Differenzierungsmöglichkeiten

BB ❶ | BO ❶ erarbeiten: Text lesen
- Text leise erlesen, dann vorlesen
- Farbig markierte Wörter besonders betonen
- ⚫ Text ohne Markierungen zur Verfügung stellen und die Wörter mit **tz** oder **ck** selbstständig finden lassen
- Reflexion mit der Klasse

BB ❷ | BO ❷ erarbeiten: Lang-Kurz-Probe machen
- Markierte Wörter nach **ck** oder **tz** ordnen
- Lang-Kurz-Probe machen
- Kurze Selbstlaute markieren
- ⚫ Anzahl der Wörter reduzieren
- Lösung mit den Kindern überprüfen

BB ❸ | BO 🐾 erarbeiten: Stoppspiel spielen
- Anleitung lesen und ggf. Verständnisfragen klären
- Stoppspiel spielen
- Lösung mit den Kindern überprüfen

BB ❹ | BO ❸ erarbeiten: Wörter trennen
- Mehrsilbige Wörter aus ❷ trennen
- Besonderheiten bei der Trennung beachten: **tz** wird immer getrennt, **ck** wird nie getrennt
- 🔵 Nur eine der beiden Wortgruppen bearbeiten
- Lösung mit den Kindern überprüfen

Weiterführende Aufgaben

AH, AH Fö, FB: S. 69

IAÜ: ✓

AP: −

AR: ✓

Weitere Ideen zur Arbeit mit der Seite

- Wörter mit **tz** und **ck** im Knickdiktat üben

BB S. 128 + 129 | BO S. 141 + 142: Gewusst wie: Rechtschreibung überprüfen

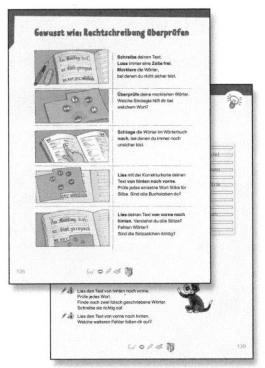
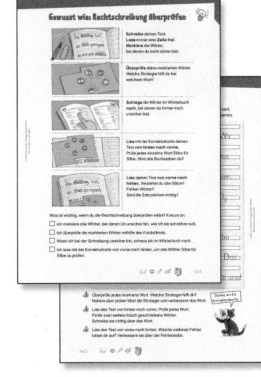

Übungsziele auf diesen Seiten

- Rechtschreibstrategien kennen
- Eigene Rechtschreibung mit den STARK-Strategien überprüfen und verbessern

Lernziele/Kompetenzen

- Rechtschreibstrategien kennen
- Üben und Anwenden gelernten Wissens
- Verschiedene Methoden zum Erwerb strategischen Wissens kennen

Möglicher Stundenverlauf mit Differenzierungsmöglichkeiten

BB ❶ | BO ❶ erarbeiten: Fehlerwörter erkennen
- Text leise lesen
- Fehlerwörter besonders beachten
- Reflexion mit der Klasse

BB ❷ | BO ❷ erarbeiten: Rechtschreibung erarbeiten
- Geeignete Strategien zur Verbesserung finden
- Markierte Wörter berichtigen
- ●, 👧👦 Im Tandem arbeiten
- Lösung mit den Kindern überprüfen

BB ❸ | BO ❸ erarbeiten: Strategien anwenden
- Weitere Fehlerwörter im Text finden
- Fehlerwörter mit den passenden Strategien verbessern
- Lösung mit den Kindern überprüfen

BB ❹ | BO ❹ erarbeiten: Text berichtigen
- Alle übrigen Fehlerwörter finden und verbessern
- Text berichtigt abschreiben
- Lösung mit den Kindern überprüfen

BB S. 130 + 131 | BO S. 143–146: Das kann ich schon

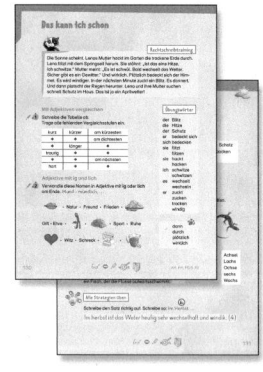 

Übungsziele auf diesen Seiten

- Selbstständiges Lösen von Aufgaben
- Fachliche Inhalte aus den Bereichen Rechtschreiben und Sprache untersuchen des Kapitels wiederholen

Vorbereitung

- Arbeitshilfen wie Merksätze und Tinto-Tipps vergrößert präsentieren

Lernziele/Kompetenzen

- Selbstständig üben
- Sprachliche Strukturen erkennen
- Grammatisches Wissen anwenden und vertiefen

Arbeitsvorschläge

> Auf den Das-kann-ich-schon-Seiten befinden sich mehrere Rechtschreibübungen. Die Aufgabenformate gleichen denen auf den entsprechenden Seiten im Kapitel.

BB 1 | BO 3 + 4 erarbeiten: Adjektivformen ergänzen
- Adjektive lesen
- Adjektivformen eines Adjektivs erkennen
- Fehlende Adjektivformen einander zuordnen

BB 2 | BO 6 erarbeiten: Adjektive bilden
- Bilder anschauen und Nomen lesen
- Nomen zu den Bildern aufschreiben
- Jedem Nomen ein verwandtes Adjektiv zuordnen
- ● Nur die bereits geschriebenen Nomen bearbeiten
- ▲ Vergleichsstufen der Adjektive bilden

BB 3 | BO 7 erarbeiten: Reimpaare finden
- Wörter lesen und Reimpaare finden
- Kurz-Lang-Probe machen und Selbstlaute markieren
- ▲ Weitere Reimwörter zu Reimpaaren finden

BB 4 | BO 8 erarbeiten: Wörter trennen
- Mehrsilbige Wörter trennen
- ● Anzahl der Wörter reduzieren

BB 5 | BO 1 erarbeiten: Nomen schreiben
- Bilder anschauen
- Tiere benennen: Dachs, Fuchs, Luchs, Echse

BB 6 | BO 2 erarbeiten: Rätsel lösen
- Rätsel und Antworten lesen
- Passende Lösungen zuordnen
- ▲ Eigene Rätsel für Partnerkind ausdenken

BO 5 erarbeiten: Adjektive zuordnen
- Adjektive lesen und Komparative bilden
- Korrekte Endungen ergänzen und markieren

BB | BO Alle Strategien üben
- Fehler mithilfe der Rechtschreibstrategien verbessern, als Hilfe die Übersicht auf der STARK/Grammatikkarte nutzen
- Strategien über die korrigierten Wörter schreiben

Weiterführende Aufgaben

AH, AH Fö, FB: S. 70

IAÜ: –

AP: –

AR: –

Weitere Ideen zur Arbeit mit der Seite

- Übungswörter mit verschiedenen Lerntechniken trainieren: Abschreiben, Schleichdiktat, nach Alphabet ordnen, mit jedem Wort einen Satz bilden und aufschreiben, als Partnerdiktat

3.8 Phänomenal!

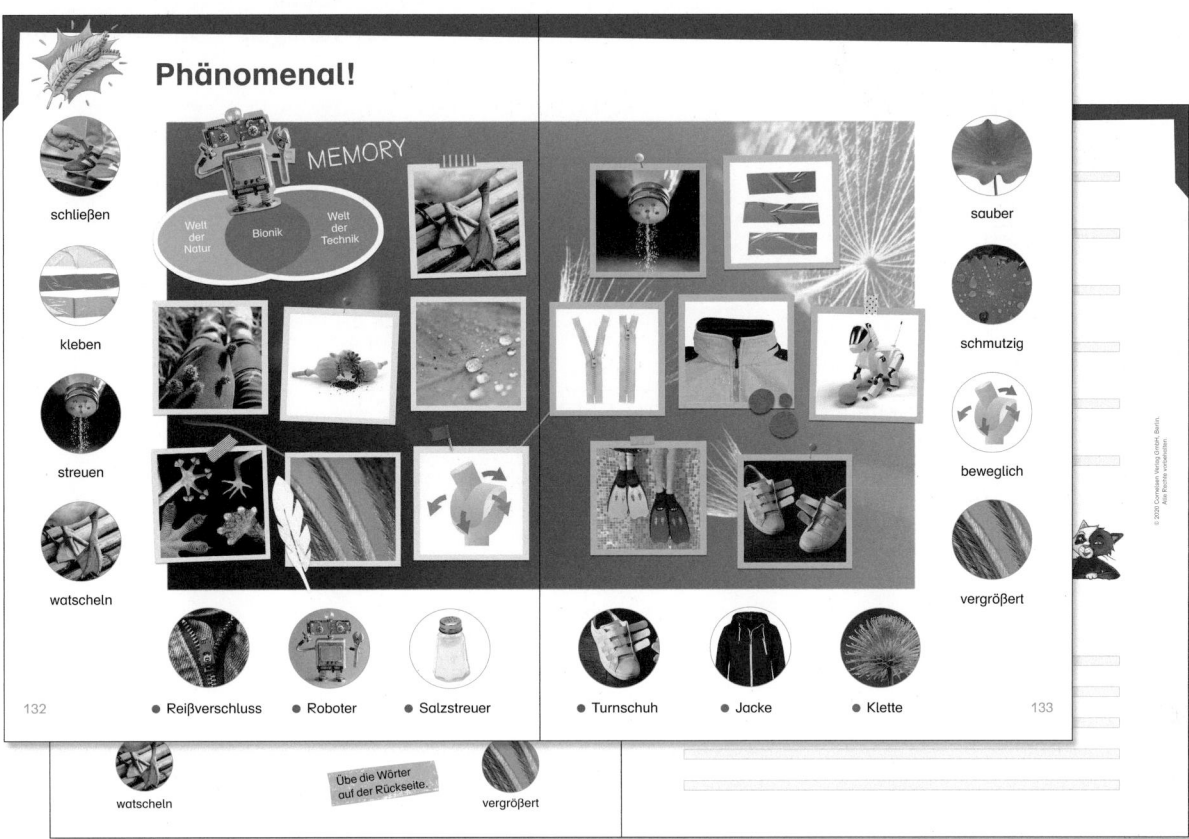

Schwerpunkte des Kapitels

Thematisch:

- Bionik
- Erfindungen mit Vorbildern in der Natur
- Technischer Fortschritt

nach Lernbereichen:

Lesen

- Eine Tabelle und einen Lexikontext lesen BB S. 134 | BO S. 147
- Kinderbuchauszug lesen BB S. 135 | BO S. 148
- Eine Bildanleitung lesen BB S. 138 | BO S. 151

Sprechen

- Sich über einen Text austauschen BB S. 139 | BO S. 152

Texte schreiben

- Einen Text nach einer Vorlage schreiben BB S. 140 | BO S. 153
- Informationen und Werbung unterscheiden BB S. 141 | BO S. 154

Sprache untersuchen

- Das Prädikat BB S. 142 | BO S. 155/156
- Verben und Nomen zusammensetzen BB S. 143 | BO S. 157/158

Richtig schreiben

- Wörter mit **ie** oder **i** BB S. 144 | BO S. 159
- Wörter mit stummem **h** BB S. 145 | BO S. 160

Strategieseiten

- Gewusst wie: Texte lesen und verstehen BB S. 136/137 | BO S. 149/150

Lerninhalte	BB	BO	AH/FH/FB	Kopier-vorlagen	Digitale Differenzierung
Auftaktbild: Themenfeld Bionik (Wortschatzarbeit)	S. 132/133	–	–	57	AP
Eine Tabelle und einen Lexikontext lesen	S. 134	S. 147	–	–	AP
Ein Kinderbuch lesen	S. 135	S. 148	–	–	–
Gewusst wie: Texte lesen und verstehen	S. 136/137	S. 149/150	–	–	AP
Eine Bildanleitung lesen	S. 138	S. 151	S. 71	58	–
Sich über einen Text austauschen	S. 139	S. 152	–	–	–
Einen Text nach einer Vorlage schreiben	S. 140	S. 153	–	–	–
Informationen und Werbung unterscheiden	S. 141	S. 154	S. 72	59	–
Das Prädikat	S. 142	S. 155/156	S. 73	60	AR
Verben und Nomen zusammensetzen	S. 143	S. 157/158	S. 74/75	61	IAÜ
Wörter mit **ie** oder **i**	S. 144	S. 159	S. 76	62	AR, IAÜ
Wörter mit stummem **h**	S. 145	S. 160	S. 77	63	AR, IAÜ
Das kann ich schon: Rechtschreibtraining, Übungswörter, Wörter mit **ie** oder **i**, Wörter mit stummem **h**, Das Prädikat, Verben und Nomen zusammensetzen	S. 146/147	S. 161–164	S. 78	–	–

Zur Arbeit mit der Auftaktseite

- Erst Einzelarbeit, dann 👥, dann in Klasse besprechen (Wiederholungen vermeiden)
- Randwörter lesen, ggf. klären, im Bild suchen; Nomen mit Artikel nennen
- Wörter aus der Collage benennen, die nicht am Rand stehen
- Sätze mit den Randwörtern bilden

Wortschatzarbeit

- Erst Einzelarbeit, dann 👥, dann in Klasse besprechen (Wiederholungen vermeiden)
- Evtl. weitere Wörter zum Themenkreis **Bionik:** die Erfindung, der Klettverschluss, die Feder, der Tropfen, drehen, öffnen, haften, klein, groß, bunt, spannend

Rechtschreibwortschatz des Kapitels üben und festigen

→ „Wörter der Woche" in Portionen an der Tafel täglich üben, z.B.: der Flieger, der Fühler, die Lehne, die Maschine, fliegen, biegen, gähnen, gießen, beliebt, sehr
→ Stolperstellen markieren: ie, stummes h
→ Reimwörter zu Wörtern mit stummem h finden

→ Sätze mit mindestens drei Wörtern mit **ie** oder **i** bilden
→ Bilder am Rand des Wimmelbilds benennen, deutlich sprechen
→ Mit Trainingskarte arbeiten
→ Lernwörterheft fortführen
→ Übungswörter (s. BB S. 146 | BO S. 161) drei- bis fünfmal abschreiben
→ Wörter aus den Wortfamilien zu den Übungswörtern finden

BB S. 134 + 135 | BO S. 147 + 148: Eine Tabelle und einen Lexikontext lesen / Ein Kinderbuch lesen

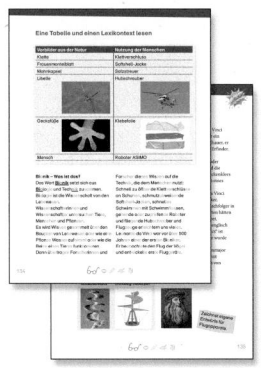
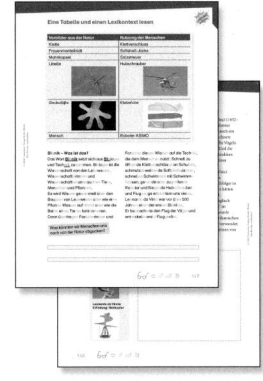

Ziele des Leseunterrichts auf diesen Seiten

- Unterschiedliche Textarten lesen
- Diskontinuierlichen Text (Tabelle) lesen
- Fachwörter erschließen
- Wissenschaftlichen Ansatz des Kapitels verstehen
- Durch mehrere Materialien breites Wissen zu einem Thema bekommen

Vorbereitung

- Fotos von Klette, Klettverschluss, Frauenmantel-Blatt, Softshell-Jacke, Mohnkapsel, Salzstreuer, Mensch und ASIMO mitbringen

Literaturempfehlungen

- Zeuch, Martin: Vorbild Natur. Aus: Bionik. WAS IST WAS. Tessloff Verlag, Nürnberg 2010

Arbeitsvorschläge

Text 1: Tabelle

- Tabelle anschauen
- Darstellungsform „Tabelle" besprechen: Gegenüberstellung von Informationen
- Tabelle leise erlesen
- Aufbau der Tabelle beschreiben: Erfindungen der Menschen werden ihren natürlichen Vorbildern zugeordnet
- Weitere Erfindungen mit Vorbildern in der Natur nennen

Text 2: Lexikontext

- Text leise erlesen, dann vorlesen
- Ggf. unbekannte Wörter klären
- Verständnisfragen stellen: Was ist Bionik? Wofür brauchen wir Bionik?
- Unbekannte Wörter in Lexikon nachschlagen

Text 3: Kinderbuchauszug

- Lehrkraft oder kompetentes Kind liest Text sinngestaltend vor
- Kinder lesen den Text noch einmal leise
- Mögliche Verständnisfragen klären
- ● , 🎨 Im Tandem arbeiten
- Text in Stichworten zusammenfassen

Weiterführende Aufgaben

AH, AH Fö, FB: –

IAÜ: –

AP: ✓

AR: –

Weitere Ideen zur Arbeit mit der Seite

- Weitere bionische Gegenstände mit Vorbildern in der Natur finden; Informationsplakate gestalten

BB S. 136 + 137 | BO S. 149 + 150: Gewusst wie: Texte lesen und verstehen

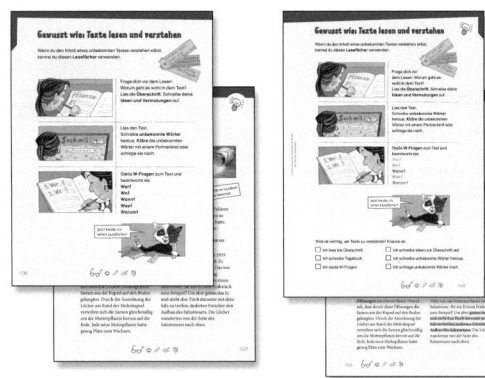

Warum die Stunde?

- Methode „Lesefächer" kennenlernen
- Fragen selbst beantworten können

Vorbereitung

- W-Fragen an die Tafel schreiben

Lernziele/Kompetenzen

- Sinnentnehmendes Lesen trainieren
- Material strukturiert erschließen
- Texten gezielt Informationen entnehmen

Möglicher Stundenverlauf mit Differenzierungsmöglichkeiten

BB ❶ | BO ❶ erarbeiten: Materialien erschließen
- Überschrift lesen und Bilder anschauen
- Bilder beschreiben
- Vermutungen über das Thema anstellen
- Frage mündlich beantworten
- Frage schriftlich beantworten
- Reflexion mit der Klasse

BB ❷ | BO ❷ erarbeiten: Text lesen
- Text leise erlesen
- Unbekannte Wörter finden
- Methode „Lesefächer" anwenden: Bedeutung der Wörter nachschlagen oder erfragen
- Lösung mit den Kindern überprüfen

BB ❸ | BO ❸ erarbeiten: Text erschließen
- Text leise erlesen
- Ggf. erneut unbekannte Wörter klären
- W-Fragen zum Text stellen und beantworten
- Fragen in Stichworten beantworten
- Fragen in ganzen Sätzen beantworten
- Reflexion mit der Klasse

Weiterführende Aufgaben

AH, AH Fö, FB: –

IAÜ: –

AP: ✓

AR: –

BB S. 138 | BO S. 151: Eine Bildanleitung lesen

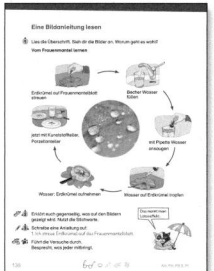 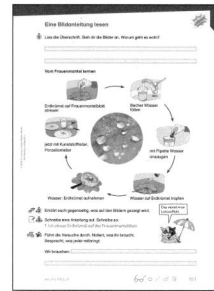

Warum die Stunde?

- Ein Experiment durchführen
- Bildern gezielt Informationen entnehmen
- Eine Abfolge von Arbeitsschritten nachvollziehen

Vorbereitung

- Seite vergrößert an der Tafel oder mit Beamer an der Wand präsentieren
- Frauenmantel mitbringen

Lernziele/Kompetenzen

- Diskontinuierliche Texte verstehen
- Bilder und Text in Bezug zueinander setzen
- Einen Text mithilfe von angebotenen Materialien schreiben

Möglicher Stundenverlauf mit Differenzierungsmöglichkeiten

BB ❶ | BO ❶ erarbeiten: Materialien erschließen
- Überschrift lesen und Bilder anschauen
- Vermutungen über den Inhalt der Anleitung anstellen
- Stichworte zu den Bildern lesen: Vermutungen bestätigen oder wiederlegen
- 🔵, 👫 Im Tandem arbeiten
- 🔺 Vermutungen in ganzen Sätzen aufschreiben
- Reflexion mit der Klasse

BB ❷ | BO ❷ erarbeiten: Bilder beschreiben
- 👫 Bilder beschreiben
- Gegenstand der Anleitung verstehen
- Lösung mit den Kindern überprüfen

BB ❸ | BO ❸ erarbeiten: Anleitung aufschreiben
- Anhand der Materialien eine Anleitung schreiben
- Alle Arbeitsschritte beschreiben
- Auf die richtige Reihenfolge achten
- 🔵 In 👫 arbeiten
- Lösung mit den Kindern überprüfen

BB 🐾 | BO 🐾 erarbeiten: Versuch vorbereiten
- Liste mit benötigtem Material für den Versuch erstellen: Becher, Pipetten, Frauenmantel, Erde, Geschirr, Lupen
- Materialien sammeln und Versuch aufbauen
- Versuch Schritt für Schritt durchführen
- Versuch besprechen: Funktioniert alles wie im Buch beschrieben?
- 🔵 Lehrkraft führt Versuch vor
- 🔺 Versuchsprotokoll schreiben
- Reflexion mit der Klasse

Weiterführende Aufgaben

AH, AH Fö, FB: S. 71

IAÜ: –

AP: –

AR: –

Weitere Ideen zur Arbeit mit der Seite

- Im SU weitere Versuche durchführen, z.B. Klebstoff herstellen

BB S. 139 | BO S. 152: Sich über einen Text austauschen

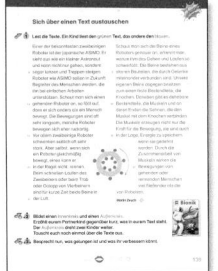 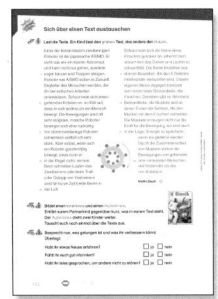

Warum die Stunde?

- Neue Methoden zur Textarbeit kennenlernen
- Informationen kurz zusammenfassen

Lernziele/Kompetenzen

- Sinnverstehendes Lesen trainieren
- Gelesenes frei präsentieren
- Informationen strukturiert vorstellen

Möglicher Stundenverlauf mit Differenzierungsmöglichkeiten

BB ❶ | BO ❶ erarbeiten: Text lesen
- Kinder in zwei Gruppen einteilen – blauen und grünen Text den Gruppen zuteilen
- Texte leise erlesen
- Ggf. unbekannte Wörter klären
- 🔵 Mit einem Partnerkind aus der eigenen Gruppe über den Text austauschen
- 🔵 Stichworte zum Text aufschreiben
- Reflexion mit der Klasse

BB ❷ | BO ❷ erarbeiten: Texte zusammenfassen
- Gruppen in einen Innen- und einen Außenkreis stellen
- Regeln für die Präsentationen besprechen: Leise, aber deutlich sprechen, nur mit dem eigenen Gegenüber sprechen

- Eigenen Text für das Kind gegenüber zusammenfassen – erst die Kinder einer Gruppe, dann wechseln
- Außenkreis dreht zwei Kinder weiter
- Zusammenfassungen wiederholen
- Reflexion mit der Klasse

BB ❸ | BO ❸ erarbeiten: Vorträge reflektieren
- Erfahrungen mit der Methode beschreiben
- Positive und negative Rückmeldungen abgeben
- Auf respektvollen Umgang miteinander achten
- Ggf. übrig gebliebene Verständnisschwierigkeiten klären
- Lösung mit den Kindern überprüfen

Weitere Ideen zur Arbeit mit der Seite

- Methode regelmäßig mit anderen Texten üben
- Quizfragen zum Text stellen

BB S. 140 | BO S. 153: Einen Text nach einer Vorlage schreiben

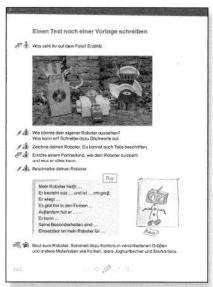 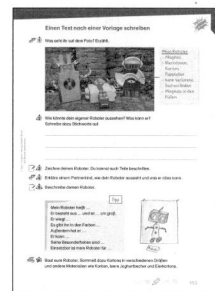

Warum die Stunde?

- Fantasie anregen
- Wissen spielerisch anwenden

Vorbereitung

- Mögliche Bastelmaterialien mitbringen
- Eigenen Klassenroboter basteln

Lernziele/Kompetenzen

- Bilder genau beschreiben
- Ideen entwickeln
- Einen Text mithilfe von Stichworten schreiben
- Eigene Vorstellungen praktisch umsetzen

Möglicher Stundenverlauf mit Differenzierungsmöglichkeiten

BB 1 | BO 1 erarbeiten: Foto beschreiben
- Foto anschauen und Roboter beschreiben
- Funktionen der Roboter ausdenken
- Gedankenanstöße an der Tafel notieren
- Foto in ganzen Sätzen im Heft beschreiben
- Reflexion mit der Klasse

BB 2 | BO 2 erarbeiten: Stichworte aufschreiben
- Eigene Roboter ausdenken
- Funktion und Aussehen überlegen
- Stichworte zu eigenem Roboter schreiben
- Namen für Roboter ausdenken
- , Im Tandem arbeiten
- Roboter in ganzen Sätzen beschreiben
- Reflexion mit der Klasse

BB 3 | BO 3 erarbeiten: Roboter zeichnen
- Eigenen Roboter malen
- Details klar erkennbar einzeichnen
- Einzelne Stellen beschriften
- Lösung mit den Kindern überprüfen

BB 4 | BO 4 erarbeiten: Roboter beschreiben
- Eigenen Roboter beschreiben
- Eigenschaften und Fähigkeiten genau erklären
- Stichworte und Bild zu Hilfe nehmen
- Aufgabe weglassen
- Reflexion mit der Klasse

BB 5 | BO 5 erarbeiten: Beschreibung verfassen
- Anhand der Stichworte eigenen Roboter beschreiben
- Schreibhilfen aus dem Buch beachten
- Texte in der Klasse vorlesen und besprechen
- Lösung mit den Kindern überprüfen

BB | BO erarbeiten: Roboter bauen
- Benötigte Materialien sammeln
- Eigene Roboter bauen und anmalen
- Reflexion mit der Klasse

Weitere Ideen zur Arbeit mit der Seite

- Fotos von den Robotern und den dazugehörigen Skizzen machen und zu einem Album zusammenstellen

BB S. 141 | BO S. 154: Informationen und Werbung unterscheiden

 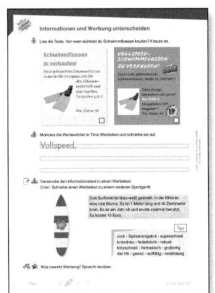

Warum die Stunde?

- Werbung und Informationsplakate erkennen
- Funktionsweise von Werbung erkennen
- Überzeugend für etwas werben

Vorbereitung

- Werbeplakate und Anzeigen mitbringen

Lernziele/Kompetenzen

- Genau lesen können
- Textmechanismen erkennen
- Gegenstände überzeugend vorstellen
- Angebotene Informationen hinterfragen

Möglicher Stundenverlauf mit Differenzierungsmöglichkeiten

Über Werbung sprechen: Wo begegnet uns Werbung im Alltag? Sind die Informationen in Werbung sachlich dargestellt? Wie funktioniert Werbung?

BB ❶ | BO ❶ erarbeiten: Texte lesen
- Texte leise lesen und Plakate anschauen
- Frage beantworten: Tims Plakat ist überzeugender
- Antwort begründen: Farbgestaltung und Design sind auffälliger und ansprechender, Produkt klingt interessanter, Angebot fühlt sich reizvoller an
- 🔴, 👥 Im Tandem arbeiten
- 👥 Frage schriftlich beantworten und begründen
- Reflexion mit der Klasse

BB ❷ | BO ❷ erarbeiten: Werbewörter finden
- Tims Plakat erneut lesen
- Werbewörter aufschreiben: Voll-Speed, supercool, phänomenal, wie neu, toll, topmodern, genial, megastark, Top-Angebot
- Werbewirkung der Wörter besprechen
- Lösung mit den Kindern überprüfen

BB ❸ | BO ❸ erarbeiten: Werbetext schreiben
- Informationstext lesen
- Wichtige Informationen zusammenfassen und in Stichworten aufschreiben
- Werbetext mit den Tipp-Wörtern schreiben
- 👥 Werbetext zu einem anderen Sportgerät schreiben
- Lösung mit den Kindern überprüfen

BB 👣 erarbeiten: Funktion von Werbung verstehen
- Wirkung von Werbung besprechen
- Funktion erklären
- Reflexion mit der Klasse

Weiterführende Aufgaben

AH, AH Fö, FB: S. 72

IAÜ: –

AP: –

AR: –

Weitere Ideen zur Arbeit mit der Seite

- Werbung mitbringen und auf Werbewörter untersuchen
- Sammlung von Werbewörtern erstellen

BB S. 142 | BO S. 155 + 156: Das Prädikat

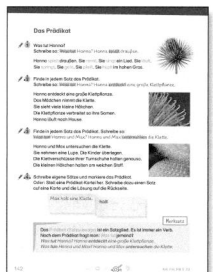
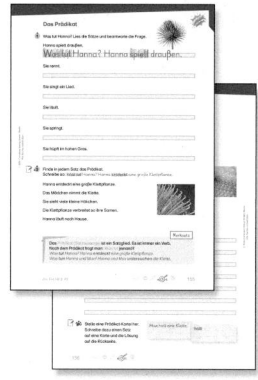

Warum die Stunde?

- Verständnis von Satzstrukturen im Deutschen entwickeln
- Satzglied „Prädikat" und seine Funktion kennen

Vorbereitung

- Karteikarten mitbringen

Lernziele/Kompetenzen

- Genaues Lesen trainieren
- Unterschiedliche Satzglieder kennen
- Prädikate durch Fragen erkennen
- Nach Beispielen schreiben

Möglicher Stundenverlauf mit Differenzierungsmöglichkeiten

Buch geschlossen lassen, ein Kind spielt pantomimisch mehrere Verben vor, andere Kinder erraten die Verben

BB 1 | BO 1 erarbeiten: Verben finden
- Sätze lesen
- Prädikate erkennen
- Prädikate erfragen und markieren
- Anzahl der Sätze reduzieren
- Weitere Sätze an die Tafel schreiben
- Lösung mit den Kindern überprüfen

BB 2 | BO 2 erarbeiten: Prädikate finden
- Sätze lesen und die Satzglieder unterscheiden
- Prädikate erfragen
- , Im Tandem arbeiten
- Eigene Sätze bilden und die Prädikate erfragen
- Lösung mit den Kindern überprüfen

BB 3 | BO 3 + 4 erarbeiten: Prädikate finden
- Sätze lesen und die Satzglieder unterscheiden
- Prädikate erfragen

- , Im Tandem arbeiten
- Anzahl der Sätze reduzieren
- Lösung mit den Kindern überprüfen

BB 4 | BO 5 + erarbeiten: Sätze schreiben
- Eigene Sätze auf Karteikarten schreiben
- Prädikate auf die Rückseite schreiben
- Eigene Sätze aufschreiben und Prädikate markieren
- , Unterschiedlich komplexe Sätze analog zu den Aufgaben überlegen
- Lösung mit den Kindern überprüfen

Weiterführende Aufgaben

AH, AH Fö, FB: S. 73

IAÜ: –

AP: –

AR: ✓

Weitere Ideen zur Arbeit mit der Seite

- Prädikat-Quiz mit den Karteikarten spielen
- Prädikate in eigenen Sätzen finden

BB S. 143 | BO S. 157 + 158: Verben und Nomen zusammensetzen ▲▲

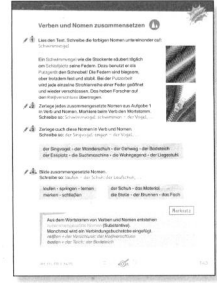

Warum die Stunde?

- Sprachliche Möglichkeiten kennenlernen
- Zusammengesetzte Nomen trennen und bilden

Lernziele/Kompetenzen

- Sinnentnehmendes Lesen trainieren
- Sprachliche Strukturen nachvollziehen
- Selbstständig neue Wörter bilden

Möglicher Stundenverlauf mit Differenzierungsmöglichkeiten

BB ❶ | BO ❶ erarbeiten: Text lesen
- Text leise erlesen, dann vorlesen
- Bilder zum Text anschauen
- Zusammengesetzte Nomen erkennen und aufschreiben
- Reflexion mit der Klasse

BB ❷ | ❸ erarbeiten: Wörter trennen
- Zusammengesetzte Nomen in Verben und Nomen teilen
- Nomen mit Artikel aufschreiben
- Wortstämme der Verben markieren
- Nomen und Verben durch einen Strich trennen (vgl. BO ❷)
- Lösung mit den Kindern überprüfen

BB ❸ | BO ❹ erarbeiten: Wörter trennen
- Zusammengesetzte Nomen in Verben und Nomen teilen
- Nomen mit Artikel aufschreiben
- Wortstämme der Verben markieren

- Nomen und Verben durch einen Strich trennen (vgl. BO ❷)
- Anzahl der Nomen reduzieren
- Im Klassenraum zusammengesetzte Nomen finden und getrennt aufschreiben (z. B. Lesebuch, Spielzeug, Malkasten)
- Lösung mit den Kindern überprüfen

BB ❹ | BO ❺ erarbeiten: Nomen zusammensetzen
- Verben und Nomen zu sinnvollen Nomen zusammensetzen
- Wortstämme der Verben markieren
- Quatsch-Wörter erfinden
- Eigene zusammengesetzte Nomen finden
- Lösung mit den Kindern überprüfen

Weiterführende Aufgaben

AH, AH Fö, FB: S. 74 + 75

IAÜ: ✓

AP: –

AR: –

BB S. 144 | BO S. 159: Wörter mit ie oder i ⊖•

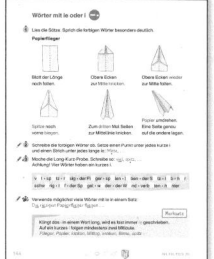 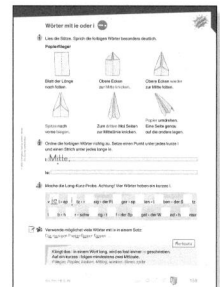

Warum die Stunde?

- Rechtschreibphänomen **ie** und **i** kennen und anwenden können
- Gehörtes durch Regelkenntnisse richtig schreiben können

Lernziele/Kompetenzen

🌰 Wörter mit ie wiederholen
🌰 Rechtschreibstrategie „Lang/Kurz?" verwenden können
🌰 Gelerntes Wissen anwenden

● Möglicher Stundenverlauf mit Differenzierungsmöglichkeiten

BB ① | **BO ①** erarbeiten: Sätze lesen
- Bilder anschauen und Sätze dazu vorlesen
- Farbige Wörter besonders betonen
- Reflexion mit der Klasse

BB ② | **BO ②** erarbeiten: Wörter ordnen
- Farbige Wörter erneut lesen
- Wörter nach **ie** oder **i** ordnen
- **ie** oder **i** markieren
- 🌰, 👫 Im Tandem arbeiten
- Lösung mit den Kindern überprüfen

BB ③ | **BO ③** erarbeiten: Lang-Kurz-Probe machen
- Wörter lesen und Lang-Kurz-Probe machen
- **ie** oder **i** in den Wörtern ergänzen
- Vier Wörter mit kurzem **i** finden: spitz, der Sitz, der Wind, hinter
- 🌰 Anzahl der Wörter reduzieren
- 🌰 An der Tafel weitere Wörter aufschreiben und **ie** oder **i** einsetzen lassen
- Lösung mit den Kindern überprüfen

BB 👣 | **BO 👣** erarbeiten: Satz bilden
- Satz mit möglichst vielen Wörtern mit ie bilden
- Verschiedene Wortarten verwenden
- Ggf. weitere Wörter in der Wörterliste finden
- 🌰 Mehrere Sätze schreiben
- Lösung mit den Kindern überprüfen

Weiterführende Aufgaben

AH, AH Fö, FB: S. 76

IAÜ: ✓

AP: –

AR: ✓

Weitere Ideen zur Arbeit mit der Seite

- Papierflieger basteln und anmalen, auf dem Schulhof einen Weitfliege-Wettbewerb veranstalten
- Quatschgeschichten mit Wörtern mit **ie** schreiben

BB S. 145 | BO S. 160: Wörter mit stummem h M

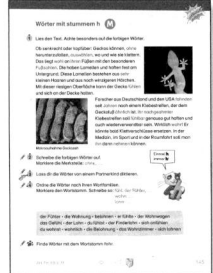 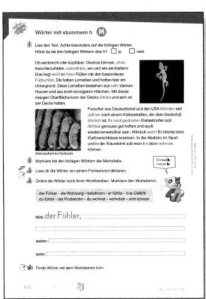

Warum die Stunde?

- Wörter mit stummem **h** richtig schreiben
- Wortfamilien wiederholen

Lernziele/Kompetenzen

- Sinnentnehmendes Lesen trainieren
- Rechtschreibstrategie „Merkwörter" wiederholen
- Eigene Rechtschreibfähigkeiten verbessern

Möglicher Stundenverlauf mit Differenzierungsmöglichkeiten

BB 1 | BO 1 erarbeiten: Text lesen
- Text leise vorlesen, dabei die farbigen Wörter besonders beachten
- Besonderheit der farbigen Wörter erkennen: Das h ist nicht hörbar
- ● Nur die farbigen Wörter vorlesen
- Reflexion mit der Klasse

BB 2 | BO 2 erarbeiten: Schwierige Wörter finden
- Farbige Wörter erneut lesen
- Stummes **h** als schwierige Stelle erkennen und markieren
- ● Anzahl der Wörter reduzieren
- ● Farbige Wörter je dreimal abschreiben und **h** markieren
- Lösung mit den Kindern überprüfen

BB 3 | BO 3 erarbeiten: Wörter diktieren lassen
- Partnerdiktat mit den Wörtern schreiben
- Rechtschreibung kontrollieren
- Ggf. Fehler verbessern
- Reflexion mit der Klasse

BB 4 | BO 4 erarbeiten: Wortfamilien ordnen
- Wörter nach ihren Wortstämmen ordnen
- Wortstämme markieren
- ● Nur zu einer Wortfamilie Wörter aufschreiben
- ● Zu allen Wortfamilien weitere Wörter finden
- Lösung mit den Kindern überprüfen

BB 👣 | BO 👣 erarbeiten: Wortfamilie bilden
- Wörter mit dem Wortstamm **fahr** aufschreiben
- Selbstständig Wörter überlegen, dann weitere Wörter in der Wörterliste suchen
- ● Sätze mit Wörtern mit dem Wortstamm **fahr** bilden
- Lösung mit den Kindern überprüfen

Weiterführende Aufgaben

AH, AH Fö, FB: S. 77

IAÜ: ✓

AP: —

AR: ✓

Weitere Ideen zur Arbeit mit der Seite

- Knickdiktat mit Wörtern mit stummem **h** schreiben

BB S. 146 + 147 | BO S. 161–164: Das kann ich schon

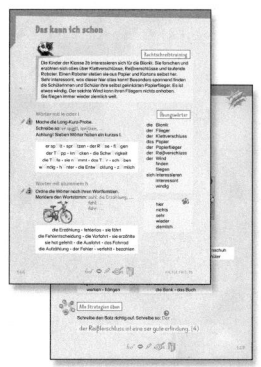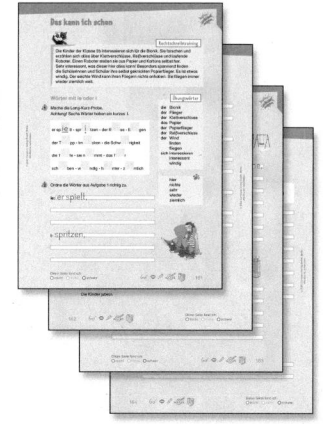

Übungsziele auf diesen Seiten

- Selbstständiges Lösen von Aufgaben
- Fachliche Inhalte aus den Bereichen Rechtschreiben und Sprache untersuchen des Kapitels wiederholen

Lernziele/Kompetenzen

- Selbstständig üben
- Sprachliche Strukturen erkennen
- Grammatisches Wissen anwenden und üben

Arbeitsvorschläge

Auf den Das-kann-ich-schon-Seiten befinden sich mehrere Rechtschreib- und Grammatikübungen. Die Aufgabenformate gleichen denen auf den entsprechenden Seiten im Kapitel.

BB 1 | BO 1 erarbeiten: Lang-Kurz-Probe machen
- Wörter lesen und Lang-Kurz-Probe machen
- **ie** oder **i** in die Wörter einsetzen
- Wörter nach **ie** oder **i** ordnen (vgl BO 2)

BB 2 | BO 7 erarbeiten: Wortfamilien ordnen
- Wortstämme erkennen
- Wörter nach ihren Wortstämmen ordnen und die Stämme markieren
- Anzahl der Wörter reduzieren
- Zu jeder Wortfamilie weitere Wörter finden

BB 3 | BO 3 erarbeiten: Prädikate finden
- Sätze genau lesen
- Das Prädikat durch Fragen herausfinden
- Prädikate und Fragen nach den Prädikaten markieren
- Nur zwei Sätze bearbeiten

BB 4 | BO 4 erarbeiten: Prädikate finden
- Sätze genau lesen
- Prädikate erfragen und markieren
- Nur zwei Sätze bearbeiten
- Aufgabe weglassen

BB 5 | BO 5 erarbeiten: Wörter zerlegen
- Zusammengesetzte Nomen in Silben lesen
- Nomen in Verben und Nomen zerlegen
- Wortstämme der Verben markieren
- Anzahl der Nomen reduzieren

BB 6 | BO 6 erarbeiten: Wörter zusammensetzen
- Verben und Nomen lesen
- Sinnvolle zusammengesetzte Nomen bilden
- Wortstämme der Verben markieren
- Drei weitere Nomen zusammensetzen

BB | BO Alle Strategien üben
- Fehler mithilfe der Rechtschreibstrategien verbessern, als Hilfe die Übersicht auf der STARK/Grammatikkarte nutzen
- Strategien über die korrigierten Wörter schreiben

Weiterführende Aufgaben

AH, AH Fö, FB: S. 78

IAÜ: –

AP: –

AR: –

Weitere Ideen zur Arbeit mit der Seite

- Rechtschreibtraining als Abschreibtext nutzen
- Übungswörter mit verschiedenen Lerntechniken trainieren: Abschreiben, Schleichdiktat, nach Alphabet ordnen, mit jedem Wort einen Satz bilden und aufschreiben, als Partnerdiktat

3.9 Am Teich

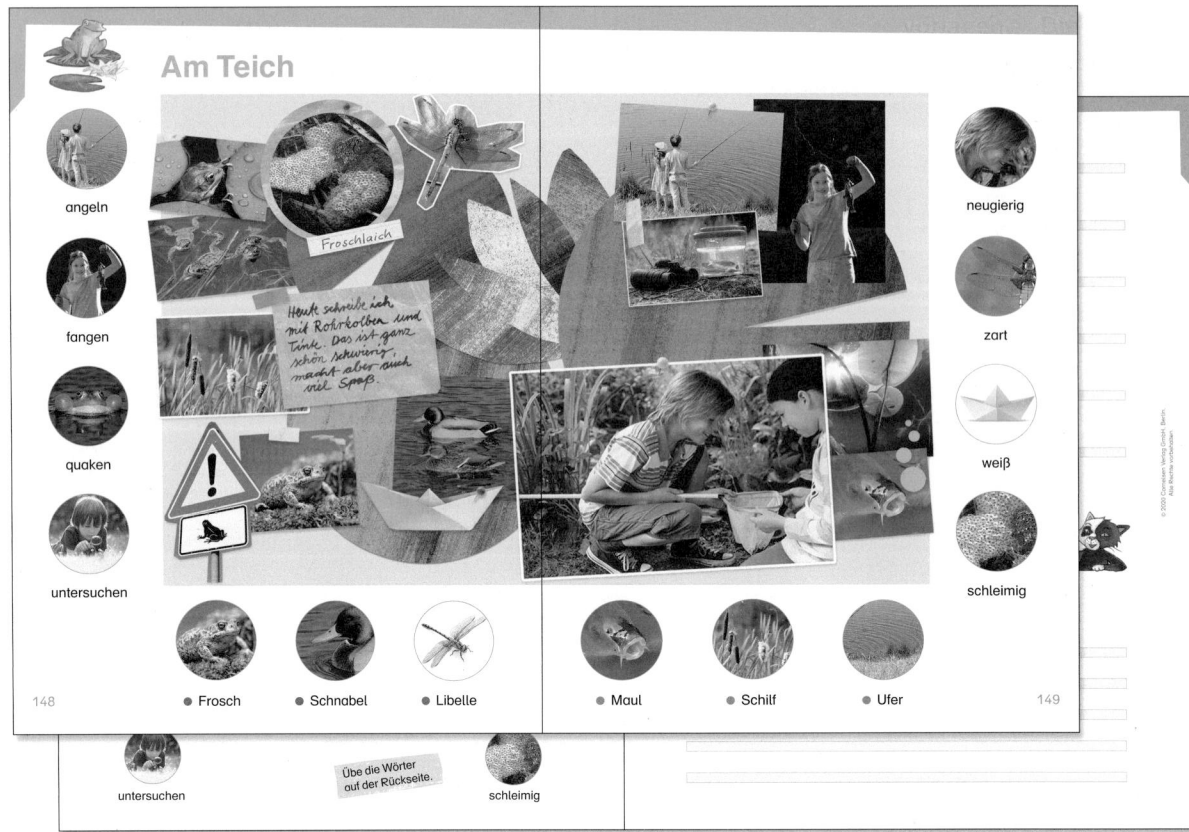

Schwerpunkte des Kapitels

Thematisch:

- Tiere und Pflanzen am Teich
- Natur in der direkten Umgebung

nach Lernbereichen:

Lesen

- Gedichte lesen BB S. 150 | BO S. 165
- Kinderbuchauszug lesen BB S. 151 | BO S. 166
- Genau lesen BB S. 152 | BO S. 167
- Fabeln kennenlernen BB S. 153 | BO S. 168

Sprechen

- Unterschiedliche Texte vergleichen BB S. 156 | BO S. 171
- Zum Nachdenken anregen BB S. 157 | BO S. 172

Texte schreiben

- Einen Steckbrief schreiben BB S. 158 | BO S. 173
- Eine Bastelanleitung schreiben BB S. 159 | BO S. 174

Sprache untersuchen

- Das Subjekt BB S. 160 | BO S. 175/176
- Subjekt und Prädikat BB S. 161 | BO S. 177/178

Richtig schreiben

- Wörter mit **tz** oder **z** BB S. 162 | BO S. 179
- Wörter mit **ck** oder **k** BB S. 163 | BO S. 180

Strategieseiten

- Gewusst wie: Informationen in Medien finden BB S. 154/155 | BO S. 169/170

Lerninhalte	BB	BO	AH/FH/FB	Kopiervorlagen	Digitale Differenzierung
Auftaktbild: Themenfeld Teich (Wortschatzarbeit)	S.148/149	–	–	64	AP
Gedichte lesen	S.150	S.165	–	–	–
Ein Kinderbuch lesen	S.151	S.166	–	–	–
Genau lesen	S.152	S.167	S.79	65	–
Fabeln kennenlernen	S.153	S.168	S.80/81	–	–
Gewusst wie: Informationen in Medien finden	S.154/155	S.169/170	–	–	–
Unterschiedliche Texte vergleichen	S.156	S.171	S.82	–	–
Zum Nachdenken anregen	S.157	S.172	–	–	AP, AR
Einen Steckbrief schreiben	S.158	S.173	S.83	66	AP
Eine Bastelanleitung schreiben	S.159	S.174	–	67	–
Das Subjekt	S.160	S.175/176	S.84	68	AR
Subjekt und Prädikat	S.161	S.177/178	S.85	69	AR, IAÜ
Wörter mit **tz** oder **z**	S.162	S.179	S: 86	70	AR
Wörter mit **ck** oder **k**	S.163	S.180	S.87	71	AR
Das kann ich schon: Rechtschreibtraining, Übungswörter, Wörter mit **tz** oder **z**, Wörter mit **ck** oder **k**, Das Subjekt, Subjekt und Prädikat	S.164/165	S.181–184	S.88	–	–

Zur Arbeit mit der Auftaktseite

- Erst Einzelarbeit, dann 👥, dann in Klasse besprechen (Wiederholungen vermeiden)
- Randwörter lesen, ggf. klären, im Bild suchen; Nomen mit Artikel nennen
- Von eigenen Erfahrungen und Erlebnissen im Zusammenhang mit Teichen/Seen berichten
- Aufgabe: Fotos von Erlebnissen am Teich/von Teichen mitbringen; eigene Collage in der Klasse erstellen

Wortschatzarbeit

- Erst Einzelarbeit, dann 👥, dann in Klasse besprechen (Wiederholungen vermeiden)
- Evtl. weitere Wörter zum Themenkreis **Teich/Natur**: der Fisch, die Angel, die Seerose, das Boot, die Ente, finden, beobachte, schwimmen, paddeln, tauchen, nass, trocken, interessant, eklig, rutschig, ruhig

Rechtschreibwortschatz des Kapitels üben und festigen

→ „Wörter der Woche" in Portionen an der Tafel täglich üben, z.B.: die Katze, die Zecke, die Ritze, der Rucksack, das Picknick, gucken, wecken, entdecken, spritzen, eklig, lecker,

→ Regelmäßig Lang-Kurz-Probe mit mehreren Wörtern machen
→ Partnerdiktate schreiben
→ Bilder am Rand der Collage benennen, deutlich sprechen
→ Lernwörterheft fortführen
→ Übungswörter (s. BB S.164 | BO S.181) drei- bis fünfmal abschreiben

BB S. 150 + 151 | BO S. 165 + 166: Gedichte lesen / Ein Kinderbuch lesen

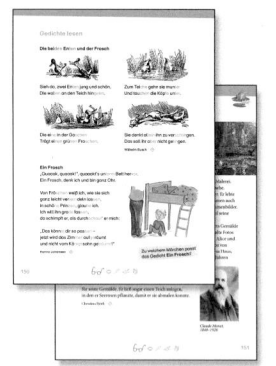
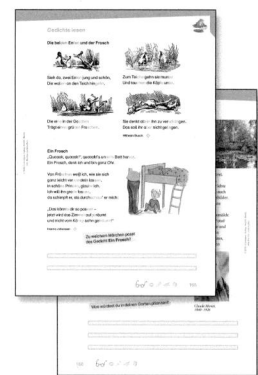

Ziele des Leseunterrichts auf diesen Seiten

- Unterschiedliche Texte lesen (Gedichte, Kinderbuchauszug)
- Merkmale von Gedichten kennen
- Reimwörter erkennen
- Gedicht betont vortragen

Vorbereitung

- Mehrere Bilder von Monets Garten ausdrucken und mitbringen

Literaturempfehlungen

- Busch, Wilhelm: Die beiden Enten und der Frosch. Paperless, 2016
- Björk, Christina: Linnéa im Garten des Malers. C. Bertelsmann Verlag, München 1985

Arbeitsvorschläge

Text 1: Gedichte

Bilder anschauen und Überschriften lesen; Vermutungen über den Inhalt der Gedichte anstellen
- Gedichte leise erlesen, dann betont vorlesen
- Bewegungen zum Gedicht „Die beiden Enten und der Frosch" ausdenken
- Das Gedicht vortragen: Ein Kind spricht den Text, drei andere spielen die Enten und den Frosch
- Reimpaare finden
- Frage beantworten: Das Gedicht „Ein Frosch" passt zum Märchen „Der Froschkönig".

- Eins der Gedichte auswählen und auswendig lernen
- Ein Bild zu einem der Gedichte malen

Text 2: Kinderbuchauszug

Bilder anschauen und beschreiben, Fragen dazu stellen: Kennt jemand den Namen Monet? Hat eins der Kinder seine Bilder schon im Museum gesehen?
- Text leise erlesen
- Text in eigenen Worten zusammenfassen
- Eigene Bilder von Monets Garten malen

BB S. 152 | BO S. 167: Genau lesen

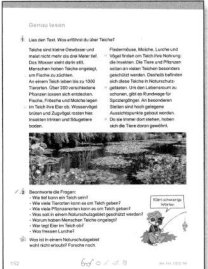 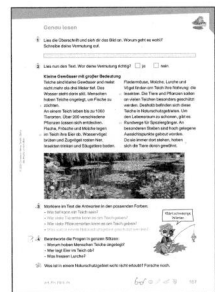

Warum die Stunde?

- Sinnverstehendes Lesen trainieren
- Fragen beantworten

Lernziele/Kompetenzen

- Genaues Lesen trainieren
- Einem Text gezielt Informationen entnehmen
- Fragen richtig beantworten
- Den Inhalt eines Textes wiedergeben

Möglicher Stundenverlauf mit Differenzierungsmöglichkeiten

Überschrift lesen und Bild betrachten; Vermutungen über den Inhalt des Textes anstellen (vgl. BO ❶)

BB ❶ | BO ❷ erarbeiten: Text lesen
- Text leise erlesen, dann laut lesen
- Ggf. unbekannte Wörter klären
- Inhalt des Textes in eigenen Worten wiedergeben
- Reflexion mit der Klasse

BB ❷ | BO ❸ + ❹ erarbeiten: Fragen beantworten
- Fragen zum Text lesen
- Text erneut lesen und gezielt nach Antworten suchen

- Fragen beantworten, zunächst alleine, dann in
- Anzahl der Fragen reduzieren
- , Einem Partnerkind weitere Fragen stellen
- Fragen in ganzen Sätzen beantworten
- Lösung mit den Kindern überprüfen

BB | BO erarbeiten: Frage beantworten
- Zur Beantwortung der Frage recherchieren (im Internet oder in Büchern)
- Lösung mit den Kindern überprüfen

Weiterführende Aufgaben

AH, AH Fö, FB: S. 79

IAÜ: –

AP: –

AR: –

BB S. 153 | BO S. 168: Fabeln kennenlernen

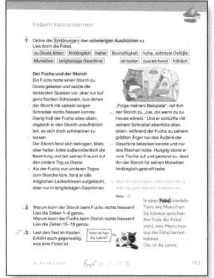 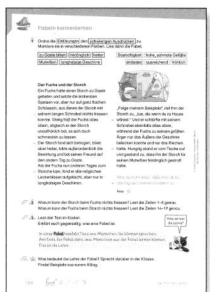

Warum die Stunde?

- Textart „Fabel" kennen
- Lehre eines Textes verstehen

Lernziele/Kompetenzen

- Eine Fabel verstehen
- Merkmale einer Fabel kennen
- Synonyme für unbekannte Wörter finden
- Gelesenes wiedergeben

Möglicher Stundenverlauf mit Differenzierungsmöglichkeiten

 Besprechen, ob jemand schon weiß, was eine Fabel ist und das erklären kann

BB ❶ | BO ❶ erarbeiten: Erklärungen zuordnen
- Erklärungen und schwierige Ausdrücke lesen, fragen, ob ein Kind sie bereits erklären kann
- Passende Erklärungen zu den Ausdrücken finden
- 🍎, 👧 Im Tandem arbeiten
- Ergebnisse an der Tafel festhalten
- Lehrkraft liest Text sinngestaltend vor
- Ggf. weitere unbekannte Wörter klären
- 🍏 Fabel abschreiben; schwierige Ausdrücke durch Erklärungen ersetzen
- Lösung mit den Kindern überprüfen

BB ❷ | BO ❷ erarbeiten: Fragen beantworten
- Verständnisfragen beantworten
- Handlungen des Storches nachvollziehen
- 🍎, 👧 Im Tandem arbeiten

- 🍏 Fragen in ganzen Sätzen beantworten
- Lösung mit den Kindern überprüfen

BB ❸ | BO ❸ erarbeiten: Fabel erklären
- Beschreibung der Textart „Fabel" lesen
- 🍏 Beispiele für die Lehre aus dem eigenen Leben finden (vgl. BO ❹)
- Lösung mit den Kindern überprüfen

Weiterführende Aufgaben

AH, AH Fö, FB: S. 80 + 81

IAÜ: –

AP: –

AR: –

Weitere Ideen zur Arbeit mit der Seite

- Buch mit Fabeln für die Klassenbücherei mitbringen

BB S. 154 + 155 | BO S. 169 + 170: Gewusst wie: Informationen in Medien finden

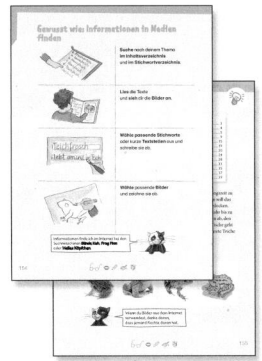
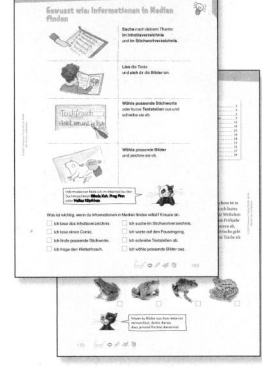

Warum die Stunde?

- Zu einem Thema recherchieren
- Selbstständig Informationen finden
- Wissenschaftliches Arbeiten üben

Lernziele/Kompetenzen

- In einem Inhaltsverzeichnis etwas nachschauen
- Informationen zusammentragen
- Informationen strukturiert aufschreiben

Möglicher Stundenverlauf mit Differenzierungsmöglichkeiten

Gewusst-Wie-Seite lesen und ggf. Fragen dazu besprechen

BB ❶ | BO ❶ erarbeiten: Inhaltsverzeichnis erschließen

- Inhaltsverzeichnis lesen
- Frage beantworten: auf Seite 28
- , Im Tandem arbeiten
- Weitere Fragen stellen: In welchem Kapitel steht etwas über den Seefrosch? Welches Kapitel kommt nach den Froscharten? Was steht ganz am Anfang des Buches?
- Reflexion mit der Klasse

BB ❷ | BO ❷ erarbeiten: Stichworte aufschreiben

- Text leise erlesen
- Wichtige Stichworte zum Teichfrosch finden
- Stichpunkte untereinander aufschreiben

- Gemeinsam an der Tafel Stichworte aufschreiben
- Lösung mit den Kindern überprüfen

BB ❸ | BO ❸ erarbeiten: Bild zeichnen

- Bilder anschauen
- Bilder mit den gesammelten Informationen zum Teichfrosch vergleichen
- Darstellungen von Teichfröschen erkennen: C und D
- Eins der Bilder abzeichnen
- Lösung mit den Kindern überprüfen

Weitere Ideen zur Arbeit mit der Seite

- Quiz veranstalten: Fragen zu mehreren Büchern stellen, diese in der Klasse auslegen (am besten in mehrfacher Ausführung) und die Informationen in den Büchern finden
- Mit anderen Sachtexten die Methoden wiederholen

BB S. 156 | BO S. 171: Unterschiedliche Texte vergleichen

Warum die Stunde?

- Merkmale unterschiedlicher Texte kennen (Gedicht, Artikel)
- Unterschiede von Texten benennen können

Vorbereitung

- Texte vergrößert ausdrucken, um die Ergebnisse vorne markieren zu können

Lernziele/Kompetenzen

- Unterschiedliche Texte lesen und verstehen
- Texten Informationen entnehmen
- Funktionen unterschiedlicher Textarten auseinanderhalten

Möglicher Stundenverlauf mit Differenzierungsmöglichkeiten

BB ❶ | BO ❶ erarbeiten: Texte lesen
- Texte leise erlesen
- Gedicht betont vorlesen
- Ggf. unbekannte Wörter klären
- Beschreiben, was für Unterschiede zwischen den Texten bestehen
- Drei Dinge nennen, die Libellen in der Luft tun können: im Flug stehen bleiben, sehr schnell fliegen und wieder abbremsen, rückwärts fliegen
- Lösung mit den Kindern überprüfen

BB ❷ | BO ❷ + ❸ erarbeiten: Textarten beschreiben
- Texte erneut lesen
- Den beiden Texten ihre Gattungen zuordnen: Gedicht, Artikel aus einer Zeitschrift

- Tabelle erstellen
- Eigenschaften zuordnen
- Wortkarten (vgl. BO) mitbringen, in unterschiedlichen Farben markieren
- Weitere Merkmale finden
- Lösung mit den Kindern überprüfen

Weiterführende Aufgaben

AH, AH Fö, FB: S. 82

IAÜ: −

AP: −

AR: −

Weitere Ideen zur Arbeit mit der Seite

- In anderen Gedichten poetische Wörter finden, Sammlung erstellen
- Eigene Gedichte schreiben

BB S. 157 | BO S. 172: Zum Nachdenken anregen

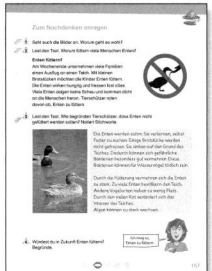 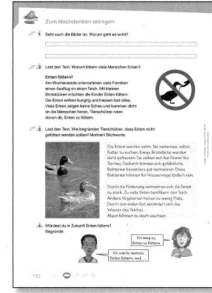

Warum die Stunde?

- Problembewusstsein entwickeln
- Begründungen nachvollziehen

Lernziele/Kompetenzen

- ● Sinnentnehmendes Lesen trainieren
- ● Eigene Meinung entwickeln
- ● Eigene Meinung vertreten

Möglicher Stundenverlauf mit Differenzierungsmöglichkeiten

BB ❶ | BO ❶ erarbeiten: Materialien erschließen
- Bilder anschauen
- Vermutungen über das Thema anstellen
- ● Mündlich in der Klasse besprechen
- ● Schriftlich bearbeiten
- Reflexion mit der Klasse

BB ❷ | BO ❷ erarbeiten: Text lesen
- Text leise erlesen, dann vorlesen
- Haben die Vermutungen sich bewahrheitet?
- Verständnisfragen zum Text stellen: Warum füttern Menschen Enten? Sollte man Enten füttern?
- ● Lehrkraft liest den Text vor
- Reflexion mit der Klasse

BB ❸ | BO ❸ erarbeiten: Stichworte finden
- Text leise erlesen
- Frage vorlesen
- Stichworte zur Antwort im Text finden

- Stichworte mit anderen Kindern vergleichen
- ● Frage in ganzen Sätzen beantworten
- Reflexion mit der Klasse

BB ❹ | BO ❹ erarbeiten: Frage beantworten
- Frage vorlesen
- Frage zunächst für sich beantworten
- In der Klasse diskutieren
- ● Schriftlich antworten
- Reflexion mit der Klasse

Weiterführende Aufgaben

AH, AH Fö, FB: –

IAÜ: –

AP: ✓

AR: ✓

Weitere Ideen zur Arbeit mit der Seite

- Plakate dazu erstellen

BB S. 158 | BO S. 173: Einen Steckbrief schreiben

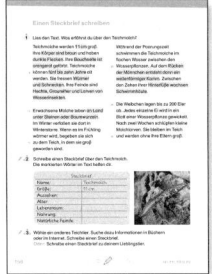 

Warum die Stunde?

- Sinnentnehmendes Lesen trainieren
- Verständlich schreiben
- Informationen in Stichworten darstellen

Vorbereitung

- Fotos von Teichmolchen mitbringen, die auf die Steckbriefe geklebt werden können

Lernziele/Kompetenzen

- Genau lesen
- Aus einem Text Informationen entnehmen
- Strukturiert schreiben
- Informationen übersichtlich darstellen

Möglicher Stundenverlauf mit Differenzierungsmöglichkeiten

BB 1 | BO 1 erarbeiten: Text lesen
- Text leise erlesen
- Grün markierte Wörter noch einmal lesen
- Text in eigenen Worten zusammenfassen
- , Im Tandem arbeiten
- Reflexion mit der Klasse

BB 2 | BO 2 erarbeiten: Steckbrief schreiben
- Steckbrief-Vorlage anschauen
- Informationen gezielt im Text suchen
- Informationen in den Steckbrief eintragen
- Steckbrief vorgedruckt mitbringen
- Teichmolche malen oder Fotos aufkleben
- Eigene Kategorien ergänzen
- Lösung mit den Kindern überprüfen

BB 3 erarbeiten: Steckbrief schreiben
- Zu einem anderen Tier recherchieren (im Internet oder Büchern)
- Einen Steckbrief schreiben: die Kategorien aus dem Buch verwenden
- Informationen über andere Tiere zur Verfügung stellen
- Text über das andere Tier schreiben
- Tiere mithilfe der Steckbriefe vorstellen
- Lösung mit den Kindern überprüfen

Weiterführende Aufgaben

AH, AH Fö, FB: S. 83

IAÜ: −

AP: ✓

AR: −

Weitere Ideen zur Arbeit mit der Seite

- Zu weiteren Tieren recherchieren und Steckbriefe erstellen; eine Tierkartei anlegen

BB S. 159 | BO S. 174: Eine Bastelanleitung schreiben

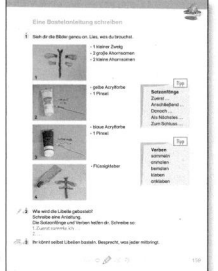
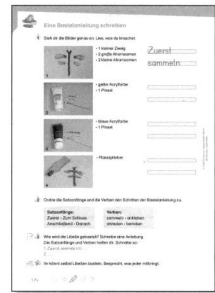

Warum die Stunde?

- Verschiedene Sorten von Sach- und Gebrauchstexten kennen: Bastelanleitung
- Einen Ablauf sachgerecht und in der richtigen Reihenfolge beschreiben

Vorbereitung

- Ggf. Bastelmaterial mitbringen

Lernziele/Kompetenzen

⬤ Eine Anleitung lesen und verstehen
🔵 Anhand von Bildern einen Ablauf zusammenstellen
🔷 Einen Vorgang beschreiben

Möglicher Stundenverlauf mit Differenzierungsmöglichkeiten

BB **1** | BO **1** erarbeiten: Materialien erschließen
- Bilder anschauen und beschreiben
- Materialliste lesen
- Materialien in den Bildern wiedererkennen
- Lösung mit den Kindern überprüfen

BB **2** | BO **2** + **3** erarbeiten: Anleitung schreiben
- Jeden Arbeitsschritt in ganzen Sätzen beschreiben
- Satzanfänge und Verben als Hilfe nutzen
- 👫 Partnerkontrolle

- ⬤, 👫 Im Tandem arbeiten
- Lösung mit den Kindern überprüfen

BB **3** | BO 🔵 erarbeiten: Libellen basteln
- Material für Libellen mitbringen
- Mithilfe der Anleitung eigene Libellen basteln
- Alle Arbeitsschritte berücksichtigen
- Lösung mit den Kindern überprüfen

Weitere Ideen zur Arbeit mit der Seite

- Mobile aus den Libellen basteln und in der Klasse aufhängen

BB S. 160 | BO S. 175 + 176: Das Subjekt

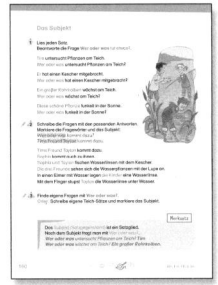
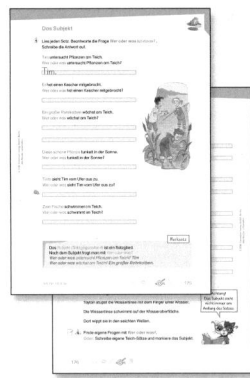

Warum die Stunde?

- Verständnis von Satzstrukturen im Deutschen entwickeln
- Satzglied „Subjekt" und seine Funktion kennen

Lernziele/Kompetenzen

- Genaues Lesen trainieren
- Unterschiedliche Satzglieder kennen
- Subjekte durch Fragen erkennen
- Nach Beispielen schreiben

Möglicher Stundenverlauf mit Differenzierungsmöglichkeiten

BB ❶ | BO ❶ erarbeiten: Fragen beantworten
- Sätze genau lesen
- Zu jedem Satz die Frage „Wer oder was tut etwas?" stellen und beantworten
- Subjekte erkennen
- Mündlich beantworten
- Im Tandem arbeiten
- Schriftlich beantworten
- Lösung mit den Kindern überprüfen

BB ❷ | BO ❷ erarbeiten: Fragewörter und Subjekte erkennen
- Subjekte der Sätze erfragen
- Subjekte und Fragewörter markieren
- Anzahl der Sätze reduzieren
- Im Tandem arbeiten
- Weitere Fragen und Antworten finden (vgl. BO ❸)
- Lösung mit den Kindern überprüfen

BB ❸ | BO ❹ erarbeiten: Fragen oder Sätze schreiben
- Eigene Sätze oder Fragen mit „Wer oder was?" bilden
- Subjekte/Fragewörter erkennen und markieren
- Im Tandem arbeiten
- Sätze und die dazugehörigen Fragen aufschreiben
- Lösung mit den Kindern überprüfen

Weiterführende Aufgaben

AH, AH Fö, FB: S. 84

IAÜ: —

AP: —

AR: ✓

Weitere Ideen zur Arbeit mit der Seite

- Subjekt-Kartei anlegen (vgl. Prädikat-Kartei von BB S. 142 | BO S. 155)

BB S. 161 | BO S. 177 + 178: Subjekt und Prädikat

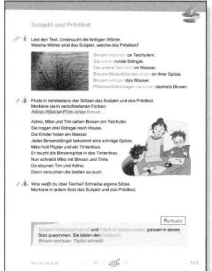
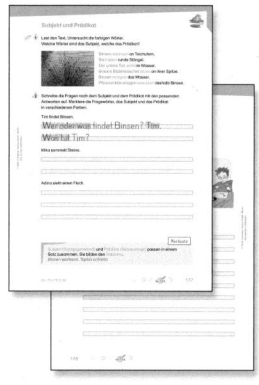

Warum die Stunde?

- Sätze in Satzglieder unterteilen
- Funktion von Subjekt und Prädikat in einem Satz kennen

Lernziele/Kompetenzen

🐸 Die Satzglieder „Subjekt" und „Prädikat" kennen
🐸 Subjekte und Prädikate erkennen und erfragen können
🐸 Sätze richtig aufbauen

Möglicher Stundenverlauf mit Differenzierungsmöglichkeiten

BB ❶ | BO ❶ erarbeiten: Subjekte und Prädikate erkennen
- Sätze lesen
- Farbige Wörter untersuchen und ihre Funktion erkennen: blaue Wörter = Subjekt, orangene Wörter = Prädikat
- 🐸 Subjekte und Prädikate erfragen
- Lösung mit den Kindern überprüfen

BO ❷ erarbeiten: Fragewörter, Subjekte und Prädikate kennen
- Sätze lesen
- Prädikate und Subjekte passend erfragen
- Fragen und Antworten aufschreiben
- Fragewörter, Subjekte und Prädikate markieren
- 🐸 Aufgabe weglassen
- 🐸 Aufgabe auch für BB stellen
- Lösung mit den Kindern überprüfen

BB ❷ | BO ❸ erarbeiten: Subjekte und Prädikate erkennen
- Sätze genau lesen
- Subjekte und Prädikate erfragen

- Subjekte und Prädikate in unterschiedlichen Farben markieren
- 🐸 Anzahl der Sätze reduzieren
- 🐸 Alle Sätze bearbeiten
- Lösung mit den Kindern überprüfen

BB ❸ | BO ❹ erarbeiten: Sätze schreiben
- Eigene Sätze schreiben
- Subjekte und Prädikate markieren
- 🐸 Beispielsätze an der Tafel untersuchen
- 🐸 Eigenen Text illustrieren
- Lösung mit den Kindern überprüfen

Weiterführende Aufgaben

AH, AH Fö, FB: S. 85

IAÜ: ✓

AP: —

AR: ✓

Weitere Ideen zur Arbeit mit der Seite

- Kinder spielen etwas vor, andere Kinder beschreiben das Spiel in ganzen Sätzen

BB S. 162 | BO S. 179: Wörter mit tz oder z —•

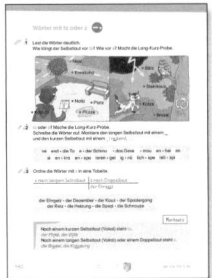 

Warum die Stunde?

- Rechtschreibkenntnisse festigen
- STARK-Strategie „Lang/kurz?" wiederholen

Lernziele/Kompetenzen

🐸 Wörter mit tz richtig schreiben

🐸 Lang-Kurz-Probe beherrschen

🐸 Rechtschreibstrategien zum normgerechten Schreiben kennen und anwenden

Möglicher Stundenverlauf mit Differenzierungsmöglichkeiten

 Wiederholung von Wissen über Wörter mit **tz** aus dem letzten Schuljahr

BB ❶ | BO ❶ erarbeiten: Lang-Kurz-Probe machen
- Bilder anschauen und Wörter mit **tz** und **z** lesen
- Lang-Kurz-Probe machen
- Regel über die Länge des Vokals vor **tz** und vor **z** formulieren
- 🐸 Nur zu einem Bild bearbeiten
- 🐸 So viele Wörter mit **tz** und **z** wie möglich in einem Satz unterbringen
- Lösung mit den Kindern überprüfen

BB ❷ | BO ❷ erarbeiten: Lang-Kurz-Probe machen
- Wörter vorlesen und Lang-Kurz-Probe machen
- **tz** oder **z** in den Wörtern ergänzen

- Länge der Vokale markieren
- 🐸, 🐸 Partnerkontrolle
- 🐸 Sätze mit den Wörtern bilden
- Lösung mit den Kindern überprüfen

BB ❸ | BO ❸ erarbeiten: Wörter zuordnen
- Tabelle für Wörter mit **z** nach langem Vokal und nach Diphthong erstellen
- Wörter mit **z** ordnen
- Vokale und **z** markieren
- Lösung mit den Kindern überprüfen

Weiterführende Aufgaben

AH, AH Fö, FB: S. 86

IAÜ: –

AP: –

AR: ✓

 BB S. 163 | BO S. 180 **Wörter mit ck oder k** ⚫—•

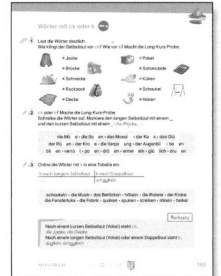 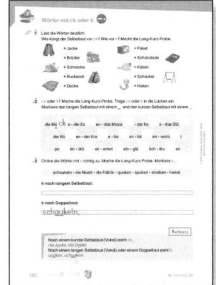

Warum die Stunde?

- **ck** als Sonderform der Konsonanten-Verdopplung kennen
- Wiederholung der Rechtschreibstrategie „Lang/kurz?"

Lernziele/Kompetenzen

🔴 Wörter mit **ck** verstehen und die Regel erkennen

🔵 Rechtschreibstrategie „Lang/kurz?" kennen und anwenden

⚫ Rechtschreibphänomen sicher beherrschen

Möglicher Stundenverlauf mit Differenzierungsmöglichkeiten

 Wiederholung von Wissen über Wörter mit **ck** aus dem letzten Schuljahr

BB ❶ | BO ❶ erarbeiten: Lang-Kurz-Probe machen
- Wörter deutlich vorlesen
- Lang-Kurz-Probe machen
- Länge der Vokale unterscheiden
- 🔴 Anzahl der Wörter reduzieren
- 🔵 Wörter abschreiben und die Länge des Vokals markieren
- Lösung mit den Kindern überprüfen

BB ❷ | BO ❷ erarbeiten: Lang-Kurz-Probe machen
- Wörter vorlesen und Lang-Kurz-Probe machen
- **ck** oder **k** in den Wörtern ergänzen
- Länge der Vokale markieren

- 🔵, 👥 Partnerkontrolle
- ⚫ Sätze mit den Wörtern bilden
- Lösung mit den Kindern überprüfen

BB ❸ | BO ❸ erarbeiten: Wörter ordnen
- Tabelle für Wörter mit **k** nach langem Vokal und nach Diphthong erstellen
- Wörter mit **k** ordnen
- Vokale und **k** markieren
- Lösung mit den Kindern überprüfen

Weiterführende Aufgaben

AH, AH Fö, FB: S. 87

IAÜ: –

AP: –

AR: ✓

3 Am Teich

BB S. 164 +165 | BO S. 181–184: Das kann ich schon

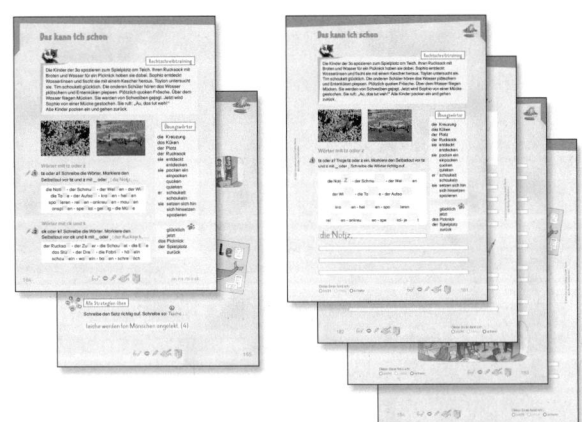

Übungsziele auf diesen Seiten

- Selbstständiges Lösen von Aufgaben
- Fachliche Inhalte aus den Bereichen Rechtschreiben und Sprache untersuchen des Kapitels wiederholen

Lernziele/Kompetenzen

- Selbstständig üben
- Sprachliche Strukturen erkennen
- Grammatisches Wissen anwenden und üben

Arbeitsvorschläge

> Auf den Das-kann-ich-schon-Seiten befinden sich mehrere Rechtschreib- und Grammatikübungen. Die Aufgabenformate gleichen denen auf den entsprechenden Seiten im Kapitel.

BB 1 | BO 1 erarbeiten: Wörter richtig schreiben
- Wörter im Kasten lesen
- Lang-Kurz-Probe machen
- **tz** oder **z** in den Wörtern ergänzen und markieren
- Länge der Vokale vor **tz** oder **z** markieren
- Anzahl der Wörter reduzieren

BB 2 | BO 2 erarbeiten: Wörter richtig schreiben
- Wörter im Kasten lesen
- Lang-Kurz-Probe machen
- **ck** oder **k** in den Wörtern ergänzen und markieren
- Länge der Vokale vor **ck** oder **k** markieren
- Anzahl der Wörter reduzieren
- Sätze mit den Wörtern schreiben

BO 3 erarbeiten: Lang-Kurz-Probe machen
- Nomen lesen
- Lang-Kurz-Probe machen
- Nomen mit **k** nach langem Vokal und nach Diphthong ordnen
- Zu beiden Kategorien ein weiteres Wort finden

BB 3 | BO 4 erarbeiten: Fragewörter und Subjekte erkennen
- Subjekte der Sätze erfragen
- Fragen und Antworten aufschreiben; Fragewörter und Subjekte markieren

- Anzahl der Sätze reduzieren
- Alle Sätze bearbeiten

BB 4 | BO 5 erarbeiten: Subjekte und Prädikate finden
- Sätze genau lesen
- Subjekte und Prädikate erfragen
- Subjekte und Prädikate markieren
- Alle Sätze bearbeiten

BB | BO Alle Strategien üben
- Fehler mithilfe der Rechtschreibstrategien verbessern, als Hilfe die Übersicht auf der STARK/Grammatikkarte nutzen
- Strategien über die korrigierten Wörter schreiben

Weiterführende Aufgaben

AH, AH Fö, FB: S. 88

IAÜ: –

AP: –

AR: –

Weitere Ideen zur Arbeit mit der Seite

- Rechtschreibtraining als Abschreibtext nutzen
- Übungswörter mit verschiedenen Lerntechniken trainieren: Abschreiben, Schleichdiktat, nach Alphabet ordnen, mit jedem Wort einen Satz bilden und aufschreiben, als Partnerdiktat

Schwerpunkte des Kapitels

Thematisch:

- Deutschland besser kennenlernen, fächerverbindend zum SU
- Regionale Unterschiede in Deutschland
- Unterschiedliche Herkunft
- Sensibilisieren für die Flüchtlingsthematik

nach Lernbereichen:

Lesen

- Merkverse lesen BB S. 168 | BO S. 185
- Kinderbuchauszug lesen BB S. 169 | BO S. 186
- Sich Gedanken über einen Text machen BB S. 170/171 | BO S. 187/188
- Informationen aus Sachtexten entnehmen BB S. 172 | BO S. 189

Sprechen

- Meinungen begründen BB S. 173 | BO S. 190

Texte schreiben

- Nach Anregung schreiben BB S. 174 | BO S. 191/192
- Über ein Erlebnis schreiben BB S. 175 | BO S. 193

Sprache untersuchen

- Dialekt verstehen BB S. 176 | BO S. 194
- Nachgestellter Begleitsatz BB S. 177 | BO S. 195/196

Richtig schreiben

- Texte mit dem Computer überprüfen BB S. 178 | BO S. 197
- Silbentrennendes **h** BB S. 179 | BO S. 198

Lerninhalte	BB	BO	AH/FH/FB	Kopier-vorlagen	Digitale Differenzierung
Auftaktbild: Themenfeld Lebensraum (Wortschatzarbeit)	S.166/167	–	–	72	AP
Merkverse lesen	S.168	S.185	–	–	–
Ein Kinderbuch lesen	S.169	S.186	–	–	–
Sich Gedanken über einen Text machen	S.170/171	S.187/188	S.89	–	–
Informationen aus Sachtexten entnehmen	S.172	S.189	S.90	–	–
Meinungen begründen	S.173	S.190	–	–	AP
Nach Anregung schreiben	S.174	S.191/192	S.91	73	–
Über ein Erlebnis schreiben	S.175	S.193	–	74	–
Dialekt verstehen	S.176	S.194	–	–	–
Nachgestellter Begleitsatz	S.177	S.195/196	S.92/93	75	AP
Texte mit dem Computer überprüfen	S.178	S.197	S.94	–	–
Silbentrennendes **h**	S.179	S.198	S.95	76	AR, IAÜ
Das kann ich schon: Rechtschreib-training, Übungswörter, Nachgestellter Begleitsatz, Silbentrennendes **h**	S.180/181	S.199–202	S.96	–	–

Zur Arbeit mit der Auftaktseite

- Erst Einzelarbeit, dann , dann in Klasse besprechen (Wiederholungen vermeiden)
- Randwörter lesen, ggf. klären, im Bild suchen; Nomen mit Artikel nennen
- Deutschlandkarte mitbringen und den eigenen Ort finden
- Den eigenen Ort mithilfe der Randwörter beschreiben
- Spiel: Ich sehe was, das du nicht siehst …

Wortschatzarbeit

- Erst Einzelarbeit, dann , dann in Klasse besprechen (Wiederholungen vermeiden)
- Sätze mit dem Wortmaterial bilden
- Evtl. weitere Wörter zum Themenkreis **Heimat**: die Landkarte, das Kind, die Heimat, die Nachbarn, wohnen, leben, reisen, entdecken, umziehen, lustig, neu, vertraut, sauber

Rechtschreibwortschatz des Kapitels üben und festigen

→ „Wörter der Woche" in Portionen an der Tafel täglich üben, z.B.: das Versehen, der Rasenmäher, in die Nähe gehen, erspähen, rufen, erklären, auf etwas bestehen, behaupten
→ Eigene Gedichte mit Reimwörtern mit silbentrennendem h schreiben

→ Ggf. Wörter des regionalen Dialekts einführen
→ Bilder am Rand der Collage benennen, deutlich sprechen
→ Diktate schreiben (Partnerdiktat, Dosendiktat, Würfeldiktat …)
→ Lernwörterheft fortführen
→ Übungswörter (s. BB S.180 | BO S.199) drei- bis fünfmal abschreiben
→ Rechtschreibgespräche führen

BB S. 168 + 169 | BO S. 185 + 186: Merkverse lesen / Ein Kinderbuch lesen

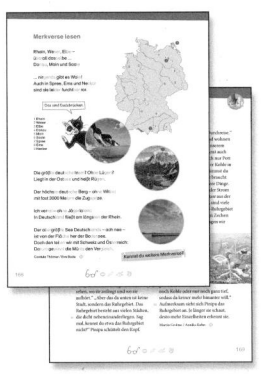 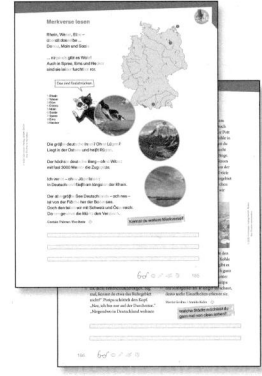

Ziele des Leseunterrichts auf diesen Seiten

🐱 Unterschiedliche Texte sinnentnehmend lesen
🐱 Texten Informationen entnehmen
🐱 Grundverständnis der deutschen Geografie entwickeln
🐱 Sich Informationen merken

Vorbereitung

- Bücher mit Eselsbrücken oder Merksätzen mitbringen
- Deutschlandkarte mitbringen

Literaturempfehlungen

- Bade, Eva; Thörner, Cordula: Eselsbrücken, Merksätze, Gedichte und ganz viel Lustiges. Carlsen-Verlag, Hamburg 2016
- Grolms, Martin: Pinipas Abenteuer. Eine phantastische Deutschlandreise als Seifenblasenpilotin und Papierschiffmatrosin. Gruhnling, Aachen 2015

Arbeitsvorschläge

Text 1: Merkverse

- Texte leise erlesen, dann vorlesen
- Funktion von Merkversen besprechen
- Die beschriebenen Flüsse auf der Karte finden
- 🐱 Nur einen der Merkverse besprechen
- 🐱 Merkverse auswendig lernen
- 🐱 Weitere Merkverse finden: Kinder nennen ihnen bereits bekannte Merkverse, recherchieren online oder in Büchern

Text 2: Kinderbuchauszug

- Text leise lesen, dann vorlesen
- Text mit verteilten Rollen vorlesen (Pinipa, Taube, Erzähler)

- Ruhrgebiet auf der Deutschlandkarte finden
- Eigene Heimatregion finden
- Besonderheiten der eigenen Heimat beschreiben
- 🐱 Nur die Erzählung der Taube vom Ruhrgebiet lesen

Weitere Ideen zur Arbeit mit der Seite

- Weitere Bücher für die Klassenbibliothek mitbringen z. B. Wieso? Weshalb? Warum?; Am Tag, als Saida zu uns kam; Bestimmt wird alles gut
- Forscherauftrag: Erwachsene nach Merkversen fragen

BB S. 170 + 171 | BO S. 187 + 188: Sich Gedanken über einen Text machen

Warum die Stunde?

- Sinnverstehendes Lesen trainieren
- Diskontinuierlichen Texten Informationen entnehmen
- Text und Bild in Beziehung setzen

Vorbereitung

- Text vergrößert kopieren und präsentieren
- Weltkarte mitbringen

Lernziele/Kompetenzen

- 🔴 Illustrierte Texte verstehen
- 🔵 Inhalt eines Textes zusammenfassen
- ⚫ Mithilfe eines Textes eine Meinung bilden

Möglicher Stundenverlauf mit Differenzierungsmöglichkeiten

⚖☺ Über das Thema Migration/Flucht sprechen, eigene Erfahrungen der Kinder erfragen
Achtung: Je nach sozialen Hintergründen der Kinder kann das Thema sehr sensibel sein!

BB **1** | BO **1** erarbeiten: Bilder ansehen
- Bilder anschauen und den ersten Satz lesen
- Vermutungen über den Inhalt des Textes anstellen
- 🔴 Vermutungen in der Klasse besprechen und an der Tafel notieren
- ⚫ Eigene Vermutungen notieren
- Reflexion mit der Klasse

BB **2** | BO **2** erarbeiten: Textmerkmale erkennen
- Charakteristika des Textes beschreiben: Comicelemente (Sprechblasen, mehrere Bilder), Geschichte entlang der Bilder erzählt
- ⚫ Frage schriftlich beantworten
- Reflexion mit der Klasse

BB **3** | BO **3** erarbeiten: Frage beantworten
- Frage lesen
- Begründungen im Text suchen und Frage beantworten: Reisen, Karriere, Flucht (politisch oder wirtschaftlich motiviert)

- 🔴, 👧 Im Tandem arbeiten
- Reflexion mit der Klasse

BB **4** | BO **4** erarbeiten: Eigene Meinung bilden
- Gründe noch einmal überdenken
- Eigene Meinung dazu bilden und begründen
- ⚫ Aufgabe schriftlich beantworten
- Reflexion mit der Klasse

Weiterführende Aufgaben

AH, AH Fö, FB: S. 89

IAÜ: –

AP: –

AR: –

Weitere Ideen zur Arbeit mit der Seite

- Informationsplakate zum Thema Migration/Flucht gestalten
- Umfrage in der Schule durchführen. Wie viele Sprachen werden an der Schule gesprochen? Woher kommen die Kinder?

BB S. 172 | BO S. 189: Informationen aus Sachtexten entnehmen

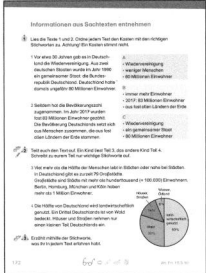
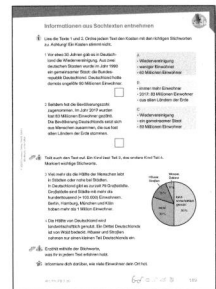

Warum die Stunde?

- Texte genau lesen
- Passende Stichworte finden
- Materialien wissenswerte Informationen entnehmen

Lernziele/Kompetenzen

- Genaues Lesen trainieren
- Texten Informationen entnehmen
- Informationen strukturiert zusammenfassen

Möglicher Stundenverlauf mit Differenzierungsmöglichkeiten

BB ❶ | BO ❶ erarbeiten: Texte zuordnen
- Textabschnitte und Stichwortkästen lesen
- Den Texten die passenden Stichworte zuordnen: 1 C, 2 B
- , Im Tandem arbeiten
- Mit Partnerkind arbeiten: Jedes Kind liest einen Abschnitt
- Stichworte im Buch abdecken und eigene Stichworte zu den Abschnitten finden
- Lösung mit den Kindern überprüfen

BB ❷ | BO ❷ erarbeiten: Stichworte aufschreiben
- Mit Partnerkind arbeiten: Ein Kind liest Abschnitt 3, das andere Abschnitt 4
- Wichtige Stichworte im Text finden
- In Gruppen mit vier Kindern arbeiten: Textabschnitte zu zweit bearbeiten
- Lösung mit den Kindern überprüfen

BB ❸ | BO ❸ erarbeiten: Texte zusammenfassen
- Partnerkindern den eigenen Textabschnitt zusammenfassen
- Ggf. Verständnisfragen stellen
- Text schriftlich zusammenfassen lassen
- Vor der ganzen Klasse präsentieren
- Lösung mit den Kindern überprüfen

BO ⚄ erarbeiten: Information finden
- Im Internet oder Lexika über den eigenen Heimatort informieren
- Zu weiteren Fragen über den eigenen Ort recherchieren
- Lösung mit den Kindern überprüfen

Weiterführende Aufgaben

AH, AH Fö, FB: S. 90

IAÜ: –

AP: –

AR: –

BB S. 173 | BO S. 190: Eine Begründung finden

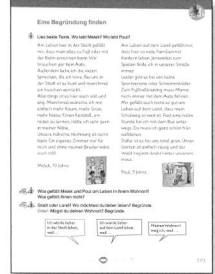 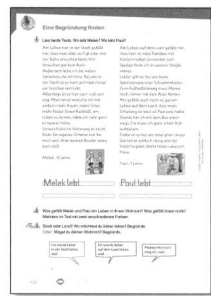

Warum die Stunde?

- Diskussionen stellen
- Verschiedene Meinungen zu einem Thema nachvollziehen
- Eigene Meinung bilden und präsentieren
- Plausible Argumente für eine Meinung finden

Vorbereitung

- Plakat zu Gesprächsregeln mitbringen

Lernziele/Kompetenzen

- Texte genau lesen
- Texten gezielt Informationen entnehmen
- Eigene Meinung äußern
- Meinungen begründen

Möglicher Stundenverlauf mit Differenzierungsmöglichkeiten

BB ❶ | BO ❶ erarbeiten: Texte lesen
- Texte gründlich lesen
- Fragen zum Verständnis beantworten: Melek lebt in der Stadt, Paul lebt auf dem Land.
- Kinder in zwei Gruppen aufteilen, jede Gruppe liest nur einen Text
- Weitere W-Fragen zum Text stellen und beantworten
- Reflexion mit der Klasse

BB ❷ | BO ❷ erarbeiten: Fragen beantworten
- Fragen lesen
- Antworten im Text finden
- Text als Kopie bereitstellen und Antworten markieren
- Antwortsätze schreiben
- Lösung mit den Kindern überprüfen

BB ❸ | BO ❸ erarbeiten: Eigene Meinung bilden
- Fragen lesen
- Eigene Meinung zu den Fragen überlegen und Stichpunkte notieren
- Begründung zur eigenen Meinung überlegen
- Eigene Meinung in der Klasse präsentieren
- Meinung schriftlich begründen und Texte vorlesen
- Reflexion mit der Klasse

Weiterführende Aufgaben

AH, AH Fö, FB: –

IAÜ: –

AP: ✓

AR: –

Weitere Ideen zur Arbeit mit der Seite

- Weitere Fragen stellen und begründete Meinungen vorstellen
- Umfrage: Wo würdest du gerne leben? Warum?

BB S. 174 | BO S. 191 + 192: Nach Anregung schreiben

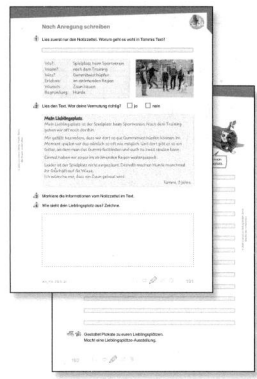

Warum die Stunde?

- Text mithilfe von Stichworten schreiben
- Mehr über andere Kinder erfahren

Lernziele/Kompetenzen

- Sinnentnehmendes Lesen trainieren
- Einem Text Informationen entnehmen
- Texte nach einem Vorbild schreiben
- Über sich selbst schreiben

Möglicher Stundenverlauf mit Differenzierungsmöglichkeiten

BB ❶ | BO ❶ erarbeiten: Notizzettel lesen
- Bild anschauen und Notizzettel lesen
- Vermutungen über den Inhalt des Textes anstellen
- 🔴, 🧒 Im Tandem arbeiten
- Reflexion mit der Klasse

BB ❷ | BO ❷ erarbeiten: Text lesen
- Text leise erlesen
- Vermutungen belegen oder widerlegen
- Reflexion mit der Klasse

BO ❸ erarbeiten: Informationen finden
- Text und Notizzettel noch einmal lesen
- Informationen vom Notizzettel im Text finden und markieren
- Reflexion mit der Klasse

BB ❸ | BO ❺ erarbeiten: Lieblingsplatz beschreiben
- Text über den eigenen Lieblingsplatz schreiben
- An Tammis Text orientieren
- 🔴 Stichwortartig beschreiben
- 🔴 Lieblingsplatz zusätzlich zeichnen (vgl. BO ❹)
- 🔴 Plakate zu Lieblingsplätzen erstellen (vgl. BO 🐾)
- Reflexion mit der Klasse

Weiterführende Aufgaben

AH, AH Fö, FB: S. 91

IAÜ: –

AP: –

AR: –

Weitere Ideen zur Arbeit mit der Seite

- Plakate in der Klasse aufhängen

BB S. 175 | BO S. 193: Über ein Erlebnis schreiben

Warum die Stunde?

- Über sich selbst schreiben
- Fesselnd Erzählen üben

Vorbereitung

- Rote Fäden mitbringen

Lernziele/Kompetenzen

- Anderen genau zuhören
- Von eigenen Erlebnissen berichten
- Feedback geben
- Fesselnd schreiben

Möglicher Stundenverlauf mit Differenzierungsmöglichkeiten

BB ❶ | BO ❶ erarbeiten: Sprechblasen lesen
- Bild anschauen und Sprechblasen lesen
- Frage beantworten: Die Kinder erzählen von Erlebnissen – vielleicht an ihrem Lieblingsplatz?
- Reflexion mit der Klasse

BB ❷ | BO ❷ + ❸ erarbeiten: Erlebnis beschreiben
- Das Konzept des roten Fadens wiederholen – Geschichten brauchen einen schlüssigen Aufbau und die W-Fragen müssen beantwortet werden
- Ideen für eine eigene Geschichte notieren

- Mit den Notizen eine eigene Erlebnisgeschichte schreiben
- Gedankenanstöße an der Tafel notieren
- Reflexion mit der Klasse

BB ❸ | BO ❹ erarbeiten: Texte besprechen
- Texte vorlesen
- Feedback zu den Texten geben, loben und Verbesserungsvorschläge machen
- Texte in Schreibkonferenzen überarbeiten
- Reflexion mit der Klasse

Weitere Ideen zur Arbeit mit der Seite

- Buch aus den Geschichten erstellen (vgl. BO 👥)

BB S. 176 | BO S. 194: Dialekt verstehen

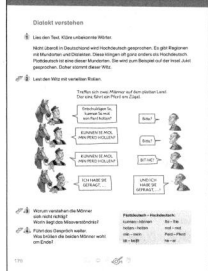 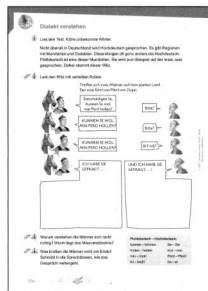

Warum die Stunde?

- Dialekte kennenlernen
- Die Pointe eines Witzes erkennen

Lernziele/Kompetenzen

- Sinnentnehmendes Lesen trainieren
- Dialekt verstehen
- Texte selbstständig weiterschreiben

Möglicher Stundenverlauf mit Differenzierungsmöglichkeiten

 Fragen, ob unter den Kindern oder den Eltern der Kinder jemand Dialekte sprechen kann

BB ❶ | BO ❶ erarbeiten: Text verstehen
- Text leise lesen und ggf. unbekannte Wörter klären
- Reflexion mit der Klasse

BB ❷ | BO ❷ erarbeiten: Text lesen
- Gespräch leise lesen, dann mit verteilten Rollen vorlesen
- Lehrkraft liest Text sinngebend vor
- Lösung mit den Kindern überprüfen

BB ❸ | BO ❸ erarbeiten: Fragen beantworten
- Fragen beantworten und mit dem Text begründen: Einer der Männer spricht Plattdeutsch, einer

Hochdeutsch, dadurch verstehen sie sich nicht. Sie reden immer lauter, statt etwas an ihrem Wortlaut zu ändern.
- Fragen in der Klasse gemeinsam beantworten
- Antworten in ganzen Sätzen aufschreiben
- Reflexion mit der Klasse

BB ❹ | BO ❹ erarbeiten: Gespräch weiterführen
- Gespräch weiterschreiben
- Für die Sätze des linken Mannes die Übersetzungshilfe verwenden
- Gespräche mit eigenem Ende vortragen
- Reflexion mit der Klasse

Weitere Ideen zur Arbeit mit der Seite

- Witzbücher mitbringen
- Andere Witze in der Klasse vorspielen

BB S. 177 | BO S. 195 + 196: Nachgestellter Begleitsatz

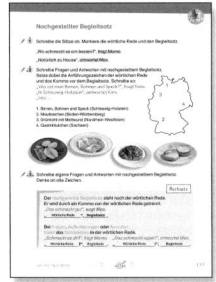
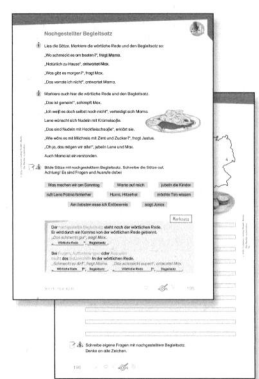

Warum die Stunde?

- Wörtliche Rede und Begleitsätze erkennen können
- Gespräche richtig aufschreiben können
- Anführungs- und Satzzeichen richtig setzen

Vorbereitung

- Merksatz an die Tafel schreiben

Lernziele/Kompetenzen

- Sinnentnehmendes Lesen trainieren
- Anführungszeichen richtig verwenden
- Gespräche aufschreiben können

Möglicher Stundenverlauf mit Differenzierungsmöglichkeiten

BB ❶ | BO ❶ + ❷ erarbeiten: Wörtliche Rede und Begleitsätze finden
- Text leise lesen, dann mit verteilten Rollen vorlesen: Mama, Max, Erzähler (Justus, Lene für BO ❷)
- Wörtliche Rede und Begleitsätze in unterschiedlichen Farben markieren
- In weiteren Sätzen Begleitsätze und wörtliche Rede markieren (vgl. BO ❷)
- Lösung mit den Kindern überprüfen

BB ❷ | BO ❹ erarbeiten: Gespräche aufschreiben
- Beispielgespräch lesen
- Nach dem Beispiel eigene Gespräche schreiben
- Anführungs- und Satzzeichen setzen und markieren
- Nur zwei Gespräche aufschreiben
- Spezialitäten der eigenen Region überlegen und zusätzliches Gespräch aufschreiben
- Lösung mit den Kindern überprüfen

BB ❸ | BO ❺ erarbeiten: Eigene Gespräche aufschreiben
- Fragen und Antworten aufschreiben
- Anführungs- und Satzzeichen setzen

- Einzelne Frage/Antwort-Kombinationen aufschreiben
- Zusammenhängendes Gespräch aus Fragen und Antworten wie im Buch aufschreiben
- Lösung mit den Kindern überprüfen

BO ❸ erarbeiten: Gespräche aufschreiben
- Satzteile lesen
- Satzteile zu sinnvollen Sätzen zusammensetzen und Anführungs- und Satzzeichen ergänzen
- Lösung mit den Kindern überprüfen

Weiterführende Aufgaben

AH, AH Fö, FB: S. 92/93

IAÜ: –

AP: ✓

AR: –

Weitere Ideen zur Arbeit mit der Seite

- Gespräch von BB S. 176 | BO S. 194 mit passenden Begleitsätzen und Anführungszeichen aufschreiben

BB S. 178 | BO S. 197: Texte mit dem Computer überprüfen

Warum die Stunde?

- Rechtschreibstrategien üben
- Computerkenntnisse erweitern

Lernziele/Kompetenzen

- ● Sinnentnehmend lesen
- ● Unterschiedliche Methoden zum Verbessern von Texten kennen
- ● Grammatisches Wissen anwenden und vertiefen

Möglicher Stundenverlauf mit Differenzierungsmöglichkeiten

BB ❶ | BO ❶ erarbeiten: Text lesen
- Text leise erlesen
- 👧 Text erneut im Tandem lesen
- Reflexion mit der Klasse

BB ❷ | BO ❷ erarbeiten: Passende Rechtschreibstrategien finden
- Rot unterstrichene Wörter erneut lesen
- Rechtschreibstrategien anwenden, um Fehler zu verbessern
- Wörter korrigiert aufschreiben und jeweilige Strategie notieren
- ● Nur einen Teil der Wörter verbessern
- Lösung mit den Kindern überprüfen

BB ❸ | BO ❸ erarbeiten: Fehler korrigieren
- Weitere Fehler finden: fiel, etwas
- Fehler mit passenden Strategien verbessern
- ●, 👧 Im Tandem arbeiten

- ● Ganzen Text korrigiert abschreiben
- Lösung mit den Kindern überprüfen

BB 🐾 erarbeiten: Frage beantworten
- Gemeinsam eine Antwort auf die Frage finden: Ein hier falsch geschriebenes Wort wäre in anderem Zusammenhang richtig geschrieben.
- ● Frage in der Klasse gemeinsam beantworten
- Lösung mit den Kindern überprüfen

Weiterführende Aufgaben

AH, AH Fö, FB: S. 94

IAÜ: –

AP: –

AR: –

Weitere Ideen zur Arbeit mit der Seite

- Eigene Texte abtippen und Fehlerkorrektur zu Hilfe nehmen

BB S. 179 | BO S. 198: Silbentrennendes h ↔

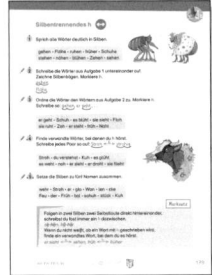 

Warum die Stunde?

- Wörter mit silbentrennendem **h** richtig schreiben

Lernziele/Kompetenzen

- Wörter mit silbentrennendem **h** lesen
- Rechtschreibstrategie „Gehört zu?" wiederholen
- Schwierige Wörter richtig schreiben

Möglicher Stundenverlauf mit Differenzierungsmöglichkeiten

 Wörter diktieren und an die Tafel schreiben lassen, Rechtschreibung überprüfen

BB ❶ + ❷ | BO ❶ erarbeiten: Silben trennen
- Wörter in Silben vorlesen
- Wörter mit Silbenbögen aufschreiben
- ⬤ Anzahl der Wörter reduzieren
- ⬤, 👫 Im Tandem arbeiten
- Lösung mit den Kindern überprüfen

BB ❸ | BO ❷ erarbeiten: Wörter zuordnen
- Verwandte Wörter lesen und den Wörtern aus ❶ zuordnen
- ⬤ Jeweils ein zusätzliches verwandtes Wort finden, ggf. mit Hilfe der Wörterliste
- Lösung mit den Kindern überprüfen

BB ❹ | BO ❸ erarbeiten: Verwandte Wörter finden
- Zu jedem Wort ein verwandtes Wort mit hörbarem silbentrennenden **h** finden
- ⬤ Anzahl der Wörter reduzieren
- Lösung mit den Kindern überprüfen

BB ❺ | BO ❹ erarbeiten: Nomen zusammensetzen
- Silben lesen
- Nomen aus den Silben bilden: Strohballen, Kuhglocke, Frühstück, Feuerwehr, Wanderschuh
- ⬤ Nur drei Nomen bilden
- Lösung mit den Kindern überprüfen

Weiterführende Aufgaben

AH, AH Fö, FB: S. 95

IAÜ: ✓

AP: –

AR: ✓

BB S. 180 + 181 | BO S. 199–202: Das kann ich schon

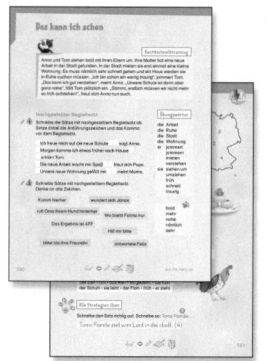
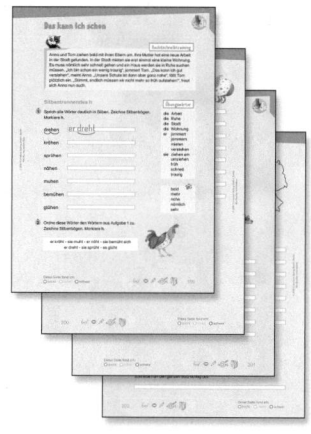

Übungsziele auf diesen Seiten

- Selbstständiges Lösen von Aufgaben
- Fachliche Inhalte aus den Bereichen Rechtschreiben und Sprache untersuchen des Kapitels wiederholen

Lernziele/Kompetenzen

- Selbstständig üben
- Sprachliche Strukturen erkennen
- Grammatisches Wissen anwenden und üben

● Arbeitsvorschläge

> Auf den Das-kann-ich-schon-Seiten befinden sich mehrere Rechtschreib- und Grammatikübungen. Die Aufgabenformate gleichen denen auf den entsprechenden Seiten im Kapitel.

BB ❶ | BO ❹ + ❺ erarbeiten: Satzzeichen setzen
- Sätze lesen
- Satzzeichen richtig setzen
- ● Anzahl der Sätze reduzieren
- ♣ Anführungs- und Satzzeichen in weitere Sätze einsetzen

BB ❷ | BO ❻ erarbeiten: Gespräche aufschreiben
- Satzteile lesen
- Satzteile zu sinnvollen Sätzen zusammensetzen
- Sätze aufschreiben und Anführungs- und Satzzeichen ergänzen

BB ❸ | BO ❼ erarbeiten: Gespräche aufschreiben
- Sinnvolle Gespräche aufschreiben
- Anführungs- und Satzzeichen ergänzen
- ● Nur zwei Gespräche aufschreiben

BB ❹ | BO ❶ erarbeiten: Silben trennen
- Wörter deutlich betont vorlesen
- Wörter mit Silbenbögen aufschreiben
- Silbentrennendes **h** finden und markieren
- ● Anzahl der Verben reduzieren
- ♣ In der Wörterliste weitere Verben mit silbentrennendem **h** suchen und die Silben trennen

BB ❺ | BO ❷ erarbeiten: Wörter zuordnen
- Flektierte Verbformen lesen
- Flektierte Formen den Infinitiven zuordnen

BB ❻ | BO ❸ erarbeiten: Verwandte Wörter finden
- Wörter lesen
- Zu jedem Wort verwandte Wörter mit erkennbarem silbentrennendem **h** finden

BB | BO Alle Strategien üben
- Fehler mithilfe der Rechtschreibstrategien verbessern, als Hilfe die Übersicht auf der STARK/Grammatikkarte nutzen
- Strategien über die korrigierten Wörter schreiben

Weiterführende Aufgaben

AH, AH Fö, FB: S. 96

IAÜ: –

AP: –

AR: –

Weitere Ideen zur Arbeit mit der Seite

- Rechtschreibtraining als Abschreibtext nutzen
- Übungswörter mit verschiedenen Lerntechniken trainieren: Abschreiben, Schleichdiktat, nach Alphabet ordnen, mit jedem Wort einen Satz bilden und aufschreiben, als Partnerdiktat

3.11 Jahreszeiten und Feste

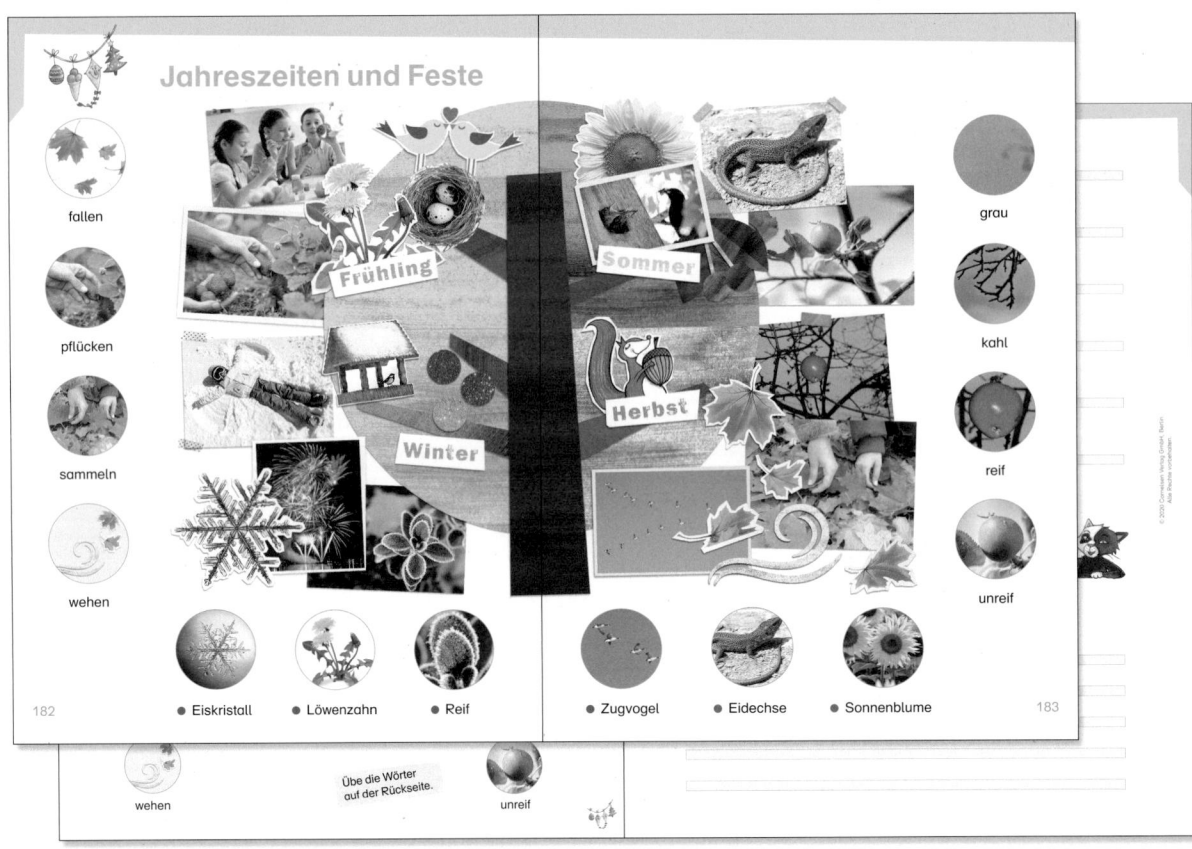

Schwerpunkte des Kapitels

Thematisch:

- Die Jahreszeiten
- Traditionen und Feste in verschiedenen Ländern

Nach Lernbereichen:

Lesen

- Durch das Jahr: Silvester und Neujahr BB S. 184/185 | BO S. 203/204
- Durch das Jahr: Frühling BB S. 186 | BO S. 205
- Durch das Jahr: Sommer BB S. 187 | BO S. 206–210
- Durch das Jahr: Herbst BB S. 188 | BO S. 211/212
- Durch das Jahr: Winter BB S. 189–191 | BO S. 213–216

Sprechen

- Aus eigener Erfahrung über Feste sprechen
- Die Jahreszeiten besprechen
- Feste anderer Kulturkreise vorstellen

Lerninhalte	BB	BO	AH/FH/FB	Kopier-vorlagen	Digitale Differenzierung
Auftaktbild: Themenfeld Jahreszeiten (Wortschatzarbeit)	S.182/183	–	–	78	AP
Durch das Jahr: Silvester und Neujahr Silvesterbräuche	S.184/185	S.203/204	–	–	–
Neujahrswünsche	S.185	S.204	–	–	–
Durch das Jahr: Frühling Frühlingsgedicht, Federball, Bauanleitung Löwenzahn-Rohranleitung	S.186	S.205	–	–	–
Der Löwenzahn	–	S.206	–	–	–
Durch das Jahr: Sommer Die Sonnenblume, Eidechsen, Rezept für Zitronenlimonade	S.187	S.207	–	–	–
Fang den Ballon	–	S.208	–	–	–
Freibadwetter!	–	S.209/210	–	–	–
Durch das Jahr: Herbst Herbstpropeller, das letzte Blatt	S.188	S.211	–	–	–
Drachenzeit	–	S.212	–	–	–
Durch das Jahr: Winter Eiskristalle, Christmas is coming	S.189	S.213	–	–	AP
Drei Männer aus Schnee	–	S.214	–	–	–
Die Sterntaler	S.190/191	S.215/216	–	–	–

Zur Arbeit mit der Auftaktseite

- Erst Einzelarbeit, dann 👥, dann in Klasse besprechen (Wiederholungen vermeiden)
- Randwörter lesen, ggf. klären, im Bild suchen; Nomen mit Artikel nennen
- Lieblingsjahreszeiten mit Begründung beschreiben
- Klassengespräch führen: Woher kommen die Familien der Kinder in der Klasse? Gibt es dort besondere Feste oder Traditionen?
- Lied „Die Jahresuhr" zusammen singen

Wortschatzarbeit

- Erst Einzelarbeit, dann 👥, dann in Klasse besprechen (Wiederholungen vermeiden)
- Evtl. weitere Wörter zum Themenkreis **Feste/Jahreszeiten:** Weihnachten, Ostern, Silvester, das Zuckerfest, das Jahr, der Monat, blühen, feiern, spielen, windig, bunt, aufgeregt

Rechtschreibwortschatz des Kapitels üben und festigen

- Übungswörter: der Frühling, der Sommer, der Herbst, der Winter, das Jahr, die Ferien, die Flagge, der Schnee, blühen, schwitzen, frieren, fliegen, brüten, lecker, süß, sauer, bitter

→ Mit jedem Wort einen Satz schreiben
→ Partnerdiktat mit sorgfältiger Kontrolle
→ Lieblingsjahreszeit in einem Text beschreiben, dabei möglichst viele Übungswörter verwenden
→ Mit Trainingskarte arbeiten

		Kapitel	Lesen	Sprechen
1. Halbjahr	**November, Oktober, September, August**	**Wir in der Schule** 4 Wochen	• Unterschiedliche Texte lesen: Postkarten/ein Gedicht: BB S. 8 | BO S. 7, ein Kinderbuch: BB S. 9 | BO S. 8 • Fragen zum Text beantworten: BB S. 10 | BO S. 9 | AH* S. 5 → **LEH S. 7** • Sich in eine Figur hineinversetzen: BB S. 11 | BO S. 10 | AH S. 6	• Diskutieren und eine Lösung finden: BB S. 12 | BO S. 11 • Eigene Gefühle äußern: BB S. 13 | BO S. 12
		Kartoffeln, Kartoffeln 4 Wochen	• Unterschiedliche Texte lesen: ein Rätsel/Sprichwörter: BB S. 26 | BO S. 27, ein Kinderbuch: BB S. 27 | BO S. 28 • Informationen im Text finden: BB S. 28 | BO S. 29 | AH S. 15 • Stichworte nutzen: BB S. 29 | BO S. 30 • Ein Schaubild lesen: BB S. 30 | BO S. 31 | AH S. 16	• Einen Text mit der Stimme gestalten: BB S. 31 | BO S. 32
		Fledermäuse 4 Wochen	• Unterschiedliche Texte lesen: eine Liste/ein Plakat: BB S. 44 | BO S. 47, ein Kinderbuch: BB S. 45 | BO S. 48 • Stichworte in einem Sachtext finden: BB S. 46 | BO S. 49 | AH S. 25 → **LEH S. 11** • Stichworte finden und anwenden: BB S. 47 | BO S. 50 | AH S. 26	• **Gewusst wie**: Einen Vortrag vorbereiten: BB S. 48/49 | BO S. 51/52
		Geheimnisvolles 4 Wochen	• Unterschiedliche Texte lesen: eine Anleitung/einen Lexikontext: BB S. 62 | BO S. 67, ein Kinderbuch: BB S. 63 | BO S. 68 • Einen Text lebendig vorlesen: BB S. 64 | BO S. 69 | AH S. 35 • Sich etwas Gelesenes vorstellen: BB S. 65 | BO S. 70 | AH S. 36 • Einen Text verstehen: BB S. 66 | BO S. 71 | AH S. 37	• Ein Gedicht mit unterschiedlicher Betonung sprechen: BB S. 67 | BO S. 72
		Digital unterwegs 4 Wochen	• Unterschiedliche Texte lesen: Witze/ein Gedicht: BB S. 80 | BO S. 87, ein Kinderbuch: BB S. 81 | BO S. 88 • In einem Lexikon lesen: BB S. 82 | BO S. 89 | AH S. 45 • Zwischenüberschriften finden: BB S. 83 | BO S. 90 | AH S. 46	• Ein Diagramm lesen: BB S. 84 | BO S. 91 • Meinungen begründen: BB S. 85 | BO S. 92
2. Halbjahr	**Juli, Juni, Mai, April, März, Februar, Januar, Dezember**	**Bei den Wikingern** 4 Wochen	• Unterschiedliche Texte lesen: • Sachtexte/eine Karte: BB S. 98 | BO S. 107, ein Kinderbuch: BB S. 99 | BO S. 108 • Mit W-Fragen einen Text verstehen: BB S. 100 | BO S. 109 | AH S. 53 → **LEH S. 17** • Über einen Text nachdenken: BB S. 101 | BO S. 110 | AH S. 54	• Ein Lied spielen: BB S. 102 | BO S. 111 • Eine Szene spielen: BB S. 103 | BO S. 112
		Unser Wetter 4 Wochen	• Unterschiedliche Texte lesen: einen Sachtext/ein Lied: BB S. 116 | BO S. 127, ein Kinderbuch: BB S. 117 | BO S. 128 • Verschiedene Anleitungen verstehen: BB S. 118 | BO S. 129 | AH S. 63/64 • Eine Anleitung umsetzen: BB S. 119 | BO S. 130	• Informationen aus Bild und Text wiedergeben: BB S. 120 | BO S. 131 • Ein Gedicht lebendig vortragen: BB S. 121 | BO S. 132
		Phänomenal! 4 Wochen	• Unterschiedliche Texte lesen: eine Tabelle/einen Lexikontext: BB S. 134 | BO S. 147, ein Kinderbuch: BB S. 135 | BO S. 148 • **Gewusst wie**: Texte lesen und verstehen: BB S. 136/137 | BO S. 149/150 • Eine Bildanleitung lesen: BB S. 138 | BO S. 151 | AH S. 71 → **LEH S. 21**	• Sich über einen Text austauschen: BB S. 139 | BO S. 152
		Am Teich 4 Wochen	• Unterschiedliche Texte lesen: Gedichte: BB S. 150 | BO S. 165, ein Kinderbuch: BB S. 151 | BO S. 166 • Genau lesen: BB S. 152 | BO S. 167 | AH S. 79 • Fabeln kennenlernen: BB S. 153 | BO S. 168 | AH S. 80/81 • **Gewusst wie**: Informationen in Medien finden: BB S. 154/155 | BO S. 169/170	• Unterschiedliche Texte vergleichen: BB S. 156 | BO S. 171 | AH S. 82 • Zum Nachdenken anregen: BB S. 157 | BO S. 172
		Hier leben wir 2 Wochen	• Unterschiedliche Texte lesen: • Merkverse: BB S. 168 | BO S. 185, ein Kinderbuch: BB S. 169 | BO S. 186 • Sich Gedanken über einen Text machen: BB S. 170/171 | BO S. 187/188 | AH S. 89 • Informationen aus Sachtexten entnehmen: BB S. 172 | BO S. 189 | AH S. 90	• Eine Begründung finden: BB S. 173 | BO S. 190
		Jahreszeiten und Feste **Jederzeit**	• Gedichte und Lieder kennen, Anleitungen verstehen, Sachtexten Informationen entnehmen, Rezepte verstehen	

* AH = Arbeitsheft, Arbeitsheft Fördern, Forderblock

Texte schreiben	Sprache untersuchen	Richtig schreiben
• Regeln aufschreiben und begründen: BB S.14	BO S.13 • Lob aufschreiben: BB S.15	BO S.14	AH S.7	• Nomen: BB S.16	BO S.15/16	AH S.8 • Adjektive: BB S.17	BO S.17/18	AH S.9	• Verschiedene Satzarten: BB S.18	BO S.19	AH S.10 • Wörter nach dem Alphabet ordnen: BB S.19	BO S.20	AH S.11 • **Strategie** Verwandte Wörter finden: BB S.20	BO S.21	AH S.12 → **LEH S.8** • **STARK** üben: BB S.21	BO S.22	AH S.13
• Treffende Verben finden: BB S.32	BO S.33/34	AH S.17 → **LEH S.9** • Ein Rezept aufschreiben: BB S.33	BO S.35/36	• Verben: BB S.34	BO S.37	AH S.18 • Wortbausteine verändern Verben: BB S.35	BO S.38	AH S.19	• Wörter mit doppelten Mitlauten: BB S.36	BO S.39	AH S.20 • Wörter mit **V** oder **v**: BB S.37	BO S.40	AH S.21 • **Strategie** Länge des Selbstlautes prüfen: BB S.38	BO S.41	AH S.22 → **LEH S.10** • **STARK** üben: BB S.39	BO S.42	AH S.23
• Eine Mind-Map schreiben: BB S.50	BO S.53	AH S.27 • Ein Informationsplakat gestalten: BB S.51	BO S.54	• Verben: Grundform, Personalform: BB S.52	BO S.55/56	AH S.28 • Wortstamm und Wortfamilie: BB S.53	BO S.57	AH S.29	• Verben im Wörterbuch finden: BB S.54	BO S.58	AH S.30 • **b** oder **p**, **d** oder **t**, **g** oder **k**?: BB S.55	BO S.59/60	AH S.31 • **Strategie** Nomen großschreiben: BB S.56	BO S.61	AH S.32 → **LEH S.12** • **STARK** üben: BB S.57	BO S.62	AH S.33
• Eine spannende Geschichte planen: BB S.68	BO S.73/74	AH S.38 • Eine spannende Geschichte schreiben: BB S.69	BO S.75/76	AH S.39 • **Gewusst wie:** Texte überarbeiten BB S.70/71	BO S.77/78 → **LEH S.13/14**	• Wörtliche Rede: BB S.72	BO S.79	AH S.40 • Begleitsätze: BB S.73	BO S.80	AH S.41	• Wörter mit **ß**: BB S.74	BO S.81	AH S.42 • Wörter trennen: BB S.75	BO S.82	AH S.43
• Am Computer schreiben: BB S.86	BO S.93	AH S.47 • Eine Freundebuch-Seite gestalten: BB S.87	BO S.94	• Nomen und Nomen zusammensetzen: BB S.88	BO S.95/96	AH S.48 • Verben in Gegenwart und Vergangenheit: BB S.89	BO S.97/98	AH S.49 → **LEH S.15**	• **Gewusst wie:** Fehlerwörter üben: BB S.90/91	BO S.99/100 • **Strategie** Schwierige Wörter merken: BB S.92	BO S.101	AH S.50 → **LEH S.16** • **STARK** üben: BB S.93	BO S.102	AH S.51
• Treffende Adjektive finden: BB S.104	BO S.113/114	AH S.55 → **LEH S.18** • Personen beschreiben: BB S.105	BO S.115/116	• Pronomen kennenlernen: BB S.106	BO S.117	AH S.56 • Satzglieder wiederholen: BB S.107	BO S.118	AH S.57	• Wörter mit **aa, ee, oo**: BB S.108	BO S.119	AH S.58 • Wörter mit **ss**: BB S.109	BO S.120	AH S.59 • **Strategie** Wörter in Silben gliedern und abhören: BB S.110	BO S.121	AH S.60 → **LEH S.19** • **STARK** üben: BB S.111	BO S.122	AH S.61
• Eine Geschichte weiterschreiben: BB S.122	BO S.133 • Ein Parallelgedicht schreiben BB S.123	BO S.134	AH S.65	• Mit Adjektiven vergleichen: BB S.124	BO S.135/136	AH S.66 → **LEH S.20** • Adjektive mit **ig** oder **lich**: BB S.125	BO S.137/138	AH S.67	• Wörter mit **chs**: BB S.126	BO S.139	AH S.68 • Wörter mit **tz** oder **ck**: BB S.127	BO S.140	AH S.69 • **Gewusst wie:** Rechtschreibung überprüfen: BB S.128/129	BO S.141/142
• Einen Text nach einer Vorlage schreiben: BB S.140	BO S.153 • Informationen und Werbung unterscheiden: BB S.141	BO S.154	AH S.72	• Das Prädikat: BB S.142	BO S.155/156	AH S.73 • Verben und Nomen zusammensetzen: BB S.143	BO S.157/158	AH S.74/75	• Wörter mit **ie** oder **i**: BB S.144	BO S.159	AH S.76 • Wörter mit stummem **h**: BB S.145	BO S.160	AH S.77
• Einen Steckbrief schreiben: BB S.158	BO S.173	AH S.83 • Eine Bastelanleitung schreiben: BB S.159	BO S.174	• Das Subjekt: BB S.160	BO S.175/176	AH S.84 • Subjekt und Prädikat: BB S.161	BO S.177/178	AH S.85 → **LEH S.22**	• Wörter mit **tz** oder **z**: BB S.162	BO S.179	AH S.86 • Wörter mit **ck** oder **k**: BB S.163	BO S.180	AH S.87
• Nach Anregung schreiben: BB S.174	BO S.191/192	AH S.91 • Über ein Erlebnis schreiben: BB S.175	BO S.193	• Dialekt verstehen: BB S.176	BO S.194 • Nachgestellter Begleitsatz: BB S.177	BO S.195/196	AH S.92/93 → **LEH S.23**	• Texte mit dem Computer überprüfen: BB S.178	BO S.197	AH S.94 • Silbentrennendes **h**: BB S.179	BO S.198	AH S.95

| Name: | | | | Datum: | |

Wochenplan zum Kapitel _____

für die Woche vom _____ bis _____

Lernbereich	Material	Aufgaben und Hausaufgaben	erledigt am	geprüft von
Lesen				
Sprechen				
Texte schreiben				
Sprache untersuchen				
Richtig schreiben				
Sachkunde				
Kunst				
Musik				
Mathematik				

Autor: Marc Ulrich
Illustrationen: hawemannundmosch

Name:	Datum:

Beobachtungsbogen Tinto 3

Arbeits- und Sozialverhalten

Kriterien	☺	😐	☹	Bemerkungen
wählt Aufgaben selbstständig mit angemessenen Niveaustufen aus				
liest und versteht die Aufgaben				
plant und organisiert die Arbeit				
arbeitet ausdauernd und konzentriert				
hält Zeitvorgaben ein				
nutzt Möglichkeiten der Selbstkontrolle				
erkennt Probleme und bittet um Hilfe				
erledigt und kontrolliert Aufgaben genau				
erledigt Hausaufgaben ordentlich				
kann Ergebnisse präsentieren				
hilft anderen Kindern				
kann sich in der Gruppe einordnen				
äußert die eigene Meinung angemessen				
nimmt berechtigte Kritik an				
hält sich an vereinbarte Regeln				

 Autor: Marc Ulrich

Name: Datum:

Beobachtungsbogen Tinto 3

Lesen

Kriterien	☺	😐	☹	Bemerkungen
kann einem Text Informationen entnehmen und				
• Fragen zur Sinnerfassung beantworten				
• Stichworte aufschreiben				
• Textstellen markieren				
• W-Fragen stellen				
kann sich in eine Figur hineinversetzen				
kann eine Zeichnung / ein Bild verstehen				
kann Überschriften Textabschnitten zuordnen				
kann einem nichtlinearen Text Informationen entnehmen				
kann Informationen in verschiedenen Medien finden				
kann lebendige Vorstellungen beim Lesen literarischer Texte entwickeln				
kann einen (geübten) Text lebendig vorlesen				
kennt und erkennt unterschiedliche Textsorten				
kennt und erkennt Kinderliteratur				
kennt und erkennt Gedichte				
kennt und erkennt Fabeln				

Autor: Marc Ulrich

Name:	Datum:

Beobachtungsbogen Tinto 3

Sprechen

Kriterien	☺	😐	☹	Bemerkungen
kann Gesprächsregeln entwickeln und beachten				
kann adressatengerecht sprechen: appellieren, informieren				
kann Konflikte mit anderen diskutieren und klären				
kann über einen Textentwurf sprechen				
kann Lernergebnisse präsentieren				
kann eigene Meinungen begründen				
kann Fachbegriffe verwenden				
kann Gedichte und Lieder vortragen				
kann Erlebnisse und Geschichten erzählen				
kann zu anderen sprechen				
kann gut zuhören/verstehen				
kann Gespräche über ein Thema führen				
kann ein Gespräch/eine Szene nachspielen				
kann eine Rolle gestalten und szenisch umsetzen				

 Autor: Marc Ulrich

Name:	Datum:

Beobachtungsbogen Tinto 3

Schreiben/Texte schreiben

Kriterien	☺	😐	☹	Bemerkungen
kann einen Text analog zu einem Beispieltext schreiben				
kann nach Anregungen (Texte, Bilder) Texte schreiben				
kann eine Geschichte zu Ende schreiben				
kann einen Werbetext schreiben				
kann kurze Sachtexte schreiben				
kann ein Rezept aufschreiben				
kann Personen beschreiben				
kann zu Bildern eine Geschichte schreiben				
kann eine Fantasiegeschichte schreiben				
kann mit Sprache experimentell und spielerisch umgehen (z. B. Stabreime bilden)				
kann adressaten- und funktionsgerecht schreiben (z. B. Brief, Einladung)				
kann verständlich schreiben				
gebraucht die verschiedenen Formen der Satzbildung einschließlich wörtlicher Rede				
verfügt über einen angemessenen Wortschatz				

Autor: Marc Ulrich

Name:	Datum:

Beobachtungsbogen Tinto 3

Sprache untersuchen

Kriterien	☺	😐	☹	Bemerkungen
erkennt Nomen (Substantive)				
kennt zusammengesetzte Nomen				
erkennt Adjektive				
kennt Gegensatzpaare von Adjektiven				
erkennt Verben				
kennt die Grundform von Verben				
kennt die Personalformen von Verben				
erkennt die Zeitformen von Verben				
erkennt verschiedene Satzarten				
erkennt Vorsilben				
kennt Wortfamilien				
erkennt Pronomen				
erkennt Satzglieder				
erkennt wörtliche Rede und wendet sie an				

Autor: Marc Ulrich

Name:	Datum:

Beobachtungsbogen Tinto 3

Richtig schreiben

Kriterien	☺	😐	☹	Bemerkungen
schreibt Nomen (Substantive) groß				
kann zusammengesetzte Nomen (Substantive) bilden und diese richtig schreiben				
kennt Wörter mit ß				
kennt Wörter mit Doppelvokalen				
kann Wörter mit ähnlichen und gleich klingenden Konsonanten unterscheiden und schreiben				
erkennt das silbentrennende h				
kennt und schreibt Wörter mit Dehnungs-h				
kann Wörter richtig trennen				
schreibt Vorlagen ohne Fehler ab				
kann selbst geschriebene Texte mit einer Vorlage vergleichen und berichtigen				
kann Texte mit dem Computer überprüfen				
kann RS-Strategien erfolgreich anwenden				
kann a/ä und au/äu ableiten				
nutzt Wortfamilien beim selbstständigen Schreiben				
wendet die Regel für Doppelkonsonanten an				
wendet die Verlängerungsprobe bei b/p, t/d, g/k erfolgreich an				
findet Wörter im Wörterbuch				
kennt Fremdwörter und deren Bedeutung				
beachtet Satzanfang und -ende				
kann selbstständig die RS von Wörtern üben				

Autor: Marc Ulrich